ROUTLEDGE LIBRARY EDITIONS: THE ANGLO-SAXON WORLD

Volume 11

KING ALFRED'S WEST-SAXON VERSION OF GREGORY'S PASTORAL CARE

KING ALFRED'S WEST-SAXON VERSION OF GREGORY'S PASTORAL CARE

With an English Translation, the Latin Text, Notes, and an Introduction

Edited by
DR. HENRY SWEET

LONDON AND NEW YORK

First published in 1871 by Kegan Paul, Trench, Trübner & Co., Ltd.

This edition first published in 2023
by Routledge
4 Park Square, Milton Park, Abingdon, Oxon OX14 4RN

and by Routledge
605 Third Avenue, New York, NY 10158

Routledge is an imprint of the Taylor & Francis Group, an informa business

Reprinted in 1930

All rights reserved. No part of this book may be reprinted or reproduced or utilised in any form or by any electronic, mechanical, or other means, now known or hereafter invented, including photocopying and recording, or in any information storage or retrieval system, without permission in writing from the publishers.

Trademark notice: Product or corporate names may be trademarks or registered trademarks, and are used only for identification and explanation without intent to infringe.

British Library Cataloguing in Publication Data
A catalogue record for this book is available from the British Library

ISBN: 978-1-032-52976-9 (Set)
ISBN: 978-1-032-54480-9 (Volume 11) (hbk)
ISBN: 978-1-032-54484-7 (Volume 11) (pbk)
ISBN: 978-1-003-42513-7 (Volume 11) (ebk)

DOI: 10.4324/9781003425137

Publisher's Note
The publisher has gone to great lengths to ensure the quality of this reprint but points out that some imperfections in the original copies may be apparent.

Disclaimer
The publisher has made every effort to trace copyright holders and would welcome correspondence from those they have been unable to trace.

Early English Text Society.

ORIGINAL SERIES. 50

King Alfred's West-Saxon Version

of

Gregory's Pastoral Care.

WITH AN ENGLISH TRANSLATION,
THE LATIN TEXT, NOTES, AND AN INTRODUCTION.

EDITED BY

Dr. HENRY SWEET, M.A.

UNIVERSITY READER IN PHONETICS, OXFORD.

LONDON:
PUBLISHED FOR THE EARLY ENGLISH TEXT SOCIETY,
BY KEGAN PAUL, TRENCH, TRÜBNER & CO., Ltd.,
DRYDEN HOUSE, 43 GERRARD STREET, SOHO, W.
AND BY HENRY FROWDE, OXFORD UNIVERSITY PRESS,
AMEN CORNER, E.C.

1871 (*reprinted* 1930).

PREFACE.

OF all the unpublished Old English [1] texts, the present is perhaps the most important. Preserved in two MSS. written during Alfred's lifetime, it affords data of the highest value for fixing the grammatical peculiarities of the West-Saxon dialect of the ninth century, and, although several texts belonging to the same period have been published, the present edition is the first one of any of Alfred's works which is based on contemporary MSS.: all the editions hitherto published give but a garbled reflection of his language. The result has been that all editors, both at home and abroad, have, with one exception [2], persisted in ignoring the genuine West-Saxon MSS., dismissing their most constant and characteristic peculiarities as 'Mercian,' 'Northern,' 'dialectic' (whatever that may mean), 'abnormal,' or ascribing them to the innate depravity of the scribes.

It is solely with a view to prevent the student's mind from being biassed by these irrational prejudices, that I have given in

---

[1] I use 'Old English' throughout this work to denote the unmixed, inflectional stage of the English language, commonly known by the barbarous and unmeaning title of 'Anglo-Saxon.'

[2] I allude to Mr. Cockayne: a reference to the preface to the first volume of his 'Leechdoms' (p. xcii) will show that the real state of the case was rightly understood by him many years ago: his remarks do not seem, however, to have made any impression on English philologists.

the Introduction a short sketch of the characteristics of Alfredian English as distinguished from those of the later period. The illustrations are drawn chiefly from the present work, but are supported throughout by citations from other MSS. of the period, especially the Parker Chronicle. It is to be hoped that the results of these investigations will help to dissipate the wide-spread delusion that Old English has been thoroughly worked up, and that nothing remains for us but to accept blindly the theories of Rask and Grimm.

From a lexicographical point of view also this work is of high importance: there is not another prose text in the language that offers so many rare words, many of which seem to occur nowhere else. Most of these words, indeed, have found their way into our dictionaries, although often in a corrupt form, or with inaccurate renderings, but others are here brought to light for the first time. Their lexicographical history is so interesting in its bearings on the past and present state of Old English philology in this country, that a brief sketch of the leading facts may not be unacceptable.

When the study of Old English was first revived by Archbishop Parker, the want of a dictionary was naturally soon felt, which want was first supplied by Somner's 'Dictionarium Saxonico-Latino-Anglicum,' Oxon., 1659, a mere glossary, without references. Meanwhile, Franciscus Junius was engaged in compiling a far more elaborate work, with copious citations from the MSS. The work was never published: it was for a long time preserved in loose sheets among the other Junius MSS. in the Bodleian, and is now bound, forming two huge volumes.

Among the MSS. used by Junius, the Pastoral, of which he possessed a transcript of his own, seems to have been indexed with especial care: but few words are omitted, and still fewer are wrongly explained.

Now it is not, perhaps, generally known that all our 'Anglo-

Saxon' dictionaries are, as far as the prose language is concerned, based almost entirely on the great work of Junius. I find that all the hápax legómena of the Pastoral cited by Lye (1772) are taken direct from Junius, his definitions being copied off word for word, occasionally with some trifling interpolation (see note to 97. 17), and without the slightest attempt at verification by reference to the MSS. The most discreditable feature of the whole proceeding is, that Lye totally ignores his obligations to Junius, and does not even mention his name. Lye, again, has been pillaged by still later dictionary-makers, also without acknowledgment or revision [3]. The most conclusive proofs are afforded by those words which were explained wrongly by Junius, of which *gehydnes* (see note to 387. 13) is a good example. In other cases the attempt to supply gaps in the information supplied by Junius has led to equally unfortunate results. Thus Junius gives the infinitive *plion* correctly from 229. 20; our lexicographers are not content with copying this, but must add a weak preterite *pliode*, while, if they had read the Pastoral MSS. with any attention, they would have found the strong preterite *pleah* (37. 7), which Junius did not recognize, because his MS. (Cotton I) shows it in the slightly disguised form of *pleh*. Compare also the note on *eftga* (421. 10). Junius has also, from various causes, missed some words altogether; hence their non-appearance in our present authorities. Some of these words—*bedecian* (285. 12, the original of our *beg*), *dela* (405. 1), *geonre* (443. 25), *wealg* (447. 18)—are of the highest philological interest. How long they might have remained hidden, had they not been brought to light by this edition, it is hard to say.

---

[3] Several highly amusing instances of the way in which gross errors have thus arisen, and been handed down from dictionary to dictionary, are given in Mr. Cockayne's 'Criticism on Dr. Bosworth and his Saxon Dictionary,' in his 'Shrine' (Williams and Norgate, 1864–70).

The whole history may be summed up in the words of Cynewulf:

  moðða word fræt: me ðæt ðuhte
  wrætlicu wyrd, ða ic ðæt wundor gefrægn,
  ðæt se wyrm forswealg wera gied sumes
  ðeof in ðystro, ðrymfæstne cwide
  and ðæs strangan staðol.

The last two lines are especially appropriate:

  Stælgiest ne wæs
  wihte ðy gleawra, ðe he ðam wordum swealg.

The main principle I have adopted in printing is to make the text as far as possible a facsimile of the original MSS., without introducing any theoretical emendations. All alteration in the text of a MS., however plausible and clever, is nothing else but a sophistication of the evidence at its fountain-head: however imperfect the information conveyed by the old scribe may be, it is still the only information we have, and, as such, ought to be made generally accessible in a reliable form. In accordance with this principle I have in all cases enclosed contemporary additions above the line in brackets, the two forms, with and without the bracketed letter, being often extremely valuable, as showing fluctuations in the pronunciation.

All evidently late additions, which are very numerous, have been rejected entirely. It is, however, possible that some of the bracketed letters may be late, as I have never rejected anything without being quite certain of its spuriousness,—a certainty which can only be obtained by long and careful study of the palæography of the MS. This point is often entirely neglected by editors, who thus introduce disturbing elements into their texts. Even Junius has in some cases quoted these late additions and alterations as genuine readings. Those few cases in which I have employed brackets to indicate restored erasures are mentioned in the notes.

In the other text (Cotton I), whose original MS. is lost, I

have employed the brackets to denote the readings of Cotton II, omissions of that MS. being indicated by (om.) after the word in question. When I resolved on adopting this plan, I was under the impression that Cotton II had been entirely destroyed by fire, and consequently that the readings given by Junius in the margin of his transcript of Cotton I were all that remained. As these readings were few in number, I judged it most convenient to incorporate the more important of them into the text, so that the reader might compare the three texts at a glance. When I learnt that Cotton II was not totally destroyed, and began to examine it carefully, I repented of my plan, but it was too late to change it, as a portion of the text was already printed off.

All additions of my own in either text are enclosed in parentheses, and are intended solely to assist the beginner. From a strictly scientific point of view such additions are hardly advisable, as tending to bias the reader's judgment; but in an edition like the present, which endeavours to supply a variety of wants, they are less objectionable.

The English translation is added more from deference to the usage of the Early English Text Society than from any conviction of its utility. In fact, I look upon a translation to a text like this, which is of exclusively philological interest, as so much waste paper, utterly useless except to the merest tyro—useless even to him, if he wishes to acquire a sound knowledge of Old English, a language, which, like all others, ought either to be studied properly with grammar and dictionary, or else let alone. I should have much preferred printing the Latin original at the foot of the page, and devoting the time and space taken up by the English translation to a full critical commentary, for which, as it is, my very limited time has not sufficed. To prevent misunderstanding, I may state that the translation is made direct from the Old English, not from the Latin original. My principle throughout has been to ask myself the question, What ideas would this sentence suggest to a ninth century Englishman, unacquainted with the original? and to frame my translation accordingly. In many obscure passages, however, I have been obliged to consider what meaning the translators themselves intended to convey, and only as a last resource have I occasionally translated direct from the Latin. I have also endeavoured to translate into the received language of the present day, and have carefully avoided that heterogeneous mixture of Chaucer, Dickens, and Broad Scotch, which is affected by so many translators from the Northern languages.

The publication of the Latin text, promised on the title-page, must be postponed for an indefinite period. Critical readers will, however, have no difficulty in procuring one of the numerous texts of the work published on the continent.

The Notes are necessarily brief, and chiefly confined to remarks on erasures, interpolations, &c. Wherever a remarkable form occurs in the text I have repeated it in the Notes, to guard against the suspicion of an editorial slip. To many of the readings of Cotton I, I have added v. l.= 'varia lectio,' signifying that Junius quotes a different reading from one of the two other MSS., thus guaranteeing, to a certain extent, at least, the accuracy of his own form.

The two Appendices need no special comment. I may, however, call the attention of Aryan philologists in general, as well as specially Teutonic scholars, to the theory of the lautverschiebung advanced in Appendix I, which I believe will be found to offer a satisfactory solution of its difficulties. The only point about which I do not feel satisfied is the distinction between *wearð*, *worden*, &c. Its causes have never yet been explained, and, until this is done, it is impossible to say whether it was developed independently in each language, or belonged to the groundspeech. The latter supposition can hardly be reconciled with the evidence of the oldest English documents, which seems to indicate a period in which medial and final ð &c. had not yet developed themselves. There can be little doubt as to the originally vocal character of the þ, f, and h, and when this is once admitted, some modification of our views on the lautverschiebung becomes absolutely necessary. Misled by false notions of symmetry, philologists have hitherto assumed that the þ was originally an aspirated t, and have thus been obliged to make historical facts fit in with unproved assumptions.

I have also added a list of errata; it is believed that such errors as may still lurk in the text are of a wholly insignificant character. I must confess that the translation stands in need of a thorough revision, which, however, I am unfortunately quite unable at present to bestow on it.

I intended originally to add the readings of the three Cambridge MSS. in a separate Appendix, but have been prevented by want of time and access to the MSS. The omission is, however, not much to be regretted. These MSS., which are of late date—two of them at least being of the eleventh century,—are of little or no value in elucidating the language of Alfred.

In conclusion, I cannot refrain from expressing a hope that this work may contribute somewhat to that reviving interest in the study of English, of which so many cheering signs begin to show themselves from various quarters. Ignorance and literary intolerance may sneer at 'Anglo-Saxon,' but all liberal minds are agreed that, even if Old English were totally destitute of intrinsic merit, it would still form a necessary link in the history of our language, and, as such, be well worthy of attention. Here, as in all branches of knowledge, it may be safely asserted that the wider the range of study, the more valuable will be its fruits: Shakespeare is elucidated by Chaucer, Chaucer, again, cannot be fully appreciated without a knowledge of the Oldest English, whence to the kindred tongues is but a short step—to the Heliand, the Edda, and the classic prose of Iceland.

INTRODUCTION.

MANUSCRIPTS.

The MSS. on which the present edition is based are these:—

1. HATTON 20 (formerly 88) in the Bodleian (H.). This MS. is a square quarto of the end of the ninth century, preserved entire with the exception of a single leaf cut out (pp. 219, 221 and 223 of this edition).

2. COTTON TIBERIUS B. xi., in the British Museum (C. i.). Originally a large quarto (in quarto grandiori *W.*), of the same age as H., containing only the first forty-nine out of the sixty-five chapters of the work, and having a large gap towards the end. It was injured in the great fire of 1731, restored and rebound, and burnt again in a fire at the bookbinder's, so that nothing now remains of it but a few charred fragments. It will therefore be necessary to quote Wanley's accounts of the MS., which was made while it was uninjured.

'*Tiberius.* B. xi. Codex membr. in quarto grandiori, in quo continetur capita pene 49 libri Gregorii Magni Papæ de Cura pastorali Saxonicè versi per Ælfredum Regem. Hujus MS. fol. 3. dicitur esse liber quondam Plegmundi Archiepiscopi Cant. qui floruit anno 889. sub ipso Alfredo: Hæc autem notula, sc. ✠ Plegmunde Arcebis*cepe* is agifen his boc. and Swiðulfe Bis*cepe.* & Werferðe Bis*cepe.* quam videre est fol. i. facit quo minus id credam. Nam si antea inclytissimus Rex Plegmundo exemplar versionis suæ donaverat, quid opus illi fuerit alterius? Quin & in præfatione, lacunula cernitur alterius cujusdam nomine implenda, ÆLFRED kyning hateþ greṭan—his wordum. loflice (*sic*) and freondlice. Quod si Ælfredus hunc ipsum Plegmundo destinarat codicem, non dubito quin jussisset ut nomen ejus in præfatione scriberetur perinde ac in Werferthi, Heastani & Wulfsigi libris. Quod autem ad scriptionem & antiquitatem hujus MS. attinet; utraque

b

præfatio, sicut in Cod. Werferthiano ab aliena manu scripta, Codici præmittur. Codex ipse, manu largiori, laxiori, elegantiofi, & seculo Ælfrediano plane convenienti, exaratur; in usum forte cujusdam Magnatis, seu Regiæ stirpis Principis.'

3. JUNIUS 53, in the Bodleian (J.). A copy of the above, made by Junius in the seventeenth century. He has added many readings from H. and the MS. described below in the margin. Those parts of the work which are wanting in C. i. he has copied from H.

4. COTTON OTHO B. ii. (C. ii.). A small folio (in fol. min. *W.*), apparently of the beginning of the tenth century. The MS., which was originally defective towards the end, was burnt in the Cottonian fire, but has been partially restored and rebound. About a half of the work is more or less legible in the MS. The following is Wanley's account of the MS. :—

'*Otho.* B. ii. Cod. memb. in fol. min. in quo continetur Liber Pastoralis Gregorii Papæ, Saxonicè conversus per Ælfredum Regem.

'In Præfatione, nuncupavit Rex suum librum *Hehstano* Epis. Londoniensi, ad cujus Codicis fidem, hoc exemplar forte descriptum est ante Conquisitionem Angliæ. Olim fuit peculium Joannis Rogerii, qui eum, ut videtur, dono dedit Gulielmo Bowiero. Dein pervenit in manus Henrici Ellzinge, qui eum dedit, D. R. Cottono, 6. die Octobris, 1597. Olim caruit duobus foliis integris, quorum alterum manu recentioris restituitur.'

There are also three MSS. of much later date, an account of which will be found in an Appendix. These MSS. are all at Cambridge, in Corpus Christi, Trinity, and the Public Library.

That the two MSS., whose texts are given in full in this edition, were written during Alfred's reign is proved not only by the handwriting—of which I shall speak presently—but also by internal evidence, which, as far as H. is concerned, was first stated by Wanley, in his Catalogue. I therefore quote his words in full, omitting his account of the contents of the MS.

'His versibus intelligimus, (Ðis ærendgewrit, &c., p. 8.) quod primus omnium Augustinus Anglorum Apostolus, Gregorii librum Pastoralem secum in Angliam adtulit : librum forsitan suæ Missioni inprimis necessarium. Quorum autem rogatu, & quo consilio, in

Gregorio Saxonicè vertendo, negotium adhibuit suum tantus Rex, ipse in Præfatione prima pluribus docet. Ða ic (inquit) ðа gemunde &c. Ex quibus etiam clare apparet, Pientissimum Regem & bonarum litterarum fautorem maximum, Regni sui unicuique Ecclesiæ Episcopali, exemplar unum mittere secum statuisse. Porro, in summitate primæ pag. Epistolæ Ælfredi R. ad Werferthum Episc. Wigorn. (quæ etiam est prima pag. Codicis) exarata est quæ sequitur Inscriptio litteris Capitalibus, quæ locum memorat cui Translationis suæ exemplar unum Rex missuruo erat.

✠ Ðeos boc sceal to wigora (*sic*) ceastre.

'Quoad scripturam hujus Cod. Lectorem monitum velim, eam id genus esse, quæ in usu apud A. Saxones erat in priscis temporibus, antequam Regnante ipso Ælfredo, vetus scribendi ratio in novam mutari cœpit. Vetus autem illa hujusce Codicis duplex est: nempe altera qua scriptæ sunt Præfationes Ælfredi Regis, quæ proxime accedunt ad manum vetustissimi Codicis Cottoniani, qui peculium Plegmundi fuisse vulgo dicitur, de quo quidem Cod. infra plura : altera, qua cætera scribuntur, (unum si excipias folium, à Cod. abscissum, & Fran. Junii manu restitutum,) antiquitatis laude videtur certare cum Annalibus Anglo-Saxonicis Ecclesiæ Christi Cantuariæ, quorum potissima pars Manuscripta fuit A.D. 891. qui quidem Cod. jam nunc Bibliothecæ C.C.C.C. notatur S. ii. à me fusiùs infra describendus, cùm ordine, Codd. Saxon. illius Bibliothecæ descripturus sum. Præfationem Regii Translatoris ad Werferthum tunc temporis Episc. Wigorn. fuisse inscriptam paulo ante significavi ; Addo quod unumquodque exemplar hujusce Versionis nomen illius Episcopi præ se ferebat, in cujus & Ecclesiæ usum ex Autographo descriptum fuit. Sicut enim in hoc Cod. nomen Werferthi ; sic in alio Cod. Cottoniano nomen Hehstani Episcopi ; in Cod. Cantabrigiensi nomen Wulfsigi Episcopi legimus. Denique, quia docet Inscriptio, hunc Cod. fuisse destinatum Ecclesiæ Wigorniensi, ex eo constat illum non adhuc ad Ecclesiam missum fuisse. Hæc de nobilissimo hoc Cod. qui ante octingentos annos Ælfredo Rege jubente scriptus erat. Utrum vero apud exteras gentes, Regia id genus monumenta, in patria lingua conscripta, extent, dum docti ubique silent, me id nescire fateor.'

Alfred says in his preface that he intends to send a copy of the work to all the bishops in his kingdom—'to ælcum biscepstole on minum rice wille ane onsendan'—and accordingly he begins his preface with the words 'Ælfred cyning hateð gretan .... biscep,' a different name being inserted in each copy. This affords, of course, no means of distinguishing between the actual MS. that was sent to the bishop and a later copy, as the scribe would naturally retain the name. But in the Hatton, and in no other, MS. these words are written on the first page 'Ðeos· boc sceal to wiogora ceastre,' implying that at the time when this was added—that is, after the completion of the MS.—the book had not been sent to Worcester, the see of bishop Wærferð.

Still stronger is the evidence for C. i. In this MS. the blank after 'hateð gretan' is not filled up at all, nor is there anything to show for whom the book was intended. There is however on the first leaf this memorandum :—'Plegmunde arcebiscepe is agifen his boc ond Swiðulfe biscepe ond Werferðe biscepe.' This fact points to two important conclusions, (1) that the MS. was *not* sent to any one, (2) that it was written *before* the copies destined for Plegmund, Swiðulf and Wærferð. So far, then, we are lead to the conclusion that in C. i. we have the original, or one of the original, drafts of the work from which Wærferð's MS. was copied. As each copy was completed, compared with the original, and sent off, a memorandum was made in the latter. This conclusion is, however, only partially supported by a comparison of the various readings of the two MSS. themselves : although the correct reading is generally that of C. i., yet in many cases H. has the advantage. The probability is that H. was re-read with some other MS., which MS. must in some cases have been a better authority than C. i. When the number of copies that would be required is considered, it seems probable that several of them would be made simultaneously, and hence that several originals would be required, which would, of course, themselves be careful copies of the corrected first draft of the work. These considerations modify our first conclusion:—C. i. is not the original draft of the work; it only represents it more closely than any other existing MS. Another explanation of the partial superiority of H.'s readings is possible—that H. was revised by a fresh comparison with the Latin original. It seems however improbable, when we consider how laborious such a task must have been in those illiterate times.

From a purely philological point of view—and the interest of the work is mainly philological—these questions are of little importance : it is enough to know that in these two MSS. we have genuine and accurate specimens of Alfred's language, written during his reign. This is proved not only by the evidence stated above, but also by the character of the handwriting, which, as Wanley remarks, agrees closely with that of the first part of the Parker MS. of the Chronicle, which stops at the year 891. It would be impossible to treat the question of handwriting fully without facsimiles and a regular treatise on palæography, but a few remarks on the chief peculiarities of the writing of Alfred's time may be useful. Its general characteristics are freedom, lightness, and elegance. There is, generally, a tendency to slope the letters a little, and to join and interlace them together as much as possible. After Alfred's time the handwriting begins to lose its artistic character : it becomes thick and heavy, has a laboured look, and, in fact, approximates gradually to that *ne plus ultra* of barbarism, the black letter. There are also differences in the formation of individual letters. In ninth-century MSS. the *l* often projects below the line, and ends in a free semicircular sweep. The *p* is always open, the second stroke ending with a point. The *r* has four shapes : the first is that of our capital R, only small; the second is the same with the leg lengthened; the third that of the ordinary 'Anglo-Saxon' types; the fourth is the same with the leg shortened. It is important to observe that the second stroke of all these *r*'s is always turned up at the end, which alone distinguishes the fourth shape of the letter from the *n*. The *y* always slopes, and is never dotted; there is besides another shape of the *y* which is that of the Greek digamma, except that it always descends below the line, like the ordinary *y*. There are besides some isolated palæographic archaisms to be found in H. : the *a* sometimes resembles *oc* joined together, and *œ* is written separately *ae* in the word *haefð* (277.6), and a peculiar form of the *t*, resembling the capital T, appears once at the end of a word. The use of *k* for *c* in *kyning, koka, kokk,* &c., and of *u* for *w* may also be regarded as archaisms. *u* for *w* is limited to those cases in which *w* is preceded by another consonant, as in *cuæð, huæt, suæ, suugode* (151.22), *suuncon* (239.21). In the Chronicle *uu* is occasionally written initially for *w*, as in *uuintra, uuæron*, and in some of the oldest MSS. *uu* or *u* is used exclusively.

These remarks apply chiefly to H. ; the fragments of C. i. that remain are too scanty to allow us to judge of the details of the handwriting, but its general character is entirely Alfredian. (Compare the remarks of Wanley, quoted above, p. xiii.)

The variety of the handwritings of H. is remarkable : Alfred's preface is written in one hand, the piece of verse in another, and the handwriting changes again with the table of contents, and so on through the whole MS.

Many Latin glosses are inserted between the lines in the earlier part of the MS. : the work seems to have been used as a text-book for the study of Old English in the thirteenth and following centuries.

The MS. was evidently written with great care : it is full of the most minute corrections, often consisting in purely orthographical modifications, a single letter being added above the line.

The character of the second Cottonian MS. (Otho B. ii.) is somewhat peculiar. It is certainly later than Alfred's time : its handwriting points to the early part of the tenth century. The first half of the MS. is evidently a careful copy from a MS. of Alfred's time, preserving not only the words but also the forms with considerable accuracy. Towards the middle, however, the scribe becomes careless, frequent omissions and inaccuracies creep in, and increase to such a degree as to make the MS. almost unintelligible at parts. The language also undergoes a marked change : the genuine forms of Alfred's time are supplanted by others quite foreign to the two older MSS., although it is not easy in all cases to determine whether they are genuine or merely due to scribal carelessness.

The original of C. ii. was sent to Bishop Hehstan (see Wanley's account p. xiv, above) : C. ii. itself was not therefore copied directly from either H. or C. i. What the relation of Hehstan's MS. itself was to H. and C. i. cannot be ascertained with certainty. The non-mention of Hehstan in the memorandum in C. i. makes it probable that the two MSS. had nothing special in common. This is confirmed by the readings of C. ii. itself, which in most cases agree closely with those of H., yet with exceptions enough to show that C. ii. or its original were not copied directly from H. These readings of C. ii. which differ from those of H. always agree with C. i., except in a few cases of manifest corruption of the text.

The only point of interest about J. is the accuracy of the copy. This question is easily settled by a comparison of those parts of the MS. which were copied from H., and the result is very satisfactory: the words and letters of the original are given with great accuracy, and without any 'critical' emendations. Junius has, however, swerved from the path of literal accuracy in a few unimportant particulars: he neglects the accents of his original, changes *u* in such words as *huæt* into *w*, and ð into þ, especially in the word ðe, which he nearly always writes þe. He also expands contractions, writing ðonne and *and* for ðoñ and ꝫ. These facts are confirmed by the fragments of C. i. itself: they show *ón* several times, while Junius omits the accent each time, and ðe, ðæt, suæ against the þe, þæt, swæ of J. Otherwise the fragments—as far as they can be decyphered—agree with J.

Many of the rarer forms in J. are indirectly confirmed by the reading of the other two MSS. given in the margin. Thus the form *agne* (140. 20) for *agnes*, which we should otherwise be inclined to regard as a mere slip of Junius's, is made certain by the mention of the *agnes* of the two other MSS. This evidence is of especial value in cases of omission.

THE GRAMMATICAL CHARACTERISTICS OF ALFRED'S ENGLISH.

A curious feature in the history of Old English philology is the neglect of the older documents of the language: not only are the forms that appear in our grammars and dictionaries West-Saxon, to the almost entire exclusion of the equally important Anglian and Kentish dialects—they are to an equal extent, late, as opposed to early West-Saxon. The cause must be sought in the early history of the study of Old English in this country. When the antiquaries first began to collect, copy, and print Old English MSS., they could not fail to distinguish roughly between two classes of MSS., the one consisting of a few MSS. written in a free, almost cursive hand, often partly illegible from age and difficult to read, while the MSS. belonging to the other class were numerous, well preserved, and as easy to read as a printed book. The result was, that they turned their attention exclusively to the later MSS., and gradually came to regard the older ones as abnormal or dialectic variations from the regular language preserved in the later works. These unreasoning traditions have been preserved up to the present day, and the result is, that not a single one of Alfred's works has been printed from contemporary MSS., but from copies of the tenth, eleventh, and even the twelfth centuries, which give only an imperfect idea of the language of Alfred's time; for, although they follow the words of Alfred with more or less accuracy, they alter the orthography to suit that of their own period, so that the characteristically Alfredian forms appear only sporadically, and are consequently regarded as scribal errors by editors. An unfortunate result of the partial retention of the original forms is, that these MSS., while giving but a garbled representation of the language of Alfred, can as little be taken as faithful guides to that of their own period. When it is considered that the majority of existing Old English MSS. are of this kind, the chronological confusion in our grammars and dictionaries needs no comment. The only sound basis of comparison would evidently be MSS. of the ninth century on the one hand, and contemporary MSS. of writings of the beginning of the eleventh century on the other. When these two extremes have been compared and their distinctive peculiarities determined, it would be possible to trace the gradual change of the intermediate tenth century. To carry out this scheme with any completeness, is, in the present state of Old English editing, an impossibility; it would, in fact, amount to writing a dictionary of the prose language—a work whose foundations have yet to be laid. I have mentioned the want of proper editions of Alfred's works; we are hardly better off with regard to the eleventh century. Of the two chief prose writers of this period, Elfric and Wulfstan, the latter has not been edited at all, while all that has been published of the voluminous works of

Elfric consists of a slovenly copy of a single MS. of a part of his Homilies.

The only works of Alfred which are preserved in contemporary MSS. are the Pastoral and Orosius. Of the Orosius there are two MSS., one of Alfred's reign, which is unfortunately defective, the other of the eleventh century. This latter (the Cotton), although one of the worst Old English MSS. that exists, has been twice printed entire, while the older one was ignored by the one editor, and only used by the other to fill up the constant omissions and correct the gross errors of the later MS. The most curious fact is, that the editor himself has proved decisively that the later MS. is a direct copy of the earlier one! There are besides several other MSS. of Alfred's reign, which, although not containing any of his known works, are of equal philological importance. These are the Parker MS. of the Chronicle[1], a few leaves of a Martyrology, printed by Mr. Cockayne in his 'Shrine,' and a charter of uncertain date, placed by Kemble 871–889, which seems to be the oldest document which can, with any certainty, be claimed as West-Saxon.

PHONOLOGY.

VOWELS.

a. In late W. S. original *a* appears as *ea* before consonant combinations beginning with *l*, *r*, *h*, while in early W. S. the simple vowel is often preserved. This is especially the case before *l*-combinations: while the forms *heard, bearn, wearð, eahtian*, &c., are in early, as well as late W. S. almost exclusively in use, the unmodified *a* in *onwald, salde, allum*, &c., is almost as frequent as the *ea* in all MSS. of Alfred's time. An almost solitary instance of the retention of *a* before an *r*-combination in the Pastoral occurs p. 180.11 where C. has *art*, and H. the usual *eart*. In one place (48.21) C. ii. has *harm*, with the *e* added above the line, showing that Hehstan's copy had the more archaic form. The Charter also has *ondwardum* and *towardan*. Original *a* also occurs sporadically before other con-

---

[1] All my references are to Mr. Earle's edition.

sonants; thus p. 95. 4 we find *apla* twice in both MSS., but in the next line *æppel* and 69.1 *æpplas*. Other examples are—*fagenian* (60.17), *atiewe* (85.16), *nas* (108.10), *watrode* (293.4). These forms are however occasionally found in much later MSS., especially in the case of *apla*.

ea itself also occurs archaically in some forms of the verb *mæg*, which in the later language have an *i*; thus in the Pastoral we find *meahte*, ðu *meaht* constantly, alternating occasionally with *mæhte* (6.24) and *mehte* (113.14), which latter also occurs 164.14 as the reading of C. ii. In the Charter the very archaic *almahtig* occurs as well as *almæhtig*. It is remarkable that while the late *mihte* &c. hardly ever occur in the Pastoral, the form *niht* is fully established.

The labialization of *a* before nasals which appears in every stage and dialect of O. E. is so strongly developed in early W. S. as in many words almost to exclude the original sound and constitute a special characteristic of the period. Such forms as *monig, monn, ond, long* occur in every line of the Pastoral and Orosius, while in Elfric and Wulfstan the original *manig, mann, and, lang* reappear. The labialization is however retained in a few words throughout the O. E. period, and, in one case, up to the present day. These words are the prep. *on*, the conj. ðonne, and the acc. masc. sing. of the def. art. ðone. This is, no doubt, owing to the very frequent occurrence of these words, and is paralleled by the exceptional retention of the original vocal pronunciation of such words as *this, that*, &c. The change is, however, by no means universal in early W. S.: such forms as *mann, manig, land* occur now and then in the best MSS., while in some words the *a* is almost exclusively used. The general rule seems to be that the commonest words have *o*, the rarer *a*. Thus in all MSS. of Alfred's time the form *ond* occurs exclusively, never *and*. There are many apparent exceptions in Junius's copy of C., where the form *and* occurs constantly; but I believe they are merely inaccurate expansions of the contraction. In the same way *monn, monig* are much more frequent than *mann, manig*, while a rarer word, such as *panne, ramm* (see the passages in Cap. XXI.), is almost always written with *a*.

Archaic uses of *a* in inflections are *treowleasana* (260.9) *flæsc-*

licana, with which compare *welona* (465.16), *earda* (36.5) dat. sing., *anra* (167.2) for *anre, manoda* (168.16). For the archaic fem. plur. nom. of adjectives see p. xxxvi, below. Inflectional *a* occasionally appears in the weakened form *æ*: *eallæ* several times in Alfred's preface, *gefyldæ* (5.10), *gæsðæs* (291.9) gen. sing.

A vexed question in Old English phonology is that first started by Grimm, whether there was any distinction between the two kinds of *e*'s— the *a*-umlaut and the *i*-umlaut? Grimm, arguing from the analogy of the undeniable High German distinction, at first answered the question in the affirmative, but afterwards changed his opinion (Deutsche Grammatik, i. 333, 3te ausg.). Later German philologists also deny the distinction. A careful study of the Pastoral MSS. has, however, convinced me that Grimm's original view is correct. In all the three oldest MSS. the *e* which arose from *a* is often expressed by *æ*, while the *e* from *i* is written simply *e*. These *æ*'s are sparingly employed in H., more frequently in C., and occur so frequently in C. ii. as to constitute a special feature of this MS. They are found in H. and C. chiefly in the verb *secgan*, thus *sægð* (225.23) in all three MSS., *sæcgean* (212.9) in C. and C. ii., while H. has *secgan*. The word *elðeodig* also appears frequently in the two oldest MSS. with *æ*. Other examples are *bældo* (40.17), *ængel* (69.10). In the Charter we find *ærfeweardum*, and in the Martyrology *unasæcgendlicum* and *sægð*. This point is so important that I have, as far as the dilapidated state of the MS. allows, collected all the words in C. ii. which show this *æ*, and given an exhaustive list of them in an Appendix among the other peculiar forms of C. ii. This *æ* occurs here and there in later MSS. as well, but is either ignored by editors or considered as an abnormal change of *e* into the regular *æ* of *dæg*, &c. The cause of the disuse of this *æ* is not difficult to see: it was the ambiguity of the combination, which led to constant confusion with the short *æ* of *dæg* on the one hand and the long of *læran* on the other. Grimm's main objection to the assumption of two *e*'s was that in the regular *æ* of *dæg* an intermediate vowel between *a* and *e* already existed; but if we assume for the *æ* of *dæg* the sound in 'man' (Mr. Ellis's æ) and for the umlaut of *a* that of the English short *e* in 'men' (E), the sound (*e*) still remains for the umlaut of *i*.

These distinctions, although delicate, are quite conceivable, and are strongly supported by the analogy of Icelandic. (See Þóroddr's account in the Skálda, and Mr. Vigfússon's interesting remarks in the Icelandic Dictionary, p. 113.)

This *e* also occurs archaically, though rarely, in the place of *ea* = *a* : *scel* (125.4), *helfcuicne* (125.8), *andwerdan* (133.18), *middangerdes* (60.8) in C. ii. Similar forms occur in the Chronicle : *cester, huerf, agef*; and in the Charter we find *hrofescestre*. These forms are interesting in connection with Koch's ingenious theory of the origin of the *ea* = *a*[1]; but the fact that *ea* = *au* undergoes a similar change is against it.

i. The change of *i* into *e* is not uncommon in derivative syllables, especially in *-lec* and *-eg* for *-lic* and *-ig*; thus such forms as *hirdelican* and *hirdelecan*, *hefigum* and *hefegum* alternate on almost every page of the Pastoral. The forms in *-lec* are especially important, as showing that the vowel was already shortened in the time of Alfred, which is further confirmed by the fact that derivative adjectives ending in *-lic* or *-lec* take the full termination *-u* in the fem. sing. and neut. plur. nom. (p. xxxvi, below), thus *nytwyrðlicu ðing* (255.12) ; while the radical *gelic* preserves the original quantity, as is proved by the absence of the inflectional *-u* in *ungelic spræc* (49.9) and similar instances. The same change occurs also before *ng* in derivative syllables, as in *niedenga, gemetengum*, obliging us to modify Grimm's rule that *i* is always preserved intact before nasals. These forms are found also in the other early W. S. MSS.; thus the Chronicle has *denescan, wicenga*, and even the later Dialogues of Gregory show such forms as *halegan, cuðlecestan, holenga*. This change also appears in the form *brengan* for *bringan*, which is very common in the Pastoral and the Chronicle, unless we assume the *e* in this case to be the *a*-umlaut, as it certainly is in the Old Saxon *brengian*. It seems, however, most probable that *bringan* and *brengan* differed originally as strong and weak, the former having as preterite *brang*, the latter *brohte*.

The early W. S. use of *i, e* and *eo* (*io*) is different from the late in many words. Thus in the Pastoral the form *hefon, hefonlic* occurs

---

[1] Zeitschrift für deutsche Philologie, ii. 147-158, 339-344.

invariably, to the total exclusion of *heofon, heofonlic,* &c., the regular forms in Elfric and other late writers. *eo* also appears in many words where later writers employ *i* exclusively : ðeosum, *cnioht, cleopian* in the Pastoral ; *gewreotu, weotum, ageofen* in the Charter.

The use of *io* for *eo* is common in early W. S., and appears but rarely in MSS. of the late W. S. period. Examples offer themselves on every page of the Pastoral.

ea = eo. Of the *ea* for *eo*, which is so frequent in Kentish and Anglian, there are but scanty traces in early W. S. The only example in the two oldest MSS. of the Pastoral seems to be *tweagea* (86.13) for *tweogea = twega*. The Chronicle has *feala* (14.31), the Martyrology *scealden* and *sceolden*, and the Charter *earðe*. The comparison of the Icelandic *hiarta* (or, as Þóroddr would write it, *hearta*), and the fact that the form *hearte* occurs only in the oldest English documents, and is gradually supplanted by *heorte*, makes it probable that the *ea* is the older of the two diphthongs. In *eart* for *eort* the excessive frequency of the word has preserved the older form intact throughout all dialects and periods of O. E. In Kentish and Anglian the constant fluctuation between *eo* and *ea* has led to an analogous change of *eō* into *eā*, although here there can be no question about the spuriousness of the unlabial diphthong. Of this change there seems to be an example in the reading ðeawas (196.23) of C. for the correct ðeowas of H. The second Cottonian MS. shows the converse change in unðeowas for unðeawas, geðreotod (182.14) for geðreatod. The same MS. also changes *ea = a* into *eo*: *eorce* (170.11), *beorn* (190.1), and in several other instances.

u. There are traces of a substitution of *o* for *u* in root- as well as derivative syllables exactly parallel to those discussed under *i*. Examples are :—*folneah* (35.20), ðorhtioð (423.4), *tielongum* (133.4). *u* is also extensively employed in inflections, where the later language has *o*. Examples are :—*hlafurd, heafud, rumgiful, swiður, wisust, saldun, grapude,* ðrowude, *seldun*, all from the Pastoral. Similar forms occur in the Chronicle : *abbud, weorþuste, wærun, todældun,* þrowude. It will be seen that this *u* represents a great variety of older vowels. In strong preterites, such as *saldun*, it may be a genuine archaism, but in most cases it is evidently a mere neutral vowel, in some cases representing a variety of long vowels, as in the weak preterites ðrowude, &c., while in others it stands for some other short vowel.

u occasionally changes into *y* in a very peculiar and inexplicable manner. Thus, from the adjectives *mettrum* and *untrum* the derivates *mettrymnes* and *untrymnes* occur very frequently, as well as the normal *mettrumnes* and *untrumnes*, the two MSS. often showing each a different form in the same passage. These forms may be explained by supposing that the original *i* of the *-nes* produced umlaut in the root syllable, which is certainly the explanation of a similar occurrence of *y* for *u* in a few subjunctive preterites (p. xxxv, below). This theory will not however explain *ofercymenne* (229.20) for *ofercumenne*. This form is no scribal error, for it is supported by the imperative *cym* of the Martyrology and the *sealwyda* of the Chronicle (80.9). Here there is no possibility of umlaut: we can only assume a direct change from guttural to palatal, as in the regular weakening of *a* into *æ*, without any external influence.

y. The different usages with respect to this letter in early and late W. S. form one of the most distinguishing features of the two periods. In the later period *y* and *i* are written in many cases almost at random, and *y* is very generally substituted for *ē = au*, while in early W. S. *y* is, as a general rule, strictly limited to its original use—to express the *i*-umlaut of *u*: such spellings as *hym, syndon, crypð, gehyran, cining*, never appear in Alfredian MSS., except as isolated irregularities. There is one case, however, in which *y* for *i* begins to appear even in the best early W. S. MSS.: when *i* comes before consonant-combinations beginning with *r*, it is frequently written *y*. Thus in the Pastoral MSS. we find *towyrpð, wyrðest, wyrst, byrhto*, although the older unlabialized forms still hold the upper hand, especially in H., which in this particular is more archaic than C. There are besides isolated instances of *y* for *i* before other consonants, such as ðysum, *cwyde, nyðemestan*, which are again more frequent in C. than in H. In some words, however, the *y* for *i* seems to have fixed itself permanently. This is especially the case with the adjective *riht*, which throughout both Pastoral MSS. is, as far as I have observed, always written with a *y*, both singly and in composition. A perhaps solitary exception seems to occur 64.11, where the Junius MS. has *unrihtwisan*; this may, however, be an error of Junius's. In the same way the preterite of *don* is everywhere in the Pastoral MSS. written *dyde, dydon*, &c. The Chronicle also writes *ryht, geryhtan, gedyde*, &c. The Martyrology, however, has *dede*, instead of *dyde*, and the same form occurs twice in the Pastoral MS. C. ii.: *dede* (192.15) and *dedon* (206.20). This *dede* is probably the oldest form of the word: compare Old Saxon *deda* and Old High German *teta*.

Observe the delicate distinction between *wile, wiste*, and *nyle, nyste*, which is observed almost without exception in the Pastoral MSS.; the labialized vowel of the contractions of *ne-wile, ne-wiste* is evidently due to the absorption of the *w*.

It is curious to observe how early this confusion between *i* and *y* begins in West-Saxon: even the MS. of the Dialogues of Gregory, which retains many genuine Alfredian forms, lost in other MSS. of the same character, is full of such barbarisms as *hys, bysene, me þinceð, brice* (for *bryce*), &c.

How far the confusion is founded on an actual change in pronunciation, or is only orthographical, is a doubtful question. In many MSS. I believe it is almost entirely a matter of spelling, the *y* being preferred because of its greater distinctness, being less liable to be confounded with parts of other letters than the *i*. This is confirmed by the fact that *y* is much oftener written for *i* than *i* is for *y*, which would hardly be the case if *i* and *y* had absolutely the same pronunciation. It is also worthy of remark that the confusion is generally confined to the short *i* and *y*: such forms as *wyf* for *wif*, &c., are not frequent in the generality of MSS. It is well known to all phoneticians that short French *u* is much more liable to be confounded with short *i* than the long sound is with long *i*; and it seems probable that this is the explanation of the Old English confusion. Some careless or obtuse-eared scribe may have begun to write *hym* for *him*, &c., and the change may have been generally adopted from purely orthographic and practical reasons.

For the rare change of *y* into *e*, see note on *embe* (20.22).

ā. In some words *ā* becomes *œ* in early W. S., while the *a* reappears in the later language. The commonest example is *swœ* for *swa*, which occurs throughout C., and appears here and there in H. It is interesting to observe that the *e* of the original *swœ* has been carefully erased in the Hatton text of Alfred's preface, showing that the *œ* was getting antiquated (see note to Alfred's preface). Other examples are *gœst*, *ðœm* (dat. sing. and plur.), *œgen* (4.13, 63.11), *twœm, bœm, hwœm, lœcnigende* (61.3), *twiðrœwen* and *geðrœwene* (87.18,22), *sœwan* (427.18). The same forms appear in the other W. S. MSS. of the period: *tuœm* in the Chronicle, *suœ* alternating with *sua* in the Martyrology. In late W. S. all these words would be written with *a*, except perhaps *ðœm* for *ðam* now and then. *œnne* and *nœnne*, however, for *anne* and *nanne*, are common enough in the MSS. of Elfric; more so indeed than in Alfredian MSS., where they rarely occur.

ō. This vowel occasionally appears as a contracted *eā* in such words as *ðeh* (103.15), *togenes* (89.18), *helicuste* (131.19), *smegeanne* (152.13). In H. the *a* is often added above the line as in *ela* (49.7), *henesse* (99.2), *ðewa* (125.2). Similar forms occur in the Chronicle: *ongen* (80.9), *þeh* (90.4), *ger* (93.32); and in the Charter we find *ec, ger*. In *gecnewon* (28.1) and *oncnew* (295.8) *e* exceptionally represents *eō*.

oe. A few cases in which the *i*-umlaut of *ō* still appears in a labialized form deserve special attention. *oe* instead of the usual *e* appears in three words in the Pastoral—*oeðel* (2.7), = Old-Saxon *ōðil*, *oele* from Latin *oleum* (see note on 368.11), and *doe* (8.2), subj. of *dōn*. This *doe* also occurs in the Martyrology, and is the only example of *oe* for *ē* in that document. The Chronicle has only the proper name *coenbryht* (34.12). In the Charter there are several examples, mostly written *eo: gefeorum, meodrencynn* and *feo* (subj. of *fōn*) several times, once written *foe*, as in the *doe* of the Pastoral. This *eo* for *oe* is found in several of the older MSS.: the O. E. inscription in the Codex Aureus at Stockholm has *ðas halgan beoc* twice. It is interesting, both as proving the non-diphthongic character of the sound—the *e* being evidently a mere diacritic, and therefore liable to be transposed without affecting the significance of the digraph—and because it removes all doubt as to the form *doe*, in which the *e* might otherwise be regarded as inflectional.

eō. This diphthong is frequently written *io* in such words as *lioht*, *bebiode.* The use of this *iō* is exactly parallel to that of the *io* for *eo* in *cnioht* (p. xxv, above).

For the occasional change of *eō* into *eā* see under *eo* above.

ie. On account of the importance of this diphthong and the complexity of its origin, I have reserved its consideration to the last place among the vowels. This *ie* seems to be confined entirely to the W. S. dialect: I cannot find a trace of it in the Old Kentish and Anglian dialects. Even in early W. S. its range is limited and its distribution varied: the Charter affords not a single example of it, and the Martyrology only one (*afierr*). It is of frequent occurrence both in the Orosius and the Chronicle, and is especially frequent in the Pastoral MSS. Judging from its scarcity in the Charter and Martyrology, which are the most antiquated W. S. MSS. we possess, the *ie* seems to have developed itself during the latter half of the ninth century, and to have reached its highest point of development towards the end of the century, to which period the three MSS. in which it is most fully represented belong. It arises from the following vowels:—

(1) *i*—*siexte, liecgað, cnieht, begietan, hieder, gefrieðode, bieseniað, giefa, hiera, ierre, tieligeað, wielle, hiene, siendon, ðienga, niewan.*

(2) *e* (from *a*) before consonant-combinations beginning with *l* and *r*—*ieldran, gehielt, hielfe* (handle); *amierred, awiergdum, ahwierfað, ierminga*; rarely before *n*-combinations—*gesciendan.*

(3) *ī*—*hwie, wietan* (blame), *wiese, unðriestan, adriefð, sien.*

(4) *ē* (from *au*)—*geiecen, ciegeð, diegla, bietles, niedenga, ieðnesse, gehieran, gieman, gehiened.*

(5) *eō*, and more rarely *eā*; probably in both cases through an intermediate *ē*—*onlieht* (illumines), *bebiet*, (commands), *ælðiedig, ðiestrum, gestiere, friend*; *hliepen* (214.7), *hiewð* (hews).

There are besides some isolated cases which cannot be brought under the above heads. In *scieran* (139.12) we have a solitary instance of *ie* arising from *e = i*. In *ciele* (285.5, and foll.) an equally anomalous exception to the rule that *ē* only becomes *ie* when it corresponds to original *au*.

In all the above cases *ie* is liable to undergo a further change into simple *i*, or rather, in the case of *i* and *ī*, a return to the original sound. No rule can be given : *ie* and *i* seem to occur in pretty equal proportions, although, perhaps, the *i*'s preponderate in C., the *ie*'s in H. Where these sounds arise from *e*, either short or long, the original *e* frequently appears, so that many words have three forms : *gescendan, gesciendan, gescindan* ; *geheran, gehieran, gehiran*, &c. The original forms are, however, much rarer in most cases than the modifications, and it is only in exceptionally antiquated passages that they occur in any frequency. Thus in the Charter and Martyrology they are still in the majority, in the Hatton MS. of the Pastoral they occur chiefly towards the end of the MS., which is on the whole more archaic than the earlier part. We see now that these changes are the key to the late W. S. forms with *y*, such as *yldra, yrming, gehyran, bebyt, gestyran*, &c., which figure almost exclusively in the later MSS., whence they have passed into our grammars, dictionaries, and 'critical' texts, to the exclusion of the genuine old forms discussed above : these *y*'s are labialized *i*'s which arose from an older *ie*. Physiologically it seems simplest to regard the change of *e* into *ie* as due to simple palatal diphthongization by prefixing an *i*-glide, the original sound of the unmodified vowel being preserved in all cases ; thus *ieldra* would have the sound (iE) and *gehieran* that of (iee), as in the Icelandic *mér* (mieer), which was certainly originally (meer).

CONSONANTS.

c, g. The palatalization of these letters, indicated by the introduction of an *e*, which also occurs in the later language, is carried to a great extent in early W. S., although the unmodified consonants are frequent enough, so that there is a constant fluctuation between such forms as *geðencean* and *geðencan*, *bregean* and *bregan*, &c. In some cases an *i* appears instead of the *e*: *olecciunga, worldwlencium*, and especially in *ecium*. It is possible, however, that the *i* in the last two words may be really a remnant of the final -*i* of the stem.

The later change of the final *g* into *h* is only beginning in early W. S.: such forms as *slog, burg*, still maintain their ascendancy over the *sloh* and *burh* of Elfric and other writers of the period. The spelling *bogh* (81.19) is interesting, as showing that the final *h* was probably vocal at this time, that is, where it arose from an earlier *g*. In *ah* for *ac* (305.1) we have the only example I can find in the Pastoral of the change of final *c* into *h*. This *ah* also occurs in the Martyrology. In the Northumbrian Gospels *ih* for *ic*, &c., is common enough.

The frequent omission of initial *h* is a remarkable feature of the Pastoral MSS.: *æfdon* (27.25, 153.18, &c.), *is* (43.17), *ringas* in C. ii. (168.24). Often the *h* is added above the line, as in *ealden* (63.14). The addition of an inorganic *h* is rarer: *his* for *is* (215.19), compare *ahebbad* in the Chronicle (95.33). The omission of the medial and final *g* and *h* is also common, but the missing letter is generally added by the corrector: *awierdan* (249.15 several times), *oferhyde* (110.22); ður (63.9 and often), ðurteon (73.6), ður in C. ii. (258.23), *fort* (33.5), *fulbeortum* (87.23), *dryten* (101.23).

t, d, ð. For a full discussion of the difficult question of the pronunciation and origin of the ð the reader is referred to Appendix I. Here I will only state that the general result of my investigations is that the sound—whether represented by ð, þ, or *th*—was in Alfred's time vocal (dh) in all positions, and that at a still earlier period this (dh) occurred only initially, being represented medially and finally by the (d) from which it arose. In the same Appendix will also be found an account of the peculiar sð. For the loss of *d* after *l* see under *n*.

There are many cases in the Pastoral of that change of *d*—generally final, but often also medial—into *t* which appears in isolated words throughout the O. E. period. In one word the change appears fixed in Alfred's time, although the original form re-appears later on. This word is *sint*, contrasting with *sindon*. Other examples are *færelt* alternating with *færeld* (36.22, 49.4), the proper name *dauit*, also appearing as *dauid* and *dauið* (169.17, 199.4, 93.13), *gesuntfulnessum* (34.5).

Various assimilations between ð and *t* also deserve notice. A familiar instance, not peculiar to Alfredian English, is ðætte for ðæt

xxxii INTRODUCTION.

ðe. This is the only instance of the kind in the Pastoral, with the exception of ðæt ta for ðæt ða in C. ii. (200.16). In the Chronicle we find þæt tæt for þæt þæt (50.22). In many Middle E. works this assimilation of t at the end of one word and þ at the beginning of another is carried out with great regularity, for example in Orrm; in O. E. it is only sporadically indicated. The same assimilation sometimes takes place with the t = d mentioned above, as in mittyðe for mit ðy ðe = mid ðy ðe, a form which occurs in the Dialogues of Gregory and in some old MSS. of uncertain dialect. Lastly in witteah (255.23) for wiðteah we have an instance of the assimilation of final ð and initial t.

b, f. For the archaic use of b for f in næbre, &c., see Appendix I.

r. The tendency to drop this letter, especially in the word for is strongly marked in H.: folorenan (123.11), folæt (99.24), fosewen (135.2), and in C. focorfen (308.2). Another example is aræð for aræreð (123.13, 163.12).

n. Dropping of final—generally inflectional—n is very frequent in H. The n is frequently added above the line, but often the correction is neglected, especially towards the end of the MS. It is the n of the infinitive, weak adj. inflection and subjunctive that most frequently suffers this apocope. Examples are:—læra (303.7), forbera (295.10); his goda weorc (141.11), ða unfæsðræda (305.11); ðæt we—gearige—mæge (119.5). Other cases are:—ohyrigean (119.12, 229.15), scoldo (131.4), tunga (309.10). In C. Junius has uforwandodlicre in one place (88.23); whether other cases occurred in the original MS. is uncertain, as Junius may have filled in the n without comment. In C. ii. there are several examples—uferra (100.20), with the n added above the line, and others where the vowel has also been weakened—wite (206.19), infin., and næddre (236.22), gen. sing. The same vowel-weakening seems to occur in ða anbestungne sahlas in H. (171.11); and in wolc for wolcen, which occurs twice on p. 285, even the vowel is lost. From the limited range and frequent correction of this peculiarity it is probable that it was rapidly becoming extinct in Alfred's time, although from the want of older W. S. documents it is impossible to determine the extent to which it prevailed in the earlier period. Had the dialect not been fixed and

INTRODUCTION. xxxiii

regulated by the literary labours of Alfred and his successors, the loss of final *n* might easily have developed itself as extensively as in late Anglian, where the retention of the infinitival *n* is altogether exceptional.

n is also frequently omitted before *g*, sometimes before *c*, as in *costug* (67.1), *gebrinð* (89.9), *drucon* (317.2), *stragne* (164.11) and *gemægde* (166.22); these last two in C. ii. The Chronicle has *adrecton* (86.34) for *adrencton*. There can be no doubt that these forms are genuine. A similar omission occurs in some early Middle E. MSS., where, however, the *g* is doubled, to compensate for the lost consonant. Such would probably be the strictly correct spelling of the O. E. words as well—*costugg*, *druccon*, &c.

In the combination *nd* the *d* is often omitted : *anweardan* (65.7), *anwearde* (90.5) in C., *godcunra* (81.16). Compare *scylgan* (117.12) and the *milred* of the Chronicle (52.32) for *scyldgan* and *mildred*. The same simplification of *nd* is common in early Anglian, thus the fragment of Cædmon has *scepen* for *sceppend;* and in Danish *n* is the regular sound of *nd*, *land*, *landet* being pronounced (lahn, lahnet).

m. *m* sometimes appears instead of *n*, as in *beom* (57.9) for *beon*, and is often changed to *n* in inflections : *hwilon* (25.22), *yðon* (61.20), *ðioson* (73.19), curiously enough always with a change of the vowel into *o*. The same change in certain words occurs also in the late language : *ðon* for *ðam* in *forðonðe* is a familiar example.

w. There seems to be a tendency in the Pastoral MSS. to omit *w* before another consonant : *gecnæð* (29.1), *ætiede* (43.19, 291.6), *eorum* (218.24).

INFLECTIONS.

Verbs.

An isolated archaism in the Pastoral is *ic cweðo* (397.27) with the old ending of the first person. In the Martyrology *ic biddo* occurs, and in the Charter there are several examples : *ic hatu, sello*, but also *ic fæstnie, write*. It is probable that the retention of the archaism in this MS. is part of the conservative and formal character natural to a legal document: in *ic willio ond wille* the remarkably antique *willio* seems purely ornamental.

The ending of the 2nd pers. sing. occasionally appears without the final *t*: *hafas ðu* (193.3), *ðu worhtes* (207.11), *cans* (304.15). Sometimes inclination of the following pronoun takes place with change of ð into *t*: *lufastu* (43.3), *wenstu* (63.1).

The endings of the 3rd pers. sing. are very various:—

(1) -*eð* uncontracted—*bireð, dweleð, demeð, gelimpeð*.
(2) -*et* uncontracted—*ðyncet* (25.9), *deret* (237.10). Compare the plurals *agniat* (25.12) and *dot* (61.15).
(3) -*ed* contracted—*gewend* (225.22), *gefred* (249.7).
(4) -*eð* contracted—*birð, cymð, winð*.
(5) -*et* contracted—*fint, gehrist*.

Of the origin and explanation of these forms I have treated at length in Appendix I., to which the reader must be referred. It is very doubtful whether any uncontracted -*ed* forms occur in the Pastoral, as those few cases in which the termination -*ed* seems to occur probably owe their origin to the carelessness of the scribe in leaving out the stroke of the ð; I have, therefore, omitted them. The contracted forms are highly irregular, and differ in many respects from those of the later language: *t* and *tt* unite with the termination to form *tt, t* or ð—*forgiett, forgiet* (from *forgitan*), *licett, licet* (*licettan*), *utascieð* (70.7, from *utasceotan*); *st* becomes *stð* or more usually *st*, as in *restð* for *rest* (142.21), and in some cases the *t* is inserted where the verbal stem ends in simple *s*—*gecistð* (50.4, from *geceosan*), *geristð* (74.8, from *gerisan*). Besides this *stð*, *s* becomes *st* and *sð* as in *ræst, ræsð* (*ræsan*), *forlist, forlisð* (*forleosan*); ð becomes ðð or ð—*gecyðð, gecyð* (*cyðan*); *d* becomes *d*, as in *gefred* (*gefredan*), *dt, tt* or *t* as in *bidt* (285.15), *bitt, bit* (from *bided, bidet*).

The treatment of the root-vowel in the 2nd and 3rd sing. of the pres. indic. also requires some remark. The change of *i* into *y*, so extensively developed in the later language, is rare in Alfredian English, occurring chiefly before *r*-combinations, as in *wyrð, towyrpð* for *wirð, towirpð* or *wierð, towierpð* (p. xxvi, above). Such forms as *besyhð* (67.14) and *gesyhð* (142.8) are quite exceptional. *eā* and *eō*-verbs show *ie* or *i* in these cases, as in *hiewð* (167.16) from *heāwan*, *liehð* from *leōgan*, never *y*, which is constant in the later MSS. *y* only occurs in early W. S. MSS. where there is an *ū* in the root, as in *lycð*, *brycð* from *lūcan*, *brūcan*. The *ie* from *eā*, *eō* and the *y* from *ū* are never interchanged or confounded in any way in early W. S.; hence the explanation of forms like *lyhð* from *leōgan* as 'umlauts,' which is given in all the grammars, is as erroneous as it would be in the case of *wyrð* noticed above.

In early W. S. the subj. plur. still retains its older ending *en*, instead of the later *on*, which, however, already begins to show itself, the two MSS. often varying in the same word (see 31.3, 33.18, and 45.25). Such forms as *ne forbinden ge* (105.7) are interesting as affording an explanation of the well-known difference of ending which depends on the relative position of the verb and its personal pronoun. The frequent dropping of the final *n* has been noticed above (p. xxxii), we need not therefore be surprised at one MS. having *ne bregde ge*, while the other retains the final *n* (173.10, compare also 189.23). It seems not improbable that these curtailed forms may have gradually extended their range, first appearing in imperatives without the negation, and afterwards in all cases of pronominal postposition. That the *hæbbe ge*, *wese ge*, &c., of the grammars are of comparatively late origin is shown by the frequent occurrence in the Pastoral of the fuller forms *habbað ge* (95.11), *weahsað ge* (109.5), *beoð ge* (201.21). An example of the later form is *beo ge* (189.22) in both MSS.

Some traces of subjunctival umlaut in the preterite-present verbs deserve notice. It seems not improbable that the *y* of such forms as *gemyne he* (25.3), [*hie*] *ne dyrren* (25.14), *he ðyrfe* (37.21) and *he scyle* (9.21) are to be explained as umlauts caused by the *i* of the subjunctive ending. Compare the Gothic *gamuni*, O. H. G. *durfi*, &c. The same holds good of the subj. *doe* (p. xxviii, above). It is possible that at an early period such forms as *fynde*, *fynden* may have been general in the subj. The later *funde*, *funden*, &c. may have arisen from the analogy of the indicatival *u* in *funde*, *fundon*.

The ending *a* of the weak conjugation in *manoda* (168.16) for *manode* is remarkable ; compare *oferhergeada* (40.4) in the Chronicle. In *lære* (291.16) and *sende* (48.9), for *lær, send*, the *e* of the imperative sing. has been exceptionally preserved after a long syllable.

Finally, some archaic preterites deserve notice. *Cwom* for *com* occurs once (125.20), and only once in the Pastoral ; it occurs in the Martyrology and in the Dialogues of Gregory, and is regular in the Chronicle, which, however, sometimes has *com*. *Heht* (9.14) for *het* is likewise an exceptional form in the Pastoral, although it occurs in the inscription on Alfred's jewel and is found in the Martyrology and Chronicle. *Wisse* and *nysse* (40.1, 117.2, 355.21) is an archaism —compare Gothic *vissa*, Icel. *vissi*—although in the later *wiste* a return to what must have been the oldest form has place, probably after the analogy of *moste* and the weak verbs generally.

SUBSTANTIVES.

In *hwæthuguningas* (155.15) and *earda* (36.5) the gen. and dat. inflection appears in the archaic form of *-as, -a* for *-es, -e*. The gen. *gæsðæs* (291.9) shows the intermediate stage.

The feminine declension shows interesting traces of the distinction between the *ā* and *i* stems in the accus. singulars *hyd* (141.9), *dæd* (443.11) for the regular *hyde, dæde* as in Gothic *dēd*, O. H. G. *tāt*, &c., and the plur. nom. and acc. *scylde* (61.15, 63.20, 72.18), *onsine* (44.20), *byrðenne* (52.1) for *scylda* as in O. Saxon *skuldi*, &c.

For traces of masc. plurals in *-os* see note on 59.20.

ADJECTIVES.

The inflections of the adjective, especially in the nom., both sing. and plur., are of great importance in distinguishing early and late W. S. In early W. S. the fem. sing. and neut. plur. end in *u*, when the preceding syllable is short, or when the adjective ends in *-e*. In the plural nom. the fem. very often ends in *a*. In late W. S. the *u* is everywhere dropped in the fem. sing. and changed to *e* in the neut. plur., the *a* of the fem. plur. being likewise changed into *e*. The change is not phonetic, as is shown by the fact that the inflectional *u* of substantives is preserved in the later language, but is due to inflectional levelling, the nom. terminations being made uniform, regardless of gender.

	EARLY W. S.			LATE W. S.		
	M.	F.	N.	M.	F.	N.
Nom. sing.	sum	sumu	sum	sum	sum	sum
	gōd	gōd	gōd	gōd	gōd	gōd
	clǽne	clǽnu	clǽne	clǽne	clǽne	clǽne
Nom. plur.	sume	suma	sumu	sume	sume	sume
	gōde	gōda	gōd	gōde	gōde	gōde
	clǽne	clǽna	clǽnu	clǽne	clǽne	clǽne.

The *u*-forms are oftener preserved in later MS. of Alfred's works than most other archaisms, hence they are adopted in all the grammars to the exclusion of the later forms, which, strange to say, are utterly ignored, though regularly employed by Elfric and other writers of the same period. Exceptions to the rules stated above occasionally occur. There are evident traces of that tendency to level the nom. plur. endings which afterwards prevails: both the fem. and neut. plur. occasionally end in *e*, as in *eowre honda* (65.17), *stiðlice word* (166.10), *ealle nitenu* (109.7). The weakening of the *u* of the fem. sing. into *e* occurs, though rarely, both in the early and late W. S.: *an lytele burg* (399.23). In *menniscu* (71.12) we have an exceptional case of inflectional *u* after a long syllable. The anomaly is probably to be explained by the non-accentuation of the *-isc*, which would tend to counterbalance its quantitative weight. Compare the metrical character of such a M. H. G. word as *tugende*, where the quantity of the last syllable but one is ignored in the same way.

A less constant but still very frequent peculiarity of the adjective declension consists in the substitution of the strong for the weak ending in the gen. plur., ðara godena monna appearing as ðara godra monna (81.14, 234.20, 237.21). Still more remarkable is the weak dat. plur. *an* for *um*, ðǽm godan for ðǽm godum (25.4, 47.12, 421.5), probably after the analogy of the sing. ðǽm godan. Perhaps, however, the desire of avoiding the incorrect *-ra* for *-ena* may have suggested this change of the *apparently* strong *-um*. The former theory is supported by ðæm *singalum geðohte* (73.5 in both MSS.), where the plur. ending *-um* has supplanted the regular sing. *-an*. Compare also Elfric's Hom. 38.33, 52.26, 56.14. In ða *anbestungne sahlas* (171.11) we have a further example of confusion betweeen weak and strong in the nom. plur., unless it be merely a case of the loss of final *n* (see p. xxxii, above).

Pronouns.

The masc. pron. of the 3rd person often appears in the sing. nom. in the older form of *hi*, *hie* (56.3, 60.18, 99.4, 312.8), compare the Old Saxon *hi*, *hie*, *he* and the Old Frisian *hi*, *he*. Conversely the plur. nom. sometimes assumes the weakened form *he* (26.22, 44.4, 87.1, 305.14), instead of the regular *hi*, *hie*.

It is not improbable that to this phonetic confusion may be partly owing the extraordinary fluctuation between sing. and plur. which prevails in the Pastoral, especially in those cases where the pronoun of the third person is used in a general sense, like the German *man* : ' ac monige bioð ðara ðe hie gehealdað wið unryht hæmed, and swaðeah his agenra ryhtiwena ne bryeð swa swa he mid ryhte sceolde ' (399.7). Other instances under 53.1, 127.22, 163.1, and in the Chronicle.

No example occurs in the Pastoral of the accusatives *mec*, ðec, although the inscription on Alfred's jewel, ÆLFRED MEC HEHT GEWYRCAN, and the *ic biddo* ðæc of the Martyrology, where also *mec* occurs, show that these forms were not yet extinct in his time. *Ussum* for *urum* (355.24) is an isolated instance of the older form of the possessive of the 1st pers. plur. ; *usses* also occurs in the Dialogues of Gregory.

Prepositions.

The prepositions, both alone and in composition, present many points of interest. *For* often appears as *fær* : *fær ofermettum* (113.7), *færhæfdnesse* (41.14, 87.24), *færwyrd* (133.20). *Fore* often loses its final *e* (10.13, 117.23, 194.16) ; while in *fore eaðmodnesse* (106.5) *fore* is substituted for *for*. *Geond* (*giond*) appears as *gind* (9.10, 59.23, 259.10). *Of* appears once in the antiquated shape of *ob* (304.9), where the archaism seems to be suggested by the preceding *Obab;* in *æfweardan* (453.2) the vowel is archaic. *To* as *te* in *tefleowe* (49.11), *to teweorpanne* (443.33), *weorðað te færwyrde* (463.6); compare the M. H. G. *zervliezen, zerwerfen, ze schande werden.* *Ymbe* often loses its final vowel: 3.10, 49.12, 200.4. Lastly, the preposition *in* is still preserved in a few cases, although even in Alfred's time it is almost completely absorbed by *on*. An example is *in ðæs monnes mode* (155.22). *On* itself occasionally shows the unlabialized form *an* (49.11, 61.9, 104.22). The loss of the archaic *te* and *fær*, the irregular labialization of *af*, and the absorption of *in* into *on*, itself a labialized *an*, all seem to point to that phonetic levelling which we have already encountered in treating of the adjective inflections: the regular change of *an* into *on*, the existence of a *to* and *for* beside the *te* and *fær* made *o*, as it were, the representative prepositional vowel; hence the loss of the older forms *te, fær*, and *in*, and the labialization of *af*.

I will conclude this sketch of the peculiarities of Alfred's English with some general syntactical and stilistic remarks.

In tracing the developement of O. E. prose, the interesting question arises, How far must the influence of Latin models be taken into consideration? In other words, Can the numerous translations of Latin works, especially the translations of Alfred, be regarded as faithful representations of the natural utterance of the translators? There seem to be strong reasons for answering this question in the affirmative, with certain limitations. In the first place, we must remember that the O. E. writers did not learn the art of prose composition from Latin models: they had a native historical prose, which shows a gradual elaboration and improvement, quite independent of Latin or any other foreign influence. This is proved by an examination of the historical pieces inserted into the Chronicle. The first of these, the account of the death of Cynewulf and Cynehard, is composed in the abrupt, disconnected style of oral conversation: it shows prose composition in its rudest and most primitive form, and bears a striking resemblance to the earliest

Icelandic prose[1]. In the detailed narratives of Alfred's campaigns and sea-fights the style assumes a different aspect: without losing the force and simplicity of the earlier pieces, it becomes refined and polished to a high degree, and yet shows no traces of foreign influence. Accordingly, in the Orosius, the only translation of Alfred's which from the similarity of its subject admits of a direct comparison, we find almost exactly the same language and style as in the contemporary historical pieces of the Chronicle. In the Bede, where the ecclesiastical prevails over the purely historical, the general style is less national, less idiomatic than in the Orosius, and in purely theological works, such as the Pastoral, the influence of the Latin original reaches its height. Yet even here there seems to be no attempt to engraft Latin idioms on the English version: the foreign influence is only indirect, chiefly showing itself in the occasional clumsiness that results from the difficulty of expressing and defining abstract ideas in a language unused to theological and metaphysical subtleties.

There is evident difficulty in connecting the clauses of a long argument, arising from the paratactic nature of O. E. syntax, and consequent scarcity of particles and freedom in their use. Hence the monotonous repetition of such words as ðonne and forðæm in the most varied senses: 'Ðonne bið suiðe sweotol ðætte him ðonne losað beforan Gode his ryhtwisnes, ðonne he ðurh his agene geornfulnesse gesyngað unniedenga, ðonne bið suiðe sueotul, ðæt he ðæt good na ne dyde ðær he hit for ðæm ege dorste forlætan' (265.10). As in all early languages the tendency to correlation is strongly developed, as shown in the frequent use of ðonne—ðonne, forðæm—forðæm swelc—swelc, &c., in the same sentence, where in modern E. the idea would be expressed only once. Hence also pleonasms and repetitions of all kinds abound, especially with the personal pronouns: 'se oferspræcea wer ne wierð he næfre geryht ne gelæred on ðisse worlde' (279.21). The modal and auxiliary verbs are often introduced in a very loose manner, as in the following sentences: 'forbær ðæt he ne dorste ofslean' (199.2); '[hie] hie næfre bilwitlice willað monian' (145.1), where the Latin has simply *admonent*; so also *wile*

---

[1] Such, for instance, as the pieces inserted in the Sæmundar Edda.

toweorpan (169.7) corresponds to the present *destruit*. In these and similar instances the *willan* gives no sense of futurity: it is entirely otiose, as much so as the *knáttu* in the 'knáttu öll ginnúngavé brinna,' of the Haustlöng, and the *kunde* in Wolfram's 'mit zuht si kunden wider gên, zuo den êrsten vieren stên' (Parz. 234.1 Lachm.). Past tenses, especially the pluperfect, are often strengthened by a pleonastic *ǽr*, as in this passage: 'ðæt hit sceal suiðe hrædlice afeallan of ðære weamodnesse ðe hit ær onahæfen wæs' (297.20), where the Latin has simply *erexerant*.

Another result of the difficulty in reproducing the sense of the original is the use of anacoluthons, which are very frequent in the Pastoral: 'Ælfred cyning hateð gretan ... & ðe cyðan hate' (3.1); 'ond symle ymb ðæt ðe hine ðonne tueode, ðonne orn he eft innto ðæm temple' (103.4). Compare also 99.17, 101.15, 107.20.

The evidence afforded by a direct comparison of the translation with the original is of a similar character. Compared with the other works of Alfred, the Pastoral is a very close rendering—no original matter is introduced, nor are sentences expanded into long paragraphs as in the Boethius; yet, according to modern notions, each section of Alfred's is a paraphrase rather than a translation of the corresponding piece of Latin. The rendering of the simplest passages is often attended with wide deviations from the words of the original, which are transposed, omitted and expanded, even when it would seem simpler and easier to have followed the original literally. It is evident that the sole object of the translator was to reproduce the sense of the original in such a way as to be intelligible to an unlearned Englishman of the ninth century. The anxiety to bring out the meaning of the Latin as vividly as possible is strikingly shown in the frequent rendering of a single Latin word by two English ones of practically identical or similar meaning; thus, 'per dolorem purgant' is rendered, 'ðurh sar ond ðurh sorge geclænsiað ond geeaðmedað' (34.4) and 'servi' in the heading of XXIX. becomes 'ða ðegnas ond eac ða ðeowas.' In those days, when grammars and dictionaries were hardly known or used, Latin was studied much more as a living language than it is now; sentences were grasped as wholes, without the minute analysis of modern scholarship, and were consequently translated as wholes.

These remarks will be enough to give a general idea of the relation of the Pastoral to its original, and also of its value in determining the syntactical usages of O. E. : for special syntactic information I must refer to the notes on the several passages.

Many other points of difference between early and late W. S. can only be treated of satisfactorily in a dictionary, especially those which depend on slight variations in isolated words. The investigation of changes in the vocabulary would, of course, require very full and elaborate dictionary work; and even if such work existed, its results would never be entirely free from doubt, because of the limited range of the literature. It seems, however, tolerably certain that many words in familiar use in Alfred's time became extinct in the eleventh century, or were only used in poetry. Such words as *dogor* (281.13), *holde haweras* (229.17), and 'habban me to *gamene*' (249.1) sound archaic and poetical after reading such a writer as Elfric; while *leorningcniht*, on the other hand, for which Alfred employs ðegn, has a distinctly late character.

CONTENTS.

	PAGE.
COTTON MSS.	2
ENGLISH TRANSLATION	2
HATTON MS.	3
NOTES	471
APPENDIX.—I. THE OLD ENGLISH Ð	496
II. READINGS OF C. II.	505

NOTICE.

THIS Volume must be considered complete, and may be bound, notwithstanding that the Latin Text announced in the title-page has not appeared. The Editor's engagements have prevented his preparing the Latin Text, and he may possibly never edit it. If he does, it will appear in a separate Part, and should be bound separately, as it will thus be so much handier for comparison with the Old and Modern English Translations of it in the present Volume.

OXFORD,
15th February, 1872.

únbeald, forðæm sio bieldo & sio monnðwærnes bioð swiðe anlice.
Forðæm oft, ðonne mon læt toslupan ðone ege & ða lare suiður ðonne
hit ðearf sie for wacmódnesse, ðonne wierð gehnescad ðonone sio
ðreaung ðæs anwaldes. Ongean ðæt sint to manianne ða weamodan
5 & ða grambæran, [forðæm, ðonne hie underfoð ðone folgoð, ðonne tyht
hie & gremeð] ðæt ierre ðæt hie wealwiað on ða wedenheortnesse, &
ðurh ðæt wierð toslieten sio stilnes hiera hieremonna modes, & bið
gedrefed sio smyltnes hiera lifes. Forðæm, ðonne ðæt ierre æfð an-
wald ðæs monnes, ðonne gehriesð he on sume scylde, sua ðæt he self
10 nát huæt he on ðæt irre deð. Ða irran nyton hwæt hie on him
selfum habbað, & eac ðætte wierse is, ðætte hie ful oft wenað ðætte
hiera hierre sie ryhtwislic anda & manung sumre ryhtwisnesse. For-
ðæm, ðonne hie wenað ðæt hiera unðeawas sien sum gód cræft, ðonne
gadriað hie hie & ieceað butan ælcum ege. Oft eac ða monðwæran
15 weorðað sua besolcne & sua wlace & sua slawe for hira monnðwær-
nesse ðæt hie ne anhagað nane wuht nyttwyrðes dón. Oft eac ða
grambæra leogað him selfum, ðonne hie wenað ðæt hie ryhtne andan
hæbben. Oft eac sio gódnes ðære monnðwærnesse bið diegellice ge-
ménged wið sleacnesse. Oft eac ða grambæran wenað ðæt hiera
20 unðeaw sie sumes ryhtwislices andan wielm. Ac we sculon manian
ða manðwæran ðæt hie hæbben ða monnðwærnesse, & fleon ðæt ðær
suiðe neah liegeð ðære monnðwærnesse, ðæt is sleacnes. Ða gram-
bæran we sculon monian ðæt hie ongieten hwæt hie on him selfum
habbað. Ða monnðwæran we sculon monian ðæt hie ongieten hwæt
25 hi nabbað. Ne forlæten ða ierran ðone andan, ac geðencen ðæt he

---

their vices are virtues, they accumulate and increase them without any
fear. Often also the gentle become so torpid and effeminate and
sluggish from their gentleness, that they cannot do anything useful.
Often also the passionate deceive themselves in thinking that they
have righteous zeal. Often also the virtue of gentleness is secretly
mingled with remissness. Often also the passionate think that their
vice is the fervour of righteous zeal. We must admonish the gentle to
keep their gentleness, and avoid what is very nearly allied to gentle-
ness, that is remissness. We must admonish the passionate to per-
ceive what they have in themselves. We must admonish the gentle to
perceive what they have not. The passionate are not to give up their

sie gesceadwislic & gemetlic. Leornien hiene þa manðwæran & lufien, oððæt hie hiene hæbben. Lytlien ða grambæran hiera gedrefednesse. Ða manðwæran sint to manianne ðæt hie geornlice tilien ðæt hie hæbben ryhtwislicne andan. Ða grambæran sint to manianne, þe wenað ðæt hie ryhtwislicne andan hæbben, ðæt hie ðone gemengen wið manðwærnesse. Forðæm us ætiewde se Halga Gast ægðer ge on culfran anlicnesse ge on fyres, forðæmþe ælcne ðara þe he gefylð, he hiene onælð ægðer ge mid ðære culfran bilwitnesse & manðwærnesse ge mid ðæs fyres reðnesse. Ne bið se no gefylled ðæs Halgan Gastes se þe on ðære smyltnesse his manðwærnesse forlætt ðone wielm ryhtwislices andan, oððe eft on ðæm wielme ðæs andan forlætt ðone cræft ðære manðwærnesse. Ic wene ðæt we magon ðis openlicor gecyðan, gif we *sancte* Paules lare sume on geman sæcgað, forðæm he hæfde twegen gingran swiðe gelices willan & on eallum ðingum swiðe onlice, & he hie ðeah lærde swiðe ungelice. Oðer hiera wæs haten Timotheus, oðer Titus. He cwæð to ðon Timotheo : Lære hie, & healsa, & tæl hiera unðeawas, & ðeah geðyldelice. To ðæm Tite he cwæð : Lær ðæt folc, & ðreata, & tæl, & hat, ðæt hie witen ðæt ge sume anwald habbað ofer hie. Hwæt meende *sanctus* Paulus, ða he his lare swæ cræftelice tosced, & ðone oðre lærde ðæt he him anwald on tuge, oðerne he lærde geðyld, buton ðæt he ongeat Titum hwene manðwærran & geðyldigran ðonne he sceolde, & Timotheus he ongeat hatheortran ðonne he sceolde? Titum he wolde onælan mid ryhtwislicum andan, Timotheum he wolde gemetgian. Oðrum he wolde geicean ðæt him wana wæs, oðrum he wolde oftion ðæs þe he to fela

---

zeal, but take care that it be discreet and moderate. Let the gentle learn and love it, until they have it. Let the passionate moderate their irritability. The gentle are to be admonished zealously to endeavour to have righteous zeal. The passionate, who think they have righteous zeal, are to be admonished to temper it with gentleness. The Holy Ghost appeared to us in the form both of a dove and of fire, because he inflames every one whom he inspires both with the simplicity and gentleness of the dove and the vigour of fire. He is not inspired with the Holy Ghost, who in the tranquillity of his gentleness gives up the fervour of righteous zeal ; or, again, in the fervour of zeal gives up the virtue of gentleness. I think that we shall be able to explain this more clearly by citing some of St. Paul's instructions, for

sie gesceadwislic & gemetlic. Leorniað hine ða manðwæran & lufigað,
oððæt hie hiene hæbben. Lytligen ða grambæran hiera gedrefednesse.
Ða monðwæran sint to monianne ðæt hie geornlice tiligen ðæt hie
hæbben ryhtwislicne andan. Ða grambæran sint to monianne, ðe
5 wenað ðæt hie ryhtwislicne andan hæbben, ðæt hie ðone gemengen
wið monnðwærnesse. Forðæm us ætiede se Halga Gæsð ægðer ge on
culfran onlicnesse ge on fyres, forðæmðe ælcne ðara ðe he gefylð, he
hiene onælð ægðer ge mid ðære culfran bilewitnesse & mannðwærnesse
ge mid ðæs fyres reðnesse. Ne bið se nó gefylled ðæs Halgan Gæsðæs
10 se ðe on ðære smyltnesse his monðwærnesse forlæt ðone wielm ryht-
wislices andan, oððe eft on ðæm wielme ðæs andan forlæt ðone cræft
ðære monnðwærnesse. Ic wene ðæt we mægen ðis openlicor gecyðan
gif we *sanctus* Paulus lare sume ongemong secgað, forðæm he hæfde
twegen gingran suiðe gelices willan & on eallum ðingum suiðe onlice,
15 & he hie ðeah lærde suiðe ungelice. Oðer hira wæs haten Timotheus,
oðer Titus. He cuæð to ðæm Timotheo: Lære hie, & healsa, &
tæl hira unðeawas, & ðeah geðyldelice. To ðæm Tite he cuæð:
Lær ðæt folc, & ðreata, & tæl, & hat, ðæt hie wieten ðæt ge sume
anwald habbað ofer hie. Hwæt mænde *sanctus* Paulus, ða he his lare
20 sua cræftelice toscead, & ðone oðerne lærde ðæt he him anwald ontuge,
oðerne he lærde geðyld, buton ðæt he ongeat Titum hwene monðwær-
ran & geðyldigran ðon*ne* he sceolde, & Timotheus he ongeat hat-
heortran ðon*ne* he sceolde? Titum he wolde onælan mid ryhtwi[s]-
licum andan, Timotheum he wolde gemetgian. Oðrum he wolde
25 geiecean ðæt him wana wæs, oðrum he wolde oftion ðæs ðe he to fela

---

he had two disciples of very similar will, and like in many respects,
and yet he taught them very differently. One of them was called
Timothy, the other Titus. He said to Timothy: "Teach and entreat
them, and blame their faults, and yet patiently." To Titus he said:
"Teach the people, and threaten, and blame, and command, that they
may know that ye have authority over them." What meant St. Paul,
when he made so marked a distinction in his instruction, telling the
one to assume authority, while on the other he inculcated patience,
but that he perceived Titus to be rather more gentle and patient than
he ought to be, and Timothy hastier than he ought to be? He wished
to inflame Titus with righteous zeal, Timothy he wished to moderate.
He wished to supply the deficiencies of the one, while he moderated

hæfde. Oðerne he draf swiðe geornfullice mid sticele, oðrum he wið-
teah mid bridle. Witodlice se mæra londbegengea, ðæt wæs sanctus
Paulus, he underfeng ða halgan gesamnunga to plantianne & to ymb-
hweorfanne, swæ se ceorl deð his ortgeard. Sumu treowu he watrade,
to ðæm ðæt hie ðe swiður sceolden weaxan. Sumu he cearf ðonne him
ðuhte ðæt hie to swiðe weoxen, ðylæs hie to ðæm forweoxen ðæt hie
forsearoden, & ðy unwæstmbærran wæren. Sumu twigu he leahte mid
wætre, ðonne hie to hwon weoxon, ðæt hie ðy swiðor weaxan sceolden.
Ac ða iersunga siendon swiðe ungelica : oðer bið swelce hit sie irres
anlicnes, ðæt is ðæt mon wille æt oðrum his yfel aðreatian, & hine
on ryhtum gebringan, oðer bið ðæt irre ðæt mon sie gedrefed on his
mode butan ælcre ryhtwisnesse ; oðer ðara irsunga bið to ungemetlice
& to ungedafenlice atyht on ðæt þe hio mid ryhte irsian sceal, oðer on
ðæt þe hio ne sceal bið ealneg to swiðe onbærned. Eac is to wiotonne
ðætte hwæthwugu bið betweoh ðæm irsiendan & ðæm ungeðyldegan,
ðæt is ðæt ða ungeðyldegan ne magon aberan nanwuht ðæs laðes þe
him mon on liegeð oððe mid wordum oððe mid dædum, ða irsiendan
ðonne him to geteoð ðæt ðæt hie eaðe butan beon meahton : ðeah
hie nan mon mid laðe ne grett, hie willað grillan oðre men to
ðæm ðæt hie niede sculon, & secað ða þe hie fleoð, & styriað geflietu
& geciid, & fægniað ðæt hie moten swincan on ungeðwærnesse. Ða
swelcan we magon ealra betest geryhtan mid ðy ðæt we hie forbugen,
ðonne ðonne hie beoð onstyred mid hiera irre, forðæm, ðonne hie swæ
gedrefede beoð, hie nyton hwæt hie ðonne gehierað, ðeah him mon
stire, ac eft, ðonne hie hie selfe ongietað, hie onfoð ðære lare swæ

---

the excesses of the other. The one he zealously drove with a goad,
the other he restrained with a bridle. For the great husbandman,
that is St. Paul, undertook the care of the holy assembly, to plant and
tend, as the labourer does his orchard. Some trees he watered, to
make them grow better; some he pruned, when they seemed to grow
too luxuriantly, to prevent them growing so much as to wither away
and become unfruitful; some twigs he irrigated with water, when they
were slow of growth, to make them grow the better. But there are
two very different kinds of anger: the one is, as it were, a counterfeit
of anger, when one wishes to dissuade another from his evil ways, and
bring him to virtue, and the other consists in a man's mind being
agitated without any righteousness; the former kind of anger is too

æfde. Oðerne he draf suiðe geornfullice mid sticele, oðrum he wiðteah mid bridle. Wietodlice se mæra landbegenga, ðæt wæs *sanctus* Paulus, he underfeng ða halgan gesomnunga to plantianne & to ymbhweorfanne, sua se ceorl deð his ortgeard. Sumu treowu he watrode, to
5 ðæm ðæt hie ðy suiður sceolden weaxan. Sume he cearf ðon*ne* him ðuhte ðæt hie to suiðe weoxsen, ðylæs hie to ðæm forweoxen ðæt hie forsearelen, & ðy unwæsðmbærran wæren. Sumu twigu he lehte mid wætere, ðon*ne* hie to hwon weoxson, ðæt hie ðy suiður weaxan sceolden. Ac ða irsunga sindun suiðe ungelica : oðer bið suelce [hit sie] irres
10 anlicnes, ðæt is ðæt mon wielle æt oðrum his yfel aðreatigan, & hine on ryhtum gebringan, oðer bið ðæt ierre ðæt mon sie gedrefed on his mode butan ælcre ryhtwisnesse ; oðer ðara irsunga bið to ungemetlice & to ungedafenlice atyht on ðæt ðe hio mid ryhte irsian sceall, oðer on ðæt ðe hio ne sceal bið ealneg to suiðe onbærned. Eac is to wietanne
15 ðætte hwæthwugu bið betweoh ðæm irsiendan & ðæm ungeðyldgan, ðæt is ðæt ða ungeðyldgan ne magon aberan nanwuht ðæs laðes ðe him mon on legð oððe mid wordum oððe mid dædum, ða iersigendan ðon*ne* him to getioð ðæt ðætte hie eaðe butan bion meahton : ðeah hie nan mánn mid laðe ne grete, hie wiellað griellan oðre menn to
20 ðæm ðæt hie niede sculon, & seceað ða ðe hie fleoð, & styrigað geflitu & geciid, & fægniað ðæt hie moten suincan on ungeðwærnesse. Ða suelcan we magon ealra betest geryhtan mid ðy ðæt we hie forbugen, ðon*ne* ðon*ne* hie beoð anstyred mid hiera ierre, forðæm, ðon*ne* hie sua gedrefede bioð, hie nyton hwæt hie ðon*ne* gehierað, ðeah him mon
25 stiere, ac eft, ðon*ne* hie hie selfe ongietað, hie onfooð ðære lare sua

---

immoderately and improperly excited against lawful subjects of indignation, the latter is always overmuch inflamed against what it ought to leave alone. It is also to be known that there is a difference between the passionate and the impatient, which is, that the impatient cannot bear any annoyance to which they are subjected either by the words or deeds of others, while the passionate incur what they could easily avoid : although no one annoy them, they try to provoke others, and compel them to strife, and seek those who avoid them, and stir up strife and abuse, and rejoice in being able to busy themselves with discord. We can best reform such men by avoiding them when they are excited with their anger, because, when they are so agitated, they do not know what they hear when checked, but afterwards, when they

micle lustlicor swæ him mon ær geðyldelicor forbær hiera irre, & swæ micle ma scamiað hiera unðeawes swæ hiene mon ær geðyldelicor forbær. Ac ðæt mod, ða hwile þe hit bið oferdruncen ðæs irres, eall ðæt him mon ryhtes sægð, hit ðyncð him woh. Forðæm eac ðæt wif þe Abigail hatte swiðe hergendlice forswigode ðæt dysig hiere fordruncnan hlafordes, se wæs haten Nabal, & eft, ða him ðæt lið gesciered wæs, full hergendlice hio hit him gecyðde, & he forðæm his agen dysig swæ micle bet oncnew swæ he undruncenra wæs. Swæ eac, ðonne ðæt gelimpð ðæt ða irsiendan men oðrum monnum oferfylgað to ðæm swiðe ðæt hit mon him forberan ne mæg, ne sceal mon no mid openlice edwite him wiðslean, ac be sumum dæle arwyrðlice wandiende swiðe wærlice stieran. Ðæt we magon openlicor gecyðan, gif we Abneres dæda sume herongemong sæcgeað, hu Assael hiene unwærlice mid anwalde ðreatode, & him oferfylgde. Hit is awriten ðæt Abner cwæde to Assaele: Gecier la, & geswic, ne folga me, ðæt ic ðe ne ðyrfe ofstingan. He forhogde ðæt he hit gehierde, & nolde hiene forlætan. Ða ðydde Abner hiene mid hindewearde sceafte on ðæt smælðearme ðæt he wæs dead. Hwæs onlicnesse hæfde Assael ða buton ðara þe hiera hatheortness hio swiðe hrædlice on forspild gelæt? Ða ðonne hie beræsað on swelce weamodnesse hie sindon swæ micle wærlicor to ferbugonne swæ mon ongiet ðæt hie on maran ungewitte bioð. Ðæs Abneres noma þe ðone oðerne fleah is on ure geðeode fæder leohtfæt. Ðæt getacnað ðætte ðara lareowa tungan þe ðæt uplice leoht bodiað, ðonne hie ongietað hwelcne monnan geswencedne mid irre & mid hatheortnesse onbærnedne, & ðonne for-

---

recover their senses, they receive advice so much the more cheerfully the more patiently their passion was formerly tolerated, and are so much the more ashamed of their fault the more patiently they were borne with before. But the mind, while intoxicated with passion, regards all the good that is said to it as wrong. Therefore, the woman called Abigail very laudably concealed the folly of her drunken lord, who was called Nabal, and afterwards, when his drunkenness had passed off, very laudably told it him, and he perceived his own folly the more easily the more sober he was. So also, when it happens that the passionate pursue others so much that it cannot be endured, they are not to be opposed with open reproach, but to be partially checked very scrupulously and cautiously. We can explain it more clearly, if we

micle lusðlicor sua him mon ær geðyldelicor forbær hiera irre, & sua
micle má scamiað hiera unðeawes sua hiene mon ær geðyldelicor
fo[r]bær. Ac ðæt mód, ða hwile ðe hit bið oferdruncen ðæs ierres,
eal ðæt him mon ryhtes sægð, hit ðyncð him woh. Forðæm [ðæt]
5 wif ðe Ab[i]gall hatte suiðe herigendlice forsuigode ðæt dysig hiere
fordruncnan hlafordes, se wæs haten Nabal, & eft, ða him ðæt lið
gescired wæs, full herigendlice hio hit him gecyðde, & he forðæm sua
micle bet his agen dysig oncnew sua he undruncenra wæs. Sua eac,
ðonne ðæt gelimpð ðæt ða iersigendan menn oðrum monnum ofer-
10 fylgeað to ðon suiðe ðæt hit mon forbera[n] ne mæg, ne sceal mon no
mid openlice edwite him wiðslean, ac bi sumum dæle arwierðelice
wandigende suiðe wærlice stieran. Ðæt we magon openlicor gecyðan,
gif we Æfneres dæda sume herongemong secgað, hu Assael hine un-
wærlice mid anwealde ðreatode, & him oferfylgde. Hit is awriten
15 ðæt Æfnere cwæde to Assaele: Gecier la, & gesuic, ne folga me, ðæt
ic ðe ne dyrre ofstingan. He forhogde ðæt he hit gehierde, & nolde
hine forlætan. Ða ðydde Æfner hine mid hindewerde sceafte on
ðæt smælðearme ðæt he wæs dead. Hwæs onlicnesse hæfde Assael
ða buton ðara ðe hiera hatheortnes hie suiðe hrædlice on færspild
20 gelæd? Ða ðonne hie beræsað on suelce weamodnesse hie sindon sua
micle wærlicor to oferbuganne sua mo[n] ongiet ðæt hie on maran
ungewitte beoð. Ðæs Æfneres noma [ðe] ðone oðerne fleah is on ure
geðiode fæder leohtfæt. Ðæt getacnað ðætte ðara lareowa tungan ðe
ðæt u[p]lice leoht bodiað, ðonne hie ongietað hwelcne monnan ge-
25 suencedne mid irre & mid hatheortnesse onbærnedne, & ðonne for-

---

meanwhile recount some of Abner's doings, how Asahel rashly and
with violence threatened and pursued him. It is written that Abner
said to Asahel: "Turn, and cease, follow me not, lest I pierce thee."
He scorned to listen, and would not leave him. Then Abner pierced
him with the butt-end of his spear through the small intestines, so that
he died. Of whom was Asahel the type, but of those whose hastiness
very soon draws them into destruction? who, when they fall into
such anger, are the more cautiously to be avoided the more out of
their senses they are seen to be. The name of Abner, who fled from
the other, is, in our tongue, *father's lantern*. That means that the
tongues of the teachers who proclaim the sublime light, when they
perceive a man to be afflicted with anger and inflamed with fury,

wandiað ðæt hie mid ðæm kyclum hiera worda ongean hiera irre worpien, swæ swæ Abner wandode ðæt he nolde ðone slean þe hiene draf. Swæ, ðonne ðonne ða hatheortan hie mid nane foreðance nyllað gestillan, ac swæ wedende folgiað hwam swæ swæ Assael dyde Abnere, & næfre nyllað geswican, ðonne is micel ðearf ðætte se, se ða hatheortnesse ofercuman wille, ðæt he hiene ongean ne hathirte, ac eowige him ealle stilnesse ongean ðæt, & ðeah swiðe wærlice hine pynge mid sumum wordum, ðæt he on ðæm ongietan mæge be sumum dæle his unðeaw. Forðæm Abner, ða ða he ongean ðone cirde þe hiene draf, ne ofstang he hiene no mid ðæs speres orde, ac mid hindeweardum ðæm sceafte. Ðæt is ðonne swelce mon mid forewearde orde stinge, ðæt mon openlice & unforwandodlice on oðerne ræse mid tælinge & mid ðrafunga. Ðæt is ðonne ðæt mon mid hindewearde sceafte ðone ðydde þe him oferfylge, ðæt mon ðone weamodan liðelice mid sumum ðingum gehrine, swelce he hiene wandiende oferswiðe. Swæ swæ Assael swiðe hrædlice afeoll, swæ ðæt ahrerede mod, ðonne hit ongiet ðæt him mon birgð mid ðære gesceadlican andsware, hit bið atæsed on ðæt ingeðonc, & mid ðære liðelican manunge to ðæm aredod ðæt hit sceal swiðe hrædlice ateallan of ðære weamodnesse þe hit ær on ahafen wæs. Se þe ðonne swæ forbygð ðone wielm & ðone onræs his hatheortnesse, forðonþe hiene mon slea mid liðelicre andsware, ðonne bið his unðeaw ofslegen butan ælcre niedðrafunga, swæ swæ Assael wæs dead butan orde.

---

scruple to hurl the darts of their words against their anger, as Abner hesitated to slay him who pursued him. So, when the furious will not calm themselves with reflection, but follow any one as madly as Asahel did Abner, and will never stop, it is very necessary that he who wishes to subdue his fury, do not himself become angry, but oppose him with a display of calmness, and yet stab him very cautiously with words, that he may to a certain extent perceive his fault. Therefore Abner, when he turned against him who pursued him, did not pierce him with the point of the spear, but with the butt-end of the shaft. Piercing point-blank is assailing another with blame and reproof openly and unhesitatingly. Piercing the pursuer with the butt-

wandigaðð ðæt hie mid ðæm kycglum hiera worda ongean hiera ierre
worpigen, sua sua Æfner wandade ðæt he nolde ðane slean ðe hine
draf. Sua, ðonne ðonne ða hátheortan hie mid nane foreðonce nyllað
gestillan, ac sua wedende folgiað hwam sua sua Assael dyde Æfnere,
5 & næfre nyllað gesuican, ðonne is micel ðearf ðætte se, se ða hat-
heortnesse ofercuman wielle, ðætte he hiene ongean ne hathierte, . .
. . . . wærlice
hine pynge mid sumum wordum, ðæt he on ðæm ongietan mæge be
sumum dæle his unðeaw. Forðæm Æfner, ða ða he ongean ðone cirde
10 ðe hine draf, ne ofstong he hiene no mid ðy speres orde, ac mid hinde-
werdum ðam sceafte. Ðæt is ðonne suelc mon mid forewearde orde
stinge, ðæt mon openlice & unforwandodlice on oðerne ræse mid tælinge
& mid ðrafunga. Ðæt is ðonne ðæt mon mid hindewearde sceafte
ðone ðydde ðe him oferfylge, ðæt mon ðone weamodan liðelice mid
15 sumum ðingum gehrine, suelce he hine wandigende ofersuiðe. Sua
sua Assael suiðe hrædlice gefeol, sua ðæt ahrerede mód, ðonne hit
ongiet ðæt him mon birgð mid ðære gesceadlican andsuare, hit bið
getæsed on ðæt ingeðonc, & mid ðære liðelican manunga to ðam aredod
ðæt hit sceal suiðe hrædlice afeallan of ðære weamodnesse ðe hit ær on
20 [a]hæfen wæs. Se ðe ðonne sua forbygð ðone wielm & ðone onræs his
hatheortnesse, forðæmðe hine mon slea mid liðelicre andsuare, ðonne
bið his unðeaw ofslægen butan ælcre niedðrafunga, sua sua Assael wæs
dead butan orde.

---

end of the shaft is gently touching the angry man in some things, as
if one hesitated to overcome him. As Asahel very quickly fell, so when
the excited mind perceives that it is preserved by the gentle answer,
its thoughts are soothed, and with the gentle admonition it is made
ready to fall very quickly from the passion to which it was raised
before. He, then, who refrains from the fervour and impetuosity of
his passion, by being slain by a gentle answer, has his vice slain
without any reproof, as Asahel was killed without the point of the
spear.

XLI. Ðætte on oðre wisan sint to manian ða eaðmodan, on oðre ða upahæfenan on hiora mode.

On oðre wisan sint to manianne ða eaðmodan, on oðre ða upahafenan. Ðæm eaðmodum is to cyðanne hu micel sio heanes is & hu soðlic þe hie to hopiað, & eac habbað. Ðæm upahafenum is to cyðonne hwelc nauht ðes worldgilp is þe hie clyppað & lufiað, & his ðeah nauht nabbað, ðeah hie wenen ðæt hie hiene hæbben. Gehieren ða eaðmodan hu ece ðæt is ðæt hie wilniað, & hu gewitende & hu unagen ðæt is ðæt hie onscuniað. Gehieren eac ða upahafenan hu gewitende ða ðing sint þe hie gidsiað, & hu ecu ða sint þe hie forhycgeað, & forleosan willað. Gehieren ða eaðmodan ðære Soðfæstnesse stemne, ðæt is Crist ure lareow, he cwæð: Ælc ðara ðe bið geeaðmed, he bið upahafen. Gehieren eac ða upahafenan on hiera mode hwæt he eft cwæð: Ælc ðara ðe hiene selfne upahefeð, he wierð gehiened. Gehieren ða eaðmodan hwæt Salomon cwæð, he cwæð: Sio eaðmodnes iernð beforan ðæm gilpe, & hio cymð ær ær ða weorðmyndu. Gehieren eac ða upahafenan on hiera mode hu he eft cwæð, he cwæð: Ær ðæs monnes hryre bið ðæt mod upahafen. Gehieren ða eaðmodan hwæt God cwæð ðurh Essaiam ðone witgan, he cwæð: To hwæm locige ic buton to ðæm eaðmodum & to ðæm stillum & to ðæm þe him ondrædað min word? Gehieren ða upahafenan hwæt Salomon cwæð, he cwæð: Hwæt ofermodegað ðios eorðe & ðis dust? Gehieren ða eaðmodan hwæt on psalmum gecweden is, ðætte Dryhten locige to ðæm eaðmodan. Gehieren ða upahafenan: Dryhten ongitt

---

XLI. That the humble are to be admonished in one way, in another those puffed up in spirit.

The humble are to be admonished in one way, in another the proud. The humble are to be told how great the loftiness is, and how genuine, which they aspire to, and also have. The proud are to be told how worthless this worldly glory is which they embrace and love, and have nothing of, although they think they have it. Let the humble hear how eternal that is which they desire, and how transitory and precarious that is which they shun. Let the proud also hear how transitory the things are that they desire, and how eternal those that they despise, and wish to lose. Let the humble hear the voice of

XLI. Ðætte on oðre wisan sint to monianne ða eaðmodan, ón oðre wisan ða úpahæfenan on hira mode.

On oðre wisan sint to manianne ða eaðmodan, on oðre ða upahæfenan. Ðæm eaðmodum is to cyðanne hu micel sio heanes is & hu soðlic ðe hie to hopiað, & eac habbað. Ðæm úpahæfenum is to cyðanne hwelc nawuht ðes woruldgielp is ðe hie clyppað & lufiað, & his nawuht habbað, ðeah hie wenen ðæt [hie] hiene hæbben. Gehieren ða eaðmodan hu ece ðæt is ðæt hie wilniað, & hu gewitende & hu unagen ðæt is ðæt hie onscuniað. Gehieren eac ða úpahæfenan hu gewitende ða ðing sint ðe hie gietsiað, & hu eciu ða sint ðe hie forhycgað, & forleosan willað. Gehieren ða eaðmodan ðære Soðfæsðnesse stemne, ðæt is Crist ure lareow, he cuæð: Ælc ðara ðe bið geeaðmed, he bið upahæfen. Gehieren eac ða úpahæfenan on hiera mode hwæt he eft cuæð, he cuæð: Ælc ðara ðe hine selfne úpahefeð, he wierð gehined. Gehieren ða eaðmodan hwæt Salomon cuæð: Sio eaðmodnes iernð beforan ðæm gielpe, & heo cymð ær ær ða wyrðmynðu. Gehieren eac ða úpahæfenan on hira mode hu he eft cuæð, he cuæð: Ær ðæs monnes hryre bið ðæt mod upahæfen. Gehieren ða eaðmodan hwæt God cuæð ðurh Essaim ðone witgan, he cuæð: To hwæm locige ic buton to ðæm eaðmodum & to ðæm stillum & to ðæm ðe him ondrædað min word? Gehieren ða úpahæfenan hwæt Salomon cuæð, he cuæð: Hwæt ofermodgað ðios eorðe & ðis dusð? Gehieren ða eaðmodan hwæt on psalmum gecueden is, ðætte Dryhten loc[i]ge to ðæm eaðmodan. Gehieren ða úpahæfenan: Dryhten ongiet suiðe

---

Truth, that is our teacher Christ, saying: "Every one who is humbled shall be exalted." Let the proud also hear in their hearts what he said again: "Every one who exalts himself shall be humbled." Let the humble hear what Solomon said: "Humility runs before pride, and comes before honour." Let the proud also hear in their hearts how he spoke again, saying: "Before a man's fall his heart is elated." Let the humble also hear what God said through the prophet Isaiah; he said: "To whom shall I look but to the humble and quiet, and those who fear my words?" Let the proud also hear what Solomon said; he said: "Why is this earth and this dust proud?" Let the humble hear how it is said in the Psalms that the Lord looks on the humble. Let the proud hear: "The Lord perceives pride from

swiðe feorran ða heahmodnesse. Gehieren ða eaðmodan hwæt Crist cwæð: Ne com ic to ðon on eorðan ðæt me mon ðenode, ac to ðon ðæt ic wolde ðegnian. Gehieren ða upahafenan hwæt Salomon cwæð, he cwæð ðæt ælces yfles fruma wære ofermetta. Gehieren ða eaðmodan ðætte Crist ure Aliesend hiene selfne geeaðmedde emne oð ðone deað. Gehieren ða upahafenan hwæt awriten is be hiera heafde & be hiora lareowe, ðæt is dioful: hit is awriten ðæt he sie kyning ofer ealle ða oferhygdan bearn, forðæm his ofermedu is fruma ures forlores, & se orðonc þe we mid aliesede sindon is Godes eaðmodnes. Se ure feond ðonne he wæs gesceapen ongemong eallum oðrum gesceaftum, ac he wilnode ðæt he wære ongieten & upahæfen ofer ealle oðre gesceafta. Ac se ure Aliesend, þe mara is & mærra eallum gesceaftum, he hiene gemedemade to bionne betweox ðæm læstum & ðæm gingestum monnum. Ðæm eaðmodum is to kyðonne ðætte, ðonne ðonne hie hie selfe swiðust eaðmedað, ðætte hie ðonne astigað to Godes anlicnesse. Secgeað eac ðæm upahæfenum ðætte, ðonne ðonne hie hie selfe upahebbað, ðæt hie ðonne afeallað on ða bisene ðæs aworpnan engles. Ac hwæt is ðonne forcuðre ðonne sio upahæfenues? Forðæm ðonne hio bið atyht oter hiere andefenu, ðonne bið hio afeorrod . . . .
. . . .

[*The MS. is defective here.*]

afar." Let the humble hear what Christ said: "I came not on earth to be served, but to serve." Let the proud hear what Solomon said; he said that pride was the origin of all evil. Let the humble hear how Christ our Redeemer humbled himself even to death. Let the proud hear what is written about their head and teacher, that is the devil; it is written that he is king over all proud children, because his pride is the cause of our perdition, and the scheme of our redemption is God's humility. Our foe was created among all other creatures, but he desired his exaltation over all other creatures to be recognized. But our Redeemer, who is greater and nobler than all creatures, conde-

feorran ða heahmodnesse. Gehieren ða eaðmodan hwæt Crist cuæð:
Ne com ic to ðon on eorðan ðæt me mon ðenode, ac to ðon ðæt
ic wolde ðegnian. Gehieren ða úpahæfenan hwæt Salomon cuæð, he
cuæð ðæt ælc[es yfles] fruma wære ofermetta. Geh[i]eren ða eað-
5 modan ðætte Crisð ure Aliesend hiene selfne geeaðmedde emne oð
ðo[ne] deað. Gehieren ða úpahæfenan hwæt awriten is be hira heafde
& be hiera lareowe, ðæt is dioful: hit is awriten ðæt he sie kyning
ofer eal ða oferhydigan bearn, forðæm his ofermedu is fruma ures
forlores, & se orðonc ðe we mid aliesde siendon is Godes eaðmodnes.
10 Se ure f[i]ond ðonne he wæs gesceapan ongemang eallum oðrum
gesceaftum, ac he wilnode ðæt he wære ongieten upahæfen ofer ealle
oðre gesceafte. Ac se ure Aliesend, ðe mara is & mærra eallum
gesceaftum, he hine gemedomode to bionne betwiux ðæm læsðum &
ðæm gingestum monnum. Ðæm eaðmodum is to cyðanne ðætte,
15 ðonne ðonne hie hie [selfe] suiðusð eaðmedað, ðætte hie ðonne astigað
to Godes anlicnesse. Secgað eac ðæm upahæfenum ðætte, ðonne
ðonne hie hie selfe upahebbað, ðæt hie [ðonne] afeallað on ða biesene
ðæs aworpnan engles. Ac hwæt is ðonne forcuðre ðonne sio upa-
hæfenes? Forðæm, ðonne (heo) bið atyht ofer hire andefnu, ðonne
20 bið heo afeorrod suiðe feor from ðære soðan heanesse. Hwæt mæg
ðonne hierre bion ðonne sio soðe eaðmodnes? Sio, ðonne hio nieðe-
mesð gebygeð, ðonne bið hio gelicosð hiere Dryhtne, se wunað ofer
eallum ðæm hiehstum gesceaftum. Donne is ðeah betwux ðissum
twam sum ðing ðe mon wærlice sceal geðencean, ðæt is ðæt sume
25 menn onderfóð eaðmodnesse hiw, sume ofermodnesse, sua sua hie
nyton. Sume, ða ða wenað ðæt hie eaðmode sien, hii dóð for ege

---

scended to be among the most insignificant and humblest of men. The
humble are to be told that, when they humble themselves most, they
rise to the similitude of God. Tell also the proud that, when they
exalt themselves, they fall down to the example of the expelled angel.
What, then, is worse than pride? Because, when unduly raised, it is
estranged very far from true loftiness. What can be loftier than true
humility? Which, when it bows lowest, is most like its Lord, who
dwells over all the highest creatures. There is, however, something
between these two to be considered carefully, which is that some men
receive the appearance of humility, some of pride, without knowing it.

ðone weorðscipe mannum ðe hie Gode don scoldon. Oft eac ða upahæfenan, ðeah hie hwilum unforwandodlice sprecen, ðonne hie hwelces unðeawes stiran sculon, ðonne gesugiað hie for ege, & tiohchiað ðæt ðæt scyle bion for eaðmettum, & ðonne hie sprecað, ðonne wenað hie [ðæt hie] sprecen for unforwandodlicre & orsorglicre ryhtwisnesse. Ac hit bið oftor for ðære ungeðylde hiera upahæfenesse. Ða eaðmodan ðonne bioð oft geðrycte mid ðære synne ðæs eges, ðonne hie ne durron unðeawas tælan, & licettað ðeah ðæt hie ðæt don ðurh eaðmodnesse. Ac ða upahæfenan, ðonne hie licettað ðæt him ne sie nawuhtes cearu ofer ða ryhtwisnesse, weorðað ðon*ne* unmidlod[e] sua & aðundene geniedde mid hiera upahæfenesse ðæt hie ða tælað & ðreatigað ðe hie ðreatian ne sceoldon, oððe [ða] ðe hie ðreatigan sceoldon suiður ðreatiað ðonne hie sceolden. Forðæm sint to manianne ða upahæfenan ðæt hie ne sien bealdran & orsorgra[n] ðonne hie scylen, ond ða eaðmodan sint to manianne ðæt hie ne sien suiður underðiedde ðonne hie mid ryhte scylen, ðylæs ða modgan ða forespræce ðære ryhtwisnesse gehwierfen to ofermodnesse, oððe eft ða eaðmodan ðonne hie [ma] wilniað oðrum monnum underðiedde beon ðon*ne* hie ðyrfen, weorðen geniedde h[i]era unðeawas to herianne & to weorðianne. Eac is to geðencanne ðætte mon mæg oft ðy bet ða ofermodan

---

Some, who think they are humble, out of fear yield the honour to men which they owe to God. Often also the proud, though they sometimes speak unhesitatingly, when they have to correct some fault are silent from fear, and think it is out of humility, and when they speak, they think they speak from unrestrained and fearless righteousness. But it is oftener from the impatience of their pride. The humble are often oppressed by the sin of timidity, when they dare not blame faults, pretending to do so out of humility. But the proud, when they pretend to care for nothing but virtue, are compelled with the pride of their unrestrained elation to blame and threaten those they should not, or threaten those that they ought more than they ought. Therefore the proud are to be warned not to be bolder and more confident than they ought to be, and the humble are to be warned not to be more subservient than they ought properly to be; lest the proud pervert the advocacy of righteousness to presumption, or again, the humble, when they desire to be more subject to others than they ought, be compelled to praise and respect their faults. It must also be borne in mind, that the proud can often be better rebuked if they are sustained during the

ðreatian, gif hie mon ongemang ðære ðreatunga fét mid sumere
heringe. Him mon sceal cyðan ðara goda sum ðe hie on him habbað
oððe ðara sum ðe hie habban meahton, gif hie næfden. Sua we
magon betesð ofaceorfan ðæt us on him mislicað, ðæt we æresð gedón
5 ðæt hie gehieren æt ús hwæthwugu ðæs ðe him licige, & mid ðy hiera
mod getion to ús, ðæt hit sie ðe lusðbærre to gehieranne sua hwæt
sua we him auðer oððe lean oððe læra wiellen. Forðæm hie beoð to
myndgianne ðara goda ðe hie ær dydon, ðæt hie sien ðe lusðbærran
to gehieranne ðæt him mon ðonne beodan wielle. Swa [swa] wildu
10 hors, ðonne we h[ie] æresð gefangnu habbað, we hie ðacciað & straciad
mid bradre handa & lemiað, to ðon ðæt we eft on fierste hie moten
mid gierdum fullice [ge]læran & ða temian. Sua eac se læce, ðonne
he bietre wyrta deð to hwelcum drence, he hie gesuet mid hunige,
ðylæs he ða bieternesse ðære wyrte ðe hine gehæla[n] sceal æt fruman
15 gefrede, ac ðonne se swæc ðære bieternesse bið bediegled mid ðære
swetnesse, ðonne bið se deaðbæra wæta on ðæm menn ofslægen mid
ðæm biteran drence. Sua mon sceal on ðæm upahæfenum monnum
ðone fruman & ðone ingong ðære ðreatunga & ðære tælinge gemet-
gian, & wið heringe gemengan, ðætte hie for ðære licunga ðære
20 heringe & ðære olicunga ðe hie lufigeað eac geðafigen ða tælinge & ða

---

reproof with a certain amount of praise. They are to be told of some
of the good qualities that they have, or might have. We can best cut
away that which we disapprove of in them by first making them hear
from us something that pleases them, and thus inclining their hearts to
us, that they may the more cheerfully hear whatever we wish either to
blame or teach. Therefore they are to be reminded of the good they
formerly did, that they may the more cheerfully hear what is to be en-
joined on them; like wild horses, which, when first caught, we soothe
and stroke with the palm of our hands, and subdue, that afterwards
in course of time we may make them completely docile and tractable
with whips. So also the physician, when he makes a draught of
bitter herbs, sweetens it with honey, that the patient may not at
first notice the bitterness of the herbs which are to cure him; but
when the bitter taste is concealed by the honey, the deadly humour in
the man is neutralized by the bitter drink. Thus the beginning and
commencement of the blame and reproof of proud men is to be mode-
rated and mingled with praise, that through the gratification of the
praise and flattery they like, they may also suffer the blame and re-

ðreaunga ðe hie onscuniað. Oft we magon eac ða upahæfenan ðy bet gelæra to urum willan, gif we him cyðað hu micle ðearfe we hiera habbað, suelce we maran ðearfe hæbben ðæt hie geðeon ðonne hie selfe, & we hie ðonne biddað ðæt hie for urum ðingum hira unðeawa gesuicen: ðy ieðelicor bið sio upahæfenes to gode gehwierfed, gif hie ongietað ðæt hiera eac oðre men ðurfon. Be ðæm se ilca Moyses ðe God self lærde, & hine lædde ðurh ðæt westen mid ðy fyrenan sweore on nieht, & on dæg mid ðy sweore ðæs wolcnes, he wolde Obab his sweor ob ðæs hæðendomes siðum alædan, & hie wolðe underðiodan ælmihtigum Gode. He cuæð: We willað nu faran to ðære stowe ðe God us gehaten hæfð, ac far mid ús, ðæt we ðe mægen wel don, forðæmðe God hæfð suiðe wel gehaten Israhela folce. Ða andsuarode he him, & cuæð: Ic nelle mid ðe faran, ac ic wille faran to minre cyððe, & to ðæm londe ðe ic on geboren wæs. Ða andswarade him Moyses: La, ne forlæt ús, ac beo ure laðeow, ðu cans eal ðis westen, & wast hwær we wician magon. Ne spræc he hit no forðyðe his mod auht genierwed wære mi[d] ðære uncyððe ðæs siðfætes, forðæm hit wæs geweorðad mid ðæm andgiete godcundes wisdomes, & wæs him self witga, forðam hine God hiewenðlicor on eallum ðingum & ðeawum innan lærde ðonne oðre menn mid his gelomlicre tospræce, & utane he

---

proof they dislike. Often also we can better teach the proud as we wish by telling them how much need we have of them, as if their prosperity were more necessary for us than for themselves, and then asking them to abstain from their vices for our sake; their pride is the more easily reformed the more need they see that other men have of them. Moses, for example, whom God himself taught, and led through the wilderness with the fiery pillar by night, and by day with the pillar of cloud, wished to wean his father-in-law Hobab from his heathen customs, and subject him to Almighty God. He said: "We will now proceed to the place promised us by God; and come with us, that we may treat thee well, for God has promised prosperity to the people of Israel." Then he answered him, saying: "I will not go with thee, but return to my home and the country where I was born." Then Moses answered him: "Do not leave us, but be our guide; thou knowest all this desert, and where we can encamp." He did not speak so because his mind was anxious from ignorance of the journey, for it was honoured with the understanding of divine wisdom, and he was himself a prophet, because God taught him morality and everything more familiarly than other men with his frequent conversations, and ex-

hine ne lærde mid ðæm sweore ðæs wolcnes. La ah ðeahhwæðre se
foreðancula wer, forðæmðe he spræc to ðæm upahæfenan, he bæd his
fultumes, swelce him niedðerf wære ; & bæd ðeah for ðæs oðres ðearfe,
forðæm he tiohchode him ma to fultemanne ; he sohte hine him to
5 látðeowe on ðæm wege, forðæm he teohchode hine to lædanne on lifes
weg. Ac he dyde sua sua ofermod gefera deð : he sceolde beon ðære
spræce sua micle gefægenra sua him mare ðearf wæs, & ðæs ðe
gefægenra ðe he him sua eaðmodlice & sua arlice to spræc, he sceolde
bion him micle ðy eaðmodra & his larum ðe suiður underðied.

10 XLII. Ðætte on oðre wisan sint to manianne ða anwillan, ón óðre
ða (un)gestæððegan & unfæsðræda.

On oðre wisan sint to manianne ða anfealdan strǽcan, on oðre ða
unbealdan. Ðæm anfealdan stræcum is to cyðanne ðæt hie bet [ne
t]ruwien him selfum ðonne h[i]e ðyrfen, ðonne hi [forðy] nyllað
15 geðafan beon oðerra monna geðeahtes. Ðæm unbealdum is to cy-
ðanne hu giemelease hie bioð ðonne hie hie selfe to suiðe forsioð,
forðæm hie mon æt ælcum cierre mæg for hira leohtmodnesse of hiera
agnum geðeahte awendan. Ac ðæm anstræcum is to cyðanne, ðær
hie ne wenden ðæt hie selfe beteran & wisran wæren ðonne oðre

---

ternally he guided him with the pillar of cloud. Behold, however, the
provident man, speaking to the proud Hobab, asked his help as if it
were necessary for him, and yet asked for the other's benefit, because
he wished to help him more ; he sought him as a guide of their way,
because he wished to lead him on the way of life. But he acted like
a proud companion : he should have rejoiced so much the more at his
speech, the more need he had ; and the more humbly and honourably
he spoke to him, the more humble he should have been with him, and
the more obedient to his advice.

XLII. That the steadfast are to be admonished in one way, in
another the fickle and inconstant.

The resolute are to be admonished in one way, in another the
irresolute. The resolute are to be told not to trust in themselves
more than they ought, when they are not willing to acquiesce in the
plans of others. The irresolute are to be told how careless they are,
when they despise themselves overmuch, because through their want of
resolution they can on every occasion be moved from their own deter-
mination. The resolute are to be told that, if they did not deem

menn, ðæt hie ne læten hiera geðeaht & hiera wenan sua feor beforan ealra oðerra monna wenan. Ac ðæm unbealdum is to kyðanne, gif hie be ænegum dæle wolden geðencean hwæt hie selfe wæren, ðonne ne leten hie no hie eallinga on ælce healfe gebigean, ne furðum no awecggan, ðeah ðe hie mon manigfealdlice & mislice styrede, sua sua wác hreod & idel, ðe ælc hwiða windes mæg awecggan. Ac to ðæm anstræcum is gecueden ðurh sanctus Paulus : Ne sculon ge no ðyncan eow selfum to wise. Ond eft he cuæð to ðæm unbealdum : Ne læte ge eow ælcre lare wind awecggan. To ðæm anstræcum is gecueden ðurh Salomon : Hie etað ðone wæsðm hiera ægnes weges. Ðæt is ðonne ðonne hie beoð gefyllede mid hiera ægnum geðeahte. Eft cuæð Salomon be ðæm unbealdum : Dysigra monna mod bið suiðe unemn & suiðe ungelic, ond ðæs wisan monnes mod bið suiðe emn, & simle him selfum gelic. He bið simle ryhtes geðeahtes geðafa, forðæm he bið suið[e] arod & suiðe gereðre on ryhtum weorcum. Ac ðara monna mod bið suiðe únemn, forðæm hit gedeð hit self him selfum suiðe ungelic for ðære gelomlican wendinge, forðæm hit næfre eft ne bið ðæt hit ær wæs. Eac is to wietanne ðætte sume unðeawas cumað of oðrum unðeawum sua ilce sua h[i]e comon ær of oðrum. Forðy [ús] is to wietanne ðæt we magon hie sua iðesð mid ðreaunga gebetan, gif

---

themselves better and wiser than others, they would not let their plans and opinions preponderate so much over the opinions of all other men. The irresolute are to be told that, if they considered at all what they themselves were, they would not at all let themselves be inclined on every side, nor even be moved, although they were manifoldly and variously stirred up, like a weak and useless reed, which can be moved by every breath of wind. It is said to the resolute through St. Paul : "Ye must not think yourself too wise." And again, he said to the irresolute : "Let not the wind of every doctrine move you." To the resolute is said through Solomon : "They shall eat the fruit of their own way." That is, when they are filled with their own devices. Again, Solomon said of the irresolute : "The minds of fools are very variable and inconsistent; but the wise man's mind is always even, and consistent with itself." He is always the supporter of good designs, because he is very bold and ready for good works. But the minds of those others are very variable, because they make themselves very inconsistent by constant changes, for they never remain the same as they were before. It is also to be known that some vices originate from others, just as these formerly originated from others. Therefore

we ðone biteran wille æt ðæm æsprynge forwyrceað & adrygað, for-
ðæm ðære anwilnesse æwilm is ofermetta, & of ðære leohtmodnesse
cymð sio twiefealdnes & sio unbieldo. Ða anstræcan ðonne sint to
monianne ðæt hie ongieten ða upahæfenesse hiora modes, & geornlice
5 tiligen ðæt hie hie selfe oferwinnen, ðylæs ðonne hie óferhyggað ðæt
hie sien oferreahte utane mid oðerra manna ryhtum spellum & larum,
hie ðonne sien innan gehæfte mid ofermetum. Eac hie sint to
manianne ðæt hie geðencen ðætte Crist, ðe simle anes willan wæs &
God Fæder, us salde bisne ur[ne] willan to brecanne, ða he cuæð: Ne
10 sece ic no minne willan, ac mines Fæder, ðe me hider sende. & eac
he gehett ðæt he sua don wolde, ðonne he eft come on ðæm ytemestan
dæge, forðæmðe he wolde ðæt we nu ðe bétt underfengen ðone cræft
ðære lare. Ðæt he cyðde, ða he cuæð: Ne mæg ic nane wuht don
mines agnes ðonces, ac sua ic deme sua ic minne Fæder gehiere. Ac
15 hwy sceal ænigum menn ðonne ðyncean to orgellic ðæt he onbuge to
oðres monnes willan, ðonne Godes agen sunu, ðonne [he] cymð mid
his mægenðrymme to demanne, & his wuldor to ætiewanne, he cyðde
ðæt he no ðonne of him selfum ne demde, ac of ðæm ðe hine sent?
Ongean ðæt sint to manianne ða unbealdan & ða unfæsðrædan ðæt
20 hie hera mod mid stillnesse & gestæððignesse gestrongien. Sona

---

it is to be known that we can most easily reform them with reproof,
if we stop the bitter spring at the source, and dry it up; for the
source of obstinacy is pride, and from irresolution arise doubt and
inconstancy. The resolute are to be admonished to know the pride of
their minds, and zealously to strive to conquer themselves, lest, when
they scorn to be outwardly convinced by the good arguments and
advice of others, they be internally bound by pride. They are also to be
admonished to consider how Christ, who was always of the same will
with God the Father, gave us an example of overcoming our will, when
he said: "I seek not my will, but that of my Father who sent me
hither." And also he promised to do so, when he should return at the
last day, wishing us now the better to receive the virtue of instruction.
He showed it, when he said: "I cannot do anything of myself, but I
judge as I hear my Father." Why, then, shall any man think it too
ignominious to yield to another's will, when God's own Son, when he
comes in his majesty to judge, and display his glory, said that he would
not judge of himself, but of him who sends him? The irresolute and
infirm of purpose, on the other hand, are to be admonished to
strengthen their minds with calmness and constancy. The twigs of

aseariað ða twigu ðære hwurfulnesse, gif æresð se wyrtruma bið fo(r)corfen æt ðære heortan, ðæt (is) sio leohtmodnes. Ðy mon sceal fæsðne weal wyrcean, ðy mon ær gehawige ðæt se grund fæsð sie, ðær mon ðone grundweall onlecgge. Ðy sceal eac bion ofersuiðed sio unfæsðrædnes & sio unbieldo ðara geðohta, ðy mon hine bewarige wið ða leohtmodnesse. Ðære leohtmodnesse & ðære leasmodnesse *sanctus* Paulus hine ladode, ða he cuæð: Wene ge nu ðæt ic ænigre leohtmodnesse bruce, oððe ðætte ic ðence æfter woruldluste, oððe wene ge ðæt ægðer sie mid me ge gise ge nese? Suelce he openlice cuæde ðæt hine ne meahte nán scur ðære hwurfulnesse astyrigean, forðæm he ðære leohtmodnesse unðeawes nanwuht næfde.

XLIII. Ðætte on oðre wisan sint to manianne ða ðe hie selfe forgiefað gifernesse, on oðre wisan ða ðe doð forhæfdnesse.

On oðre wisan sint to manigenne ða gifran, on oðre ða ðe forhæfdnesse doð, forðæm ðæm ofergifrum wile fylgean ofersprecolnes &

---

inconstancy soon wither, if the root has been cut out in the heart, that is levity. A strong wall must be built in a place where the ground has previously been ascertained to be firm, where the foundation is laid. Inconstancy and irresolution of the thoughts shall also be overcome by guarding against levity. Paul cleared himself of the imputation of levity and inconstancy, when he said: "Do ye think that I employ any levity, or that I think according to worldly lusts, or do ye think that it is with me both yes and no?" As if he had openly said that no breeze of inconstancy could move him, because he had nothing of the vice of levity.

XLIII. That those who give themselves up to gluttony are to be admonished in one way, in another those who practise abstinence.

The greedy are to be admonished in one way, in another those who practise abstinence; because loquacity, levity, frivolity, and wanton-

leohtlicu weorc & leaslicu & wrænnes, & ðæm swiðe fæstendan oft folgað ungeðyld, & hwilum eac ofermetta. Gif ðam gifran ungemet- licu spræc ne eglde, ðonne ne burne se weliga ðe suiður on ðære tungan ðe on oðrum limum, se ðe on ðæm godspelle gesæd is ðætte
5 ælce dæge symblede, ðæt wæs se se ðe cwæð: Fæder Habraham, miltsa me, & onsend Ladzarus, ðætte he gewæte his ytemestan finger on wættre, & mid ðæm gecele mine tungan, forðæm ic eom cwielmed on ðys liege. Mid ðy worde wæs getacnod ðætte ða ðe ælce dæg sym- blað, on ðære tungan suiður syngiað ðonne on (o)ðrum limum, for-
10 ðæm[ðe] he wæs eall biernende, & ðeah ða tunga suiðust mænde, & him ðære kelnesse bæd. Ond eft ðæm gifrum suiðe hrædlice him willað fylgan leohtlicu weorc & unnyt. Ðæt trymeð sio halige ǽ, ðær hio cuæð: Ðæt folc sæt, æt, & dranc, & siððan aryson, & eodon him plegean. Sua oft se oferæt wierð gehwierfed to fierenluste,
15 forðæm ðonne sio womb bið full & aðened, ðonne bid aweaht se anga ðære wrænnesse. Forðæm wæs gecueden to ðæm lytegan feonde, ðe ðæs ærestan monnes mod ontynde on ðæs æples gewilnunge, & hit ða gewearp mid synne grine, to ðæm wæs gecueden mid ðære godcundan

---

ness are apt to follow gluttony, and impatience, sometimes also pride, often follow abstinence. If the greedy were not afflicted with loquacity, the rich man would not have burned more in the tongue than in his other members, of whom it is said in the Gospel that he feasted daily, and who it was that said: "Father Abraham, have pity on me, and send Lazarus, that he may wet the tip of his finger in water, and cool with it my tongue, because I am tormented in this flame." With this speech was signified, that they who feast daily, sin more in the tongue than other members, because he was burning all over, and yet specially mentioned his tongue, and asked to have it cooled. And, again, frivolous and unprofitable works very soon follow gluttony. Which the holy law confirms, saying: "The people sat, ate, and drank, and then arose, and went to play." So gluttony often becomes lasciviousness, because, when the belly is full and distended, the goad of lust is excited. Therefore it was said with the divine voice to the cunning foe, who inflamed the mind of the first man with the desire of the

. . . . (un)nyttum geðohtum
ðu ricsast ofer ða menniscan heortan. Forðæm ðæm þe on gifernesse
gewitene bioð wile folgian firenlust. Ðæt cyðde se witga, ða he ðæt
openlice sæde ðætte swæ gewearð, & ðæt gebiecnede ðæt ða giet diegle
wæs, he cwæð: Koka aldormon towearp ða burg æt Hierusalem.
Ðara koka aldormon bið sio womb, forðæm eall hiora geswinc &
hiora ðenung belimpeð to hiere, hu heo weorðe mid swotlecustum
mettum gefylled. Ða weallas ðonne Hierusalem getacniað ða mægenu
ðære saule. Ða mægenu bioð arærede mid wilnunge to ðære uplican
sibbe. Ac ðæra koka ealdormon towierpð ða weallas Hierusalem.
Ðæt is, ðonne ðonne sio womb bið aðened mid fylle for gifernesse,
ðonne towierpð hio ðurh firenlustas ða mægenu ðære saule. Ongean
ðæt ðonne is to kyðonne ðæm fæstendum, gif ðæs modes forhæfdnes full
oft mid ungeðylde ne ascoke ða sibbe of ðæm sceate ðære smyltnesse,
ðonne ne cwæðe *sanctus* Petrus to his cnihtum swæ swæ he cwæð, he
cwæð: Nu ge habbað geleafan, wyrcað nu god weorc, & habbað ðonne
wisdom, & on ðæm wisdome habbað forhæfdnesse, & eac lærað, &
huru on ðære forhæfdnesse geðylde. Ne cwæde he no swæ, gif he ne
ongeate ðæt him wæs ðæs wana, ac forðyþe he ongeat ðæt sio unge-
ðyld oft dereð ðæm monnum þe micle forhæfdnesse habbað, ða lærde
he ðæt hie huru sceolden ða habban toeacan ðære forhæfdnesse.
Gif eac sio scyld ðara ofermetta ne gewundode ðy oftor ðæt mod ðæs
fæstendan, ðonne ne cwæde no *sanctus* Paulus: Se þe fæstan wille, ne
tæle he no ðone þe ete. And eft he cwæð to Kolossensum, ða he

---

apple, and caught it in the trap of sin: "On thy belly and breast thou
shalt creep." As if he had openly said: "With gluttony and un-
profitable thoughts thou rulest over the hearts of men, because lust
follows those who are found in gluttony." Which the prophet pro-
claimed, when he openly said what really happened, and signified that
which was yet obscure, saying: "The chief of cooks overthrew the
city of Jerusalem." The cooks' chief is the belly, because all their
toil and service concerns it, how it is to be filled with the most
luscious dainties. The walls of Jerusalem signify the virtues of the
soul. The virtues are raised by the desire of celestial peace. But the
chief of the cooks overthrows the walls of Jerusalem. That is, that
when the belly is distended with repletion through greediness, it over-

stemne: On ðinre wambe & on ðinum breostum ðu scealt snican. Suelce he openlice cuæde: On giefernesse & on unnytum geðohtum ðu ricsa(s)ð ofer ða menniscan heortan. Forðæm ðæm ðe on giefernesse ongietene beoð wile folgian fierenlust. Ðæt cyðde se witga, ða he
5 ðæt openlice sæde ðætte sua gewearð, & ðæt gebiecnede ðæt ða giet diegle wæs, he cuæð: Koka ealdormon towearp ða burg æt Hierusalem. Ðara koka ealdormon bið sio womb, forðæm eall hiera gesuinc & hiera ðenung belimpeð to hiere, hu heo weorðe mid swotlecustum mettum gefylled. Ða weallas ðonne Hierusalem getacniað ða mægenu
10 ðære saule. Ða mægenu beoð ræredu mid wilnunge to ðære uplican sibbe. Ac ðara koka ealdormon towierpð ða weallas Hierusalem. Ðæt is, ðonne ðonne sio wamb bið aðened mid fylle for giefernesse, ðonne towierpð hio ðurh fierenlustas ða mægenu ðære saule. Ongean ðæt ðonne is to cyðanne ðæm fæstendum, gif ðæs modes forhæfdnes
15 ful oft mid ungeðylðe ne ascoke ða sibbe of ðæm sceate ðære smyltnesse, ðonne ne cuæde *sanctus* Petrus to his cnihtum [sua] sua he cuæð, he cwæð: Nu ge habbað geleafan, wyrceað nu gód weorc, & habbað ðonne wisdóm, & on ðam wisdome [habbað] forhæfdnesse, & eac lærað, & huru on ðære forhæfdnesse geðylde. Ne cuæde he no sua,
20 gif he ne óngeate ðæt him wæs ðæs wana, ac forðyðe he ongeat ðæt sio ungeðyld oft dereð ðæm mannum ðe micle forhæfdnes(se) habbað, ða lærde he ðæt hie huru sceoldon ða habban toeacan ðære forhæfdnesse. Gif eac sio scyld ðara ofermetta ne gewun[d]ode ðy oftor ðæt mód ðæs fæstendan, ðonne ne cuæde [no] *sanctus* Paulus: Se ðe fæstan wille,
25 ne tæle he no ðone ðe ete. & eft he cwæð to Kolosensum, ða he

---

throws with lust the virtues of the soul. On the contrary, the abstinent are to be told that, if the abstinence of the spirit did not very often with impatience drive out peace from the bosom of tranquillity, St. Peter would not have spoken to his disciples as he did, when he said: "Now that ye have faith, do now good works, and have wisdom, and in wisdom have abstinence, and also teach it, and in abstinence patience." He would not have said so, had he not perceived that they wanted it; and seeing that impatience often injures the man of great abstinence, he enjoined it on them in addition to abstinence. If also the sin of pride did not wound all the oftener the minds of the abstinent, St. Paul would not have said: "He who wishes to fast must not blame him who eats." And again, he said to

ongeat ðæt hie gulpun hiera fæstenes : Oft ðonne mon ma fæst ðonne he ðyrfe, ðonne eowað he utan eaðmodnesse, & for ðære ilcan eaðmodnesse he ofermodegað innan micle ðy hefiglicor. Gif ðæt mod full oft ne aðunde on ofermettum for ðære forhæfdnesse, ðonne ne talode se ofermoda Phariseus to swæ micle mægene ða forhæfdnesse swæ he dyde, ða he cwæð : Ic fæste tuwa on wucan. Ongean ðæt sint to manianne ða ofergifran, ðeah hie ne mægen ðone unðeaw forlæten ðære gifernesse & ðære oferwiste, ðæt hie huru hiene selfne ne ðurhstinge mid ðy sweorde unryhthæmdes, ac ongiete hu micel leohtmodnes & leasferðnes & oferspræc cymð of ðære oferwiste, ðylæs hie hit mid ðæm oðrum yfle geiece, & eac ðonne he his wombe swæ hnesclice olecð, ðæt he forðæm ne weorðe wælreowlice gefangen mid ðæm grinum uncysta. Ac we sculon geðencean, swæ oft swæ we ure hand doð to urum muðe for gifernesse ofergemet, ðæt we geedniwiað & gemyndgiað ðære scylde þe ure ieldesta mæg us on forworhte, & we bioð swæ micle fierr gewitene from urum æfterran Mæge þe us eft geðingode, swæ we ofðor aslidað on ðæm unðeawe. Ongean ðæt sint to manianne ða fæstendan ðæt hie huru geornlice giemen, ðær ðær hie fleoð ðone unðeaw ðære gifernesse, ðætte of ðæm gode ne weorðe wierse yfel acenned, ðætte, ðonne ðonne ðæt flæsc hlænað, ðæt mod ne beræse on ungeðyld, & ðonne sie unnyt ðætte ðæt flæsc sie oferswiðed, gif ðæt mod bið mid ðæm ierre oferswiðed. Oft eac, ðonne ðæt mod ðæs fæstendan bið mid ðy ierre ofseten, ðonne cymð sio blis seldhwanne, swelce hio sie cuma oððe elðiodig, forðæm ðæt mod bið mid ðy ierre gewemmed, & forðæm forliest ðæt god ðære forhæfdnesse

---

the Colossians, when he perceived that they boasted of their abstinence: " Often, when a man fasts more than he need, he makes an outward display of humility, and is all the more proud internally because of the same humility." If the heart were not very often inflated with the pride of abstinence, the proud Pharisee would not have esteemed abstinence so great a virtue as he did, when he said : "I fast twice in the week." The gluttonous, on the contrary, are to be admonished, if they cannot abstain from the vice of greediness and gluttony, at any rate not to run themselves through with the sword of fornication, but understand how much frivolity, folly, and loquacity proceeds from gluttony, lest they aggravate it with the other evil, and lest by pampering their belly so delicately they be cruelly caught in the trap of vices.

ongeat ðæt hie gulpun hiera fæstennes : Oft ðonne mon ma fæst ðonne
he ðyrfe, ðonne eoweð he utan eaðmodnesse, & for ðære ilcan eaðmod-
nesse he ofermodgað innan micle ðy hefelicor. Gif ðæt mod ful oft
ne aðunde on ofermettum for ðære forhæfdnesse, ðonne ne talode se
5 ofermoda Phariseus to sua micle mægene ða forhæfdnesse sua he
dyde, ða he cwæð: Ic fæste tuwa on wican. Ongean ðæt sint to
manianne ða ofergifran, ðeah hie [ne] mægen ðone unðeaw forlætan
ðære gifernesse & ðære oferwiste, ðæt he huru hine selfne ne ðurh-
stinge mid ðy sweorde unryhthæmedes, ac ongiete hu micel leoht-
10 modnes & leasferðnes & oferspræc cymeð of ðære oferwiste, ðylæs he
hit mi(d) ðæm oðrum yfele geiece, & eac ðonne he his wambe sua
hnesclice oleeð, ðæt [he] forðæm ne weorðe wælhreo[w]lice gefangen
mid ðæm grinum uncysta. Ac we sculun geðencean, sua oft sua we
ure hand doð to urum muðe for giefernesse ofergemet, ðæt we geedni-
15 wiað & gemyndgiað ðære scylde ðe ure ieldesta mæg us on [for]worhte,
& we beoð sua micle fier gewitene fram urum æfterra[n] Mæge ðe us
eft geðingode, sua we oftor aslidað on ðæm unðeawe. Ongean ðæt
sint to manianne ða fæstendan ðæt hie huru geornlice giemen, ðær ðær
hie fleoð ðone unðeaw ðære gifernesse, ðætte of ðæm gode ne weorðe
20 wyrse yfel akenned, ðætte, ðonne ðonne ðæt flæsc hlænað, ðæt mod ne
beræse on ungeðyld, & ðonne sie unnyt ðætte ðæt flæsc sie ofer-
swiðed, gif ðæt mod bið mid ðæm ierre oferswiðed. Oft eac, ðonne
ðæt mod ðæs fæstendan bið mid ðy irre ofseten, ðonn[e] cymð sio blis
seldhwanne, suelce hio sie cuma oððe elðeodig, forðæm ðæt mod bið
25 mid ðy ierre gewemmed, & forðæm forlieeð ðæt god ðære forhæfdnesse,

---

But we must consider, as often as we put our hand to our mouth for
excessive greediness, that we renew and recall to mind the sin wherewith
our oldest kinsman ruined us, and that we have departed so much the
further from our later Kinsman who afterwards interceded for us, the
oftener we fall into that vice. The abstinent, on the contrary, are to
be admonished to be very careful, that, when they avoid the vice of
gluttony, from that good a worse evil may not arise, lest, when the
flesh becomes lean, the mind rush into impatience, so that the victory
over the flesh is useless, if the mind is overcome by anger. Often also,
when the mind of the abstinent man is oppressed with anger, joy comes
seldom, as if it were a guest or stranger ; because the mind is polluted
with anger, and therefore loses the advantage of abstinence, because he

forðæmþe he hiene no ne beheold wið ða gastlican scylde. Be ðæm wæs swiðe ryhte gecweden ðurh ðone witgan: On eowrum fæstendagum bið ongieten eower willa. And sona ðæræfter he cwæð: To gemotum & to gecidum & to iersunga & to fystgebeate ge fæstað. Willa belimpð simle to blisse & ðæt fystgebeat to ierre. On idelnesse ðonne bið se lichoma mid fæstenne geswenced, ðonne ðæt mod bið forlæten & onstyred & todæled ungeðafenlice & unendebyrdlice on unðeawas. Ond ðeah hie sint to manianne ðæt hie no hiera fæsten ne gewanigen, ne eft ne wenen ðæt hit anlepe full healic mægen sie beforan ðæm dieglan Deman, ðylæs hie wenen ðæt hit anlepe micelre geearnunga mægen sie, & ðonne weorðen on hiera mode forðy to upahæfene. Be ðæm wæs gecweden ðurh Esaias ðone witgan: Ne geceas ic no ðis fæsten, ac ðyllic fæsten ic geceas: brec ðæm hyngriendum ðinne hlaf, & ðone widfarendan & ðone wædlan læd on ðin hus. Be ðæm we magon geðencean hu lytelu sio forhæfdnes bið gesewen, gif hio ne bið mid oðrum godum weorcum geieced. Be ðæm cwæð Iohel se witga: Gehalgiað eower fæsten. Ðæt is ðonne ðæt mon his fæsten gehalgige, ðæt he hit geiece mid oðrum godum weorcum; ðonne mæg he eowian ðær Gode swiðe licwyrðe forhæfdnesse. Forðæm is to cyðonne ðæm fæstendum ðæt hie witen ðæt hie ðonne Gode swiðe licwyrðe forhæfdnesse brengað, ðonne hie ðearfendum monnum sellað hiora ondlifene ðone dæl þe hie him selfum ofteoð. Ac us is swiðe geornlice to gehieranne hwæt Dryhten ðreatiende cwæð to Iudeum ðurh Sacharias ðone witgan; he cwæð: Eall ðæt ðæt ge fæston & weopon on ðæm fiftan & on ðæm siofoðan monðe

---

did not refrain from the spiritual sin. Of which was very rightly said through the prophet : "By your fast-days is known your will." And soon after he said : "For meetings, and disputes, and anger, and fisticuffs ye fast." Good will always belongs to joy, and fisticuffs to anger. In vain therefore is the body afflicted with fasting, when the mind is let loose, and excited, and distracted improperly and unseasonably by vices. And yet they are to be admonished not to diminish their fasting, nor, again, to think that it alone is a very lofty virtue in the eyes of the unseen Judge, lest they think that it alone is a virtue of great merit, and so become too much puffed up in spirit. Of which was spoken through Isaiah the prophet : "I chose not this

forðæmðe he hine nó ne beheold wið ða gæstlican scylde. Be ðæm
wæs suiðe ryh[te] gecueden ðurh ðone witgan: On eowrum fæsten-
dagum bið óngieten eower willa. & sona ðæræfter he cuæð: To
gemotum & to gecidum & to iersunga & to fystgebeate ge fæstað.
5 Willa belimpð to blisse simle & ðæt fyst[gebeat] to irre. On iedel-
nesse ðonne bið se lichoma mid fæstenne gesuenced, ðonne ðæt mod
bið forlæten & onstyred & todæled ungedafenlice & unendebyrdlice ón
unðeawas. Ond ðeah hie sint to manianne ðæt hie nó hiera fæsten
ne gewanigen, ne eft ne wenen ðæt hit anlipe full healic mægen sie
10 beforan ðæm dieglan Deman, ðylæs hie wenen ðæt hit anlipe micellre
geearnunge mægen sie, & ðonne weorðen on hiera mode [forðy] to
úpahæfene. Be ðæm wæs gecueden ðurh Essaias ðone witgan: Ne
geceas ic no ðis fæsten, ac ðyllic fæsten ic geceas: brec ðæm hyn-
griendum ðinne hlaf, & ðone widfarendan & ðone wædlan læd ón ðin
15 hus. Be ðæm we magon geðencean hu lytelu sio forhæfdnes bið
gesewen, gif hio ne bið mid oðrum goodum weorcum geiced. Be
ðæm cuæð Iohel se witga: Gehalgiað eower fæsten. Ðæt is ðonne
ðæt mon his fæsten gehalgige, ðæt he hit geice mid oðrum godum
weorcum; ðonne mæg he eowian ðær Gode suiðe gelicweorðe forhæfd-
20 nesse. Forðæm is to cyðanne ðæm fæstendum ðæt hie wieten ðæt hie
ðonne Gode suiðe licwyrðe forhæfdnesse bringað, ðonne hie ðearfen-
dum monnum sellað hiera ondliefene ðone dæl ðe hi him selfum
oftioð. Ac us is suiðe geornlice to gehieranne hwæt Dryhten ðreati-
gende cuæð to Iudeum ðurh Sacharias ðone witgan; he cuæð: Eall
25 ðæt ðæt ge fæstun & weopun on ðæm fiftan & on ðam siofoðan monðe

---

fasting, but this is the fasting I chose: break thy bread for the
hungry, and lead the wanderer and beggar into thine house." From
which we can consider how lightly abstinence is estimated, if it is not
increased with other virtues. Of which Joel the prophet spoke:
"Hallow your fast." A man hallows his fast when he increases it
with other good works; then he can show to God a very acceptable
abstinence. Therefore the abstinent are to be told, that they bring to
God a very worthy abstinence, when they give that portion of their
substance to the poor of which they deprive themselves. But we must
listen attentively to what the Lord said, rebuking the Jews through
Zachariah the prophet; he said: "All your fasting and weeping in the

nu hundsiofontig wintra, ne fæste ge ðæs nauht me, and ðonne ge
æton, ðonne æton ge eow selfum, & ðonne ge druncon, ðonne druncon
ge eow selfum. Ne fæst se no Gode ac him selfum, se þe ðæt nyle
ðearfum sellan ðæt he ðonne on mæle læfð, ac wile hit healdan eft
to oðrum mæle, ðæt he eft mæge his wambe mid gefyllan. Ac swa
he sceal etan ðætte hiene sio gewilnung ðære gifernesse of his modes
fæstrædnes(se) ne gebrenge, ne eft sio ðræsting ðæs lichoman ðæt
mod ne ascrence mid upahæfennesse. Gehieren ða oferetolan ða word
ðe Crist of his agnum muðe cwæð, he cwæð: Behaldað eow ðæt
iowre heortan ne sien gehefgode mid oferæte & druncennesse & on to
manigfaldum ymbehogan ðisse worlde, ðylæs iow on ðæm weorcum
gemete se reða & se egeslica dæg, se cymð ofer ealle eorðwaran un-
ðinged, swæ swæ grin. Gehieren eac ða fæstendan hwæt he eft cwæð,
he cwæð: Ne geunclænsað ðæt no ðone mon ðæt on his muð gæð,
ac ðæt ðæt of his muðe gæð, ðæt hiene geclænsað. Gehieren ða
oferetolan hwæt sanctus Paulus cwæð: Fulga nu se mete ðære wambe
willan, & sio wamb ðæs metes, ðonne towierpð God ægðer. And eft
he cwæð: Ne gewunige ge no to oferetolnesse & to oferdruncénnesse.
And eft he cwæð. Ðe ofermete ne befæst us næfre Gode. Gehieren
eft ða fæstendan hwæt he to him cwæð, he cwæð þæt ðæm clænum
wære eal clæne, & ðæm unclænum nære nauht clæne. Gehieren eft
ða oferetolan hwæt he to him cwæð, he cwæð ðætte hiera womb wære
hiora God, & hie dyden him hiora bismer to weorðscipe. Gehieren
eac ða fæstendan hwæt he to him cwæð, he cwæð ðæt ðæm forhæb-
bendum hwilum gebyrede ðæt hie gewiten of hiera geleafan, & for-

---

fifth and seventh months for now seventy years, was not for me ; and
when ye ate, ye ate for yourselves, and when ye drank, ye drank for
yourselves." He fasts not for God, but for himself, who will not give
the poor what he leaves of his meal, but wishes to keep it for another
meal, to fill his belly with it afterwards. But he ought to eat so that
the impulse of greediness may not move him from the consistency of
his mind, nor, again, the mortification of his body deceive the mind
with pride. Let the greedy hear the words which Christ spoke with his
own mouth, saying: "Take care that your hearts be not oppressed
with gluttony, and drunkenness, and too manifold cares of this world,
lest in these works ye be overtaken by the fierce and terrible day, which
shall come unawares on all the dwellers of earth, like a snare." Let the

nu hundsiofantig wintra, ne fæste ge ðæs nawuht me, & ðonne ge
æton, ðonne æte ge eow selfum, & ðonne ge druncon, ðonne dru(n)con
ge eow selfum. Ne fæsð se no Gode ac him selfum, se ðe ðæt nyle
ðearfum sellan ðæt he ðonne ón mæle læfð, ac wile hit healdan eft
5 to oðrum mæle, ðæt he eft mæge his wambe [mid] gefyllan. Ac sua
he sceal etan ðætte hine sio gewilnung ðære gifernesse of his modes
fæsðrædnesse ne gebrienge, ne eft sio ðræsðing ðæs lichoman ðæt mod
ne ascrence mid úpahæfenesse. Gehieren ða oferetolan ða word ðe
Krist of his agnum muðe cuæð, he cuæð: Behealdað eow ðæt eowre
10 heortan ne sín gehefegode mid oferæte & druncennesse & on to
monigfaldum ymbehogan ðisse worulde, ðylæs eow ón ðæm weorcum
gemete se reða & se egeslica dæg, se cymð ofer ealle eorðwaran un-
geðinged, sua sua grin. Gehieren eac ða fæstendan hwæt he eft cuæð,
he cuæð: Ne geunclænsa ðæt nó ðone mon ðæt on his múð gæð,
15 ac ðæt [ðæt] of his muðe gæð, ðæt hine geunclænsað. Gehieren ða
oferetolan hwæt sanctus Paulus cuæð: Fulga nu se mete ðære wambe
willan, & sio wamb ðæs metes, ðonne towyrpð God ægðer. & eft
he cuæð: Ne gew[u]nigen ge to oferetolnisse & to oferdruncennisse.
& eft he cuæð: Se ofermete ne befæsð ús næbre Gode. Gehieren eft
20 ða fæstendan hwæt he to him cuæð, he cuæð ðæt ðæm clænum
wære eal clæne, & ðæm unclænum nære nan wuht clæne. Gehiren
eft ða oferetolan hwæt he to him cuæð, he cuæð ðætte hira wamb wære
hiera God, & hie dydon hiera bysmer him to wyrðscipe. Gehieren
eac ða fæstendan hwæt he to him cuæð, he cuæð ðæt ðæm forhæb-
25 bendum hwilum gebyrede ðæt hie gewieten of hiera geleafan, & for-

---

abstinent hear what he said again ; he said : "What goes into a man's
mouth defiles him not, but what comes from his mouth, that defiles
him." Let the greedy hear what St. Paul said: "If the meat follow
the belly's will, and the belly the meat's, God will destroy them both."
And again, he said: "Accustom yourselves not to gluttony and drun-
kenness." And again, he said : "Gluttony will never unite us to God."
Again, let the abstinent hear what he said to them ; he said that to
the pure all is pure, and to the impure is nothing pure. Again, let
the greedy hear what he said to them ; he said that their belly was
their god, and that they gloried in their disgrace. Let the abstinent
also hear what he said to them ; he said that it sometimes happened
to the abstinent that they departed from their faith, and "forbid men

bioðað mannum ðæt hie hiwien, & ða mettas þe God self gesceop to etonne geleaffullum monnum, ðæm þe ongietað soðfæstnesse, & Gode ðanciað mid godum weorcum his gifa. Gehieren ða oferetolan hwæt *sanctus* Paulus cwæð, he cwæð ðæt hit wære god ðæt mon foreode flæsc & win for bisene his broðrum. Gehieren ða fæstendan hwæt he eft cwæð, he cwæð ðæt ge moston drincan gewealden wines for eowres magan medtrymnesse. Forðæm he ðæt cwæð ðæt he wolde ðæt ða oferetolan geleornodon ðæt hie to ungemetlice ne wilnoden flæscmetta, & eft ða fæstendan ne forsawen ða etendan, forðæmþe hie ðære Godes gife brucað þe ða oðre forberað.

XLIV. Ðætte on oðre wisan sint to manianne ða þe hiora agnu ðing mildheortlice sellað, & on oðre ða þe ðonne giet wilniað oðerra monna gereafian.

On oðre wisan sint to manianne ða þe ðonne hiera god mildheortlice sellað, on oðre wisan ða þe ðonne git flitað æfter oðerra monna, & hie reafiað. To manianne sint ða þe hiora mildheortlice sellað ðætte hie ne aðinden on hiora mode to ðon ðæt hie ahebben ofer ða þo hie hiora sellað, ne hie selfe ðy betran ne talien þe ða oðre, ðeah þa oðre be him libben. Ac ða eorðlican hlafordas sint to ðæm gesette ðætte hie ða endebyrdnesse & ða ðenunga hiora hieredum gebrytnige, & hie gerecce, & ðæt folc is to ðæm gesett ðæt hie scylen be hiora rædum libban. Ðæm hlafordum is beboden ðæt hie him don ðæt

---

marriage, and the meats which God himself made to be eaten by believers who understand the truth, and thank God for his gifts with good works." Let the gluttonous hear what St. Paul said ; he said that it were good for a man to abstain from meat and wine, as an example to his brothers. Let the abstinent also hear what he said again ; he said that "ye may drink wine moderately for the weakness of your stomachs." He said so, because he wished the greedy to learn not to desire flesh-meats immoderately, and, again, the abstinent not to despise the eaters, because they avail themselves of the gifts of God from which the others abstain.

beodað monnum ðæt hie hiwien, & ða mettas ðe God self gesceop to
etanne geleaffullum monnum, ðæm ðe ongietað soðfæsðnisse, & Gode
ðoncias mid goodum weorcum his giefa. Gehieren ða oferetolan hwæt
sanctus Paulus cwæð, he cuæð ðæt hit wære good ðæt mon foreode
5 flæsc & win for bisene his broðrum. Gehiren ða fæstendan hwæt he
eft cuæð, he cuæð ðæt ge moston drincan gewealden wines for eowres
magan mettrymnesse. Forðæm he ðæt cuæð ðæt he wolde ðæt ða
oferetolan geleornoden ðæt hie to ungemetlice ne wilnoden flæscmetta,
ond ef[t] ða fæstendan ne forsawen ða etendan, forðæmðe hie ðære
10 Godes giefe brucað ða ðe oðre forbærað.

XLIV. Ðætte on oðre wisan sint to manianne ða ðe hiora agnu
ðing mildheortlice sellað, & on oðre wisan ða ðe ðonne
giet wilniad oðerra monna gereafigan.

On oðre wisan sint to manianne ða ðe hira gód mildheortlice sellað,
15 on oðre wisan ða ðe ðonne giet flietað æfter oðer(r)a monna, & hie
reafiað. To manienne sint ða ðe hiera mildheortlice sellað ðætte hie
ne aðinden on hiora mode to ðæm ðæt hi hi hæbben ofer ða ðe
hie hiora sellað, ne hie selfe ðy beteran ne taligen ðe ða oðre, ðeah ða
oðre be him libben. Ac ða eorðlican hlafordas sint to ðæm gesette
20 ðæt hie ða endebyrdnesse & ða ðegnunga hiora hieredum gebrytnige,
& hie gerecce, & ðæt folc is to ðæm gesett ðæt hie scylen be hira
rædum libban. Ðæm hlafordum is beboden ðæt hie him doon ðæt

XLIV. That those who generously give away their own property
are to be admonished in one way, in another those who
still desire to rob others.

Those who generously give away their property are to be admonished in one way, in another those who still strive after that of others, and rob them. Those who generously give away their own are to be admonished not to be puffed up in spirit, so as to exalt themselves above those to whom they give their property, nor account themselves better than the others, although these live by them. Earthly masters are appointed to arrange the degrees and avocations of their households, and rule them, and the people are appointed to live by their decrees. The masters are commanded to do for them what is needful,

hiora ðearf sie, & ðæm ðegnum is beboden ðæt hie læten him ðæt to
genyhte ðæt hie him sellen. And ðeah oft agyltað ða hlafordas, & ða
men ðurhwuniað on Godes hyldo ða þe ryhtwise bioð, & ða habbað
his unhyldo þe hit him bryttian sceoldon, & ða bioð butan ierre þe be
hiora gifum libban sculon. Eac sint to manianne ða þe ðonne mild-
heortlice sellað ðæt hie ðonne habbað, ðæt hie ðonne ongieten ðæt hie
sint gesette ðæm hefencundan Gode to ðeningmonnum, to dælonne ðas
lænan god. Forðæm hie hie sculon swa micle estelicor dælan swæ hie
ongietað ðæt him lænre & unagenre bið ðæt hie ðær dælað, forðæm
hie magon ongietan ðæt hie bioð to hiora ðenunga gesette Godes gife
him to dælonne. Hwy sculon hi ðonne bion forðæm upahæfene &
aðundene on hiora mode? Him wære ðonne micel ðearf ðæt hie leten
Godes ege hie geeaðmedan. And eac him is micel ðearf ðæt hie
geornlice geðencen ðæt hie to unweorðlice ne dælen ðæt him befæst
bið, ðylæs hie auht sellen ðæm þe hie nauwuht ne scoldon, oððe nauht
ðæm þe hie hwæthwugu scoldon, oððe eft fela ðæm ðe hie lytel
scoldon, oððe lytel ðæm þe hie micel scoldon, ðylæs hie unnytlice for-
weorpen ðæt ðæt hie sellen for hiora hrædhydignesse, oððe him eft
hefiglice ofðynce ðæs þe hie sceal don, & hie scylen selfe bion bid-
dende, & forðy weorðen geunrotsode, oððe hie eft her wilnigen ðara
leana ðæs þe hie on ælmessan sellað, ðylæs sio gidsung ðæs lænan
lofes adwæsce ðæt leoht ðære giofolnesse, oððe eft sio giofolnes sie
gemenged wið unrotnesse, oððe he eft for ðæm giefum, þe him ðonne
ðynceð ðæt he swiðe wel atogen hæbbe, his mod swiður fægnige &
blissige ðonne hit gemetlic oððe gedafenlic sie. Ac ðonne hie hit eall

---

and the servants are commanded to content themselves with what is
given to them. And yet the masters often sin, and the servants who
are righteous continue in God's grace, and those incur his displeasure
who ought to distribute it to them, and those are without anger who
have to live by their gifts. They are also to be admonished who
generously give away what they have, to understand that they are
appointed stewards of the God of heaven, to distribute these transitory
goods. They must so much the more graciously distribute them
the more transitory and precarious they perceive that that is which
they distribute, because they can understand that they are appointed
to their ministration to distribute to them God's gifts. Why, then,
shall they be on that account proud and inflated in their minds?

h[i]ra ðearf sie, & ðæm ðegnum is beboden ðæt hie him ðæt to
genyhte don ðæt hie him sellen. & ðeah oft agyltað ða hlafordas, &
ða menn wuniað on Godes hyldo ða ðe ryhtwise beoð, & ða habbað
his únhyldo ðe hit him bry[t]tian sceoldon, & ða beoð butan ierre ðe
5 be hiera giefum libban sculon. Eac sint to manienne ða ðe ðonne
mildheortlice sellað ðæt hie ðonne habbað, ðæt hie ðonne angieten ðæt
hie sint gesette ðæm hefencundan Gode to ðeningmannum, to dælanne
ðas lænan gód. Forðæm hie hie sculon sua micle estelicor dælan sua
hie ongietað ðæt him lænre & unagenre bið ðæt hie ðær dælað, forðæm
10 hie magon ongietan ðæt hi beoð to hiera ðenunga gesette Godes giefe
to dælanne. Hwy sculon hie ðonne beon forðæm upahæfene & aðun-
dene on hira mode? Him wære ðonne micel ðearf ðæt hie leten
Godes ege hie geeaðmedan. & eac him is micel ðearf ðæt hie geornlice
geðencen ðæt hie to unweorðlice ne dælen ðæt him befæsð bið,
15 ðylæs hie awuht sellen ðæm ðe hie nanwuht ne sceoldon, oððe nan
wuht ðæm ðe hie hwæthwugu sceoldon, oððe eft fela ðam ðe hie
lytel sceoldon, oððe lytel ðæm ðe hie micel sceoldon, ðylæs hie unnyt-
lice forweorpen ðæt ðæt hie sellen for hira hrædhydignesse, oððe him
eft hefiglice ofðynce ðæs ðe hie sealdon, & [hi] scylen selfe beon bid-
20 dende, & forðy weorðen geunrotsode, oððe hie eft her wilnigen ðara
leana ðæs ðe hie on ælmessan sellað, ðylæs sio gidsung ðæs lænan
lofes adwæsce ðæt leoht ðære giofolnesse, oððe eft sio giofolness sie
gemenged wið unrotnesse, oððe [he] eft for ðæm giefum, ðe him ðonne
ðynceð ðæt he suiðe wel atogen hæbbe, his mod suiður fægnige &
25 blissige ðonne hit gemetlic oððe gedafenlic sie. Ac ðonne h[i]e hit

---

It were very necessary for them to let the fear of God humble
them. It is also very necessary for them carefully to resolve not
to distribute what is entrusted to them dishonourably, lest they give
anything to those to whom they ought to give nothing, or nothing
to those they ought to give something; or, again, much to those
they ought to give little, or little to those they ought to give much,
lest through their hastiness they uselessly throw away what they give,
or afterwards bitterly repent having given it, and themselves have to
ask, and therefore be disheartened; or afterwards desire to receive here
the rewards of their charity, lest the desire of transitory praise quench
the light of generosity; or, again, the generosity be mingled with
sadness; or, again, because of the gifts which they think they have

ryhtlice gedæled hæbben, ðonne ne teon hie nanwuht ðæs lofes & ðæs ðances to him, ðylæs hie hit eall forleosen, ðonne hie hit gedæled hæbben, ne him selfum ne tellen to mægene hiora friodom; ac gehieren hwæt awriten is on ðæm ærendgewrite *sancte* Petres: Gif hwa ðenige, ðenige he swelce he hit of Godes mægene ðenige, næs of his selfes, ðylæs he to ungemetlice fægnige for his godum weorcum. Ac gehieren hwæt awriten is on Cristes bocum, hit is awriten: Ðonne ge eall hæbben gedón ðæt eow beboden is, ðonne cweðe ge ðæt ge sien unnytte ðeowas, forðæm ge ðæt an worhton ðæt ge niede scoldon. Ond eft, ðylæs ða rummodnessa sio unrotnes gewemme, gehierað ðone cwide þe *sanctus* Paulus cwæð to Corintheum, he cwæð ðætte ðone gladan giefan God lufode. Ond eft, ðylæs hie for ðæm dale ðæs fios wilnigen ðysses lænan lofes, gehieren hie ðone cwide þe on Cristes bocum awriten is, ðæt is ðæt sio winestre hond ne scyle witan hwæt sio swiðre dó. Ðæt is, ðonne ðonne he his ælmessan dælð, ðæt ðær ne sie wið gemenged nan gilp ðisses andweardan lifes, ne he ne scrife ðæs hlisan buton hu he ryhtost wyrce. Ne he ne gime hwelce hylde he mid ðære ælmessan gewrixle, ac gehiere hwæt awriten is on Cristes bocum, he cwæð: Ðonne ðu hæbbe gegearwod underngifl oððe æfengifl, ne laða ðærto no ðine friend, ne ðinne broður, ne ðine cuðan, ne ðine welegan neahgeburas, ðylæs hie ðe dón ðæt selfe. Ac ðonne ðu forme gierwe on ælmessan laða ðærto wædlan & wanhale & healte & blinde, ðonne bist ðu eadig, forðon hie nyton mid hwæm hie hit ðe forgielden. And ðætte mon ðonne ðurhteon mæge, ðæt he ðæt ne forielde, ac gehieren hwæt awriten is on Salomones bocum, hit is awriten ðæt mon

---

expended well, their minds be glad and rejoice beyond measure or propriety. But when they have distributed it all rightly, they must not arrogate to themselves any of the praise and gratitude, lest they lose it all when they have distributed it, or account their liberality a virtue; but let them hear what is written in St. Peter's letter: "If any one minister, let him minister as if he ministered by the power of God, not by his own, lest he rejoice overmuch at his good works." And let them hear what is written in Christ's books; it is written: "When ye have done all that ye are told, then say that ye are useless servants, because ye have only done what ye were obliged to do." And again, lest discontent pollute generosity, hear St. Paul's saying to the Corinthians; he said that God loved the cheerful giver. And again,

eall ryhtlice gedæled hæbbe, ðonne ne teon hie nanwuht ðæs lofes & ðæs ðonces to him, ðylæs hie hit eal forleosen, ðonne hie hit gedæled hæbben, ne him selfum ne te(l)len to mægene hiora freodom; ac gehieren hwæt awriten is on ðæm ærendgewrite *sancte* Petres: Gif hwa
5 ðenige, ðenige he suelce he hit of Godes mægene ðenige, næs of his selfes, ðylæs he to ungemetlice fægenige for his godum weorcum. Ac gehieren hwæt awriten is on Kristes bocum, hit is awriten: Ðonne ge eall hæbben gedoon ðæt eow beboden is, ðonne cueðe ge ðæt ge sien unnytte ðeowas, forðæm ge ðæt an worhton ðæt ge niede scoldon.
10 & eft, ðylæs ða rûmmodnessa sio unrotnes gewemme, gehierað ðone cuide ðe *sanctus* Paulus cuæð to Corinctheum, he cuæð ðætte ðone gladan giefan God lufode. & eft, ðylæs hie for ðæm gedale ðæs feos wilnigen ðisses lænan lifes, gehieren hie ðone cwide ðe on Cristes bocum awriten is, ðæt is ðæt sio winestre hand ne scyle witan hwæt
15 sio suiðre dó. Ðæt is, ðonne ðonne he his ælmessan dælð, ðæt ðær ne sie wið gemenged nan gielp ðisses andweardan lifes, ne he ne scrife ðæs hlisan buton hu he ryhtosð wyrce. Ne he ne gieme hwelce hylde he mid ðære ælmessan gewriexle, ac gehiren hwæt awriten is on Cristes bocum, he cuæð: Ðonne ðu hæbbe gegearwod underngiefl oððe æfen-
20 giefl, ne laða ðu no ðærto ðine friend, ne ðine broðor, ne ðine cuðan, ne ðine welegan neahgeburas, ðylæs hie ðe dón ðæt selfe. Ac ðonne ðu feorme gierwe on ælmessan laða ðærto wædlan & wanhale & healte & blinde, ðonne bis ðu eadig, forðæm hie nyton mid hwam hie hit ðe forgielden. & ðætte mon ðonne ðurhteon mæge, ðæt he ðæt ne forilde,
25 ac gehieren hwæt awriten is on Salamonnes bocum, hit is awrieten ðæt

---

lest for the distribution of property they desire this transitory life, let them hear the words written in the books of Christ, which are, that the left hand is not to know what the right does. That is, when a man gives alms, that no boasting of this present life is to be mingled therewith, nor is he to care for any fame except that of doing what is best. Nor is he to care what favour he gain by his alms, but hear what is written in the books of Christ; he said: "When thou hast prepared a dinner or supper, invite not thy friends or brothers, nor thine acquaintances or wealthy neighbours, lest they do the same by thee. But when thou hast prepared a feast, charitably invite thereto the poor and sick and halt and blind; then thou shalt be blessed, for they know not how to recompense thee." And what a man can accomplish, he is not to

ne scyle cweðan to his frind : Ga, & cum to morgen, ðonne selle ic ðe hwæthwugu, gif he hit him ðonne sellan mæge. And eft, ðylæs mon unnytlice mierre ðæt ðæt he hebbe, gehieren men ðisne cwide: Hald ðine ælmessan, ðylæs ðu hie forweorpe. And eft ða þe to lytel sellað ðæm þe micles ðorfton, sculon gehieran sancte Paules cwide, he cwæð: Se þe lytel sæwð he lytel ripeð. And ðeah ne selle mon to fela ðæm þe lytles ðyrfe, ðylæs hwa him self weorðe to wædlan, & him ðonne gehreowe sio ælmesse. Be ðæm cwæð sanctus Paulus : Ne bio ge oðrum monnum swæ giofole ðæt hit weorðe eow selfum to geswince, ac ofer ðæt þe ge selfe genog hæbben, sellað ðæt ðearfum, & mid ðy gebetað hiora wædle, ðætte swæ ilce swæ hie bioð her gefylde mid ure genyhtsunnesse, we beon eac mid hiora genyhtsumnesse. Ðæt is ðonne hiora genyhtsumnes Godes milts, ða geearnað se se on his gaste bið wædla. Ac ðonne ðæs sellandan mod ne cann ða wædelnesse geðolian, ðonne him micles oftogen bið ðæs þe he habban wolde; ðonne oncann he hiene selfne for ðære hrædhydignesse þe he ær to fela sealde. Forðy man sceal ær geðencean, ær he hwæt selle, ðæt he hit eft forberan mæge butan hreowe, ðylæs he forleose ða lean ðæs þe he ær sealde, & ðæt mod eac weorðe wiers forloren ðurh ða gnornunga. Gehieren eac ða þe nanwuht ne sellað ðæm þe hie lytles hwæthwugu sceoldon, hwæt to him gecweden is on ðæm godspelle, hit is gecweden : Sele ælcum ðara þe ðe bidde. Eft gehieren ða ða þe hwæthwugu sellað ðæm þe hie nane wuht ne scoldon hwæt to him gecweden is on Salomonnes bocum, hit is gecweden : Sele ðin god, & na ðeah ðæm synfullum. Do wel ðæm eaðmodum & ðæm arleasum noht. And eft

---

delay : hear what is written in the books of Solomon ; it is written, that we are not to say to our friend : "Go, and come to-morrow, then I will give thee something," if we can give it him then. And again, lest men uselessly waste their possessions, let them hear these words : "Keep thine alms, lest thou throw them away." And again, let those who give too little to those who need much, hear St. Paul's words ; he said : "He who sows little, will reap little." And yet we must not give too much to those who need little, lest we ourselves become poor, and repent of our alms. Of which St. Paul spoke : "Be not so liberal with others as to make it a hardship for yourselves, but of your superfluity give to the poor, and thus ameliorate their poverty, so that as they are here filled with our plenty, we may also be so with theirs." Their plenty is

mon ne scyle cweðan to his friend: Gá, & cum to morgenne, ðonne
selle ic ðe hwæthwugu, gif he hit him ðonne sellan mæge. Ond eft,
ðylæs mon unnytlice mierre ðæt ðæt he hæbbe, gehieren menn ðisne
cwide: Heald ðine ælmessan, ðylæs ðu hie forweorpe. & eft ða ðe to
5 lytel sellað ðæm ðe micles ðorfton, sculon gehieran *sancte* Paules cuide,
he cuæð: Se ðe lytel sæwð he lytel ripð. & ðeah ne selle mon to fela
ðæm ðe lytles ðyrfe, ðylæs hwa him self weorðe to wædlan, & him
ðonne gehreowe sio ælmesse. Be ðam cwæð *sanctus* Paulus: Ne beo
ge oðrum monnum sua gifole ðæt hit weorðe eow selfum to gesuince,
10 ac ofer ðæt ðe ge selfe genog hæbben, sellað ðæt ðearfum, & mid ðy
hiera wædle gebetað, ðætte sua ielce sua hie beoð her gefyllede mid
ure genyhtsumnesse, we beon eac mid hiera genyhtsumnesse. Ðæt is
ðonne hiera genihtsumnes Godes milts, ða geearnað se se on his gæste
bið wædla. Ac ðonne ðæs sellendan mód ne cann ða wædelnesse
15 geðolian, ðonne him micles oftogen bið ðæs ðe he habban wolde; ðonne
oncann he hiene selfne for ðære hrædhydignesse ðe he ær to fela
sealde. Forðy mon scel ær geðencean, ær he hwæt selle, ðæt he hit
eft forberan mæge butan hreowe, ðylæs he forleose ða lean ðæs ðe he
ær sealde, & ðæt mód eac weorðe wirs forloren ðurh ða gnornunga.
20 Gehieren eac ða nanwuht ne sellað ðæm ðe hie lytles hwæthwugu
scoldon, hwæt to him gecweden is on ðæm godspelle, hit is gecweden:
Sele ælcum ðara ðe ðe bidde. Eft gehieren [ða] ða ðe hwæthwugu
sellað ðæm ðe hie nane wuht ne scoldon, hwæt to him gecueden is on
Salomonnes bocum, hit is gecueden: Sele ðin good, & na ðeah ðam
25 synnfullum. Doo wel ðæm eaðmodum, & ðam arleasum nanwuht. Ond

---

God's mercy, which he earns who is poor in spirit. But the mind of
the giver knows not how to endure poverty, when he is deprived of
much that he would have; then he reproaches himself with the hasti-
ness with which he formerly gave too much. Therefore he must con-
sider, before he gives away anything, whether he can afterwards forego
it without regret, lest he lose the reward of his former generosity, and
the spirit be still more lost through his murmuring. Let those also
hear, who give nothing to those to whom they ought to give a little,
what is said to them in the Gospel; it is said: "Give to all who ask
thee." Again, let those who give something to those they ought to give
nothing to, hear what is said to them in Solomon's books; it is said:
"Give away thy goods, yet not to the sinful. Do good to the humble,

hit is gecweden on Tobius bocum : Sete ðin win, & lege ðinne hlaf ofer ryhtwisra monna byrgenne, & ne et his nauht, ne ne drinc mid ðæm synfullum. Se ðonne itt & drincð mid ðæm synnfullum, & him selð his hlaf & his win, se ðæm unrihtwisum fultemað, & hiene arað, forðæmþe he unrihtwis bið. Swæ eac manige welige menn on ðys middangearde lætað cwelan hungre Cristes ðearfan, & fedað yfle gliimen mid oferwiste, & bioð ðæm to ungemetlice cystige. Ða ðonne þe hiora hlaf sellað ðæm synnfullum þe ðearfende beoð, nalles no forðæmþe hie synfulle bioð, ac forðæmþe hie men bioð, & ðearfende bioð, ne selð se no synnfullum his hlaf, ac ryhtwisum, gif he on him ne lufað his yfel, ac his gecynd, ðæt is ðæt he bið man swæ same swæ he. Eac sint to manianne ða þe nu hiora mildheortlice sellað, ðæt hie geornlice giemen ðæt hie eft ða synne ne gefremmen þe hie nu mid hiora ælmessan aliesað, ðylæs hie eft scylen dón ðæt selfe. Ne fortruwige he hiene æt ðære ciepinge, ne wene he no ðæt Godes ryhtwisnes sie to ceape, swelce he hie mæge mid his penengum gebycggean, & dón siððan swelc yfel swelce hie willen butan ælcere oðerre wrace, ða hwile þe hie penengas hæbben mid to gieldanne. Mare is ðæt mod ðonne se mete, & se lichoma ðonne ðæt hrægl. Ac ðonne hwa ægðer ge mete ge hrægl ðearfendum rumedlice selð, & his mod & his lichoman mid unryhtwisnesse besmit, ðonne selð he Gode ða læstan ryhtwisnesse, & oftihð him ðære mæstan, ðonne he syngað on his mode & on his mægene, & selð ðeah his ælmessan : selð Gode his æhta, & hiene selfne diofle. Ongean ðæt sint to manianne ða þe ðonne giet wilniað oðrc men to reafianne, ðæt hie geornlice gehieren ðone cwide

---

but not to the impious." And again, it is said in the books of Tobias: " Place thy wine and lay thy bread on the tombs of the righteous, and eat and drink none of it with the sinful." He eats and drinks with the sinful, and gives them his bread and wine, who aids and honours the unrighteous man, because he is unrighteous. So also, many rich men in this world let Christ's poor die of hunger, and support vile mountebanks in luxury, and are immoderately generous to them. Those who give their bread to the sinful who are poor, not at all because they are sinful, but because they are men and poor, do not give their bread to sinners but to righteous men, if they do not love in them their evil, but their nature, that is, their being men as well as themselves. Those who now give away their own generously, are also to be admo-

eft hit is gecweden on Tobius bocum : Sete ðin wín, & lege ðinne hláf
ofer ryhtwisra monna byrgenne, & ne et his nanwuht, ne ne drinc mid
ðæm synfullum. Se ðonne itt & drincð mid ðæm synfullum, & him
selð his hláf & his wín, se ðæm unryhtwisan fultumað, & hine arað,
5 forðæmðe he unryhtwis bið. Sua eac monige welige menn on ðys
middangearde lætað cuelan hungre Cristes ðearfan, & fedað yfle
gliigmenn mid oferwiste, & beoð to ungemetlice kystige. Ða ðonne
ðe hira hláf sellað ðæm synfullum ðe ðearfende beoð, nalles nó for-
ðæmðe hie synnfulle beoð, ac forðæmðe hie menn beoð, & ðearfende
10 beoð, ne selð se nó synfullum his hláf, ac ryhtwisum, gif he on him ne
lufað his yfel, ac his gecynd, ðæt is ðæt he bið man swa same sua he.
Eac sint to manianne ða ðe nú hiera mildheortlice sellað, ðæt hie
geornlice giemen ðæt hie eft ða synne ne gefremmen ðe hie nu mid
hira ælmessan aliesað, ðylæs hie eft scilen dón ðæt selfe. Ne for-
15 truwige he hiene æt ðære cipinge, ne wene he no ðæt Godes ryht-
wisnes sie to ceape, swelce he hie mæge mid his peningum gebycgean,
& dón siððan suelc yfel suelce hie willen butan ælcre oðerre wrace,
ða hwile ðe h[i]e peningas hæbben mid to gieldanne. Mare is ðæt mód
ðonne se mete, & se lichoma ðonne ðæt hrægl. Ac ðonne hwa ægðer
20 ge mete ge hrægl ðearfendum rumodlice selð, & his mód & his licho-
man mid únryh(t)wisnesse besmít, ðonne selð he Gode ða læsðan ryht-
wisnesse, & oftiehð him ðære mæstan, ðonne he syngað on his mode
& on his mægene, & selð ðeah his ælmessan: selð Gode his æhta,
& hine selfne diobule. Ongean ðæt sint to manigenne ða ðe ðonne
25 giet wilniað oðre menn to reafigeanne, ðæt hie geornlice gehieren ðone

---

nished to be very careful not to commit the sin again which they now
atone for with their alms, lest they afterwards have to do the same.
Let them not be too confident of their bargain, nor think that God's
righteousness is for sale, as if they could buy it with their money, and
afterwards sin as much as they like with impunity, as long as they have
money to buy themselves off with. "The spirit is more than meat, and
the body than raiment." When any one liberally gives both meat and
clothing to the poor, and pollutes his mind and body with unrighteous-
ness, he gives to God the least righteousness, and withholds from him
the greatest, when he sins in his mind and virtue, and yet gives his
alms : he gives his possessions to God, and himself to the devil. On
the other hand, those who still desire to rob others are to be admo-

þe gesæd is on ðæm godspelle, ðæt Dryhten cweðan wille, ðonne he cymð to ðæm dome, he cwið: Me hyngrede, & ge me nauht ne saldon etan. Me ðyrste, & ge me ne saldon drincan. Ic wæs cuma, & ge me noldon onfón. Ic wæs nacod, & ge me noldon bewrion. Ic wæs untrum & on carcærne, & ge min noldon fandian. Ðæm monnum is gehaten ðæt he wille cweðan to him: Gewitað from me, awiergede, on ece fyr, ðæt wæs gegearwod diofle & his englum. Ne scirð he no hwæðer hie reafoden, oððe hwelc oðer yfel fremeden, & swæðeah cwið ðæt hie scylen bion gehæfte on ecium fyre. Be ðæm we magon geðencan hu micles wites ða bioð wierðe þe oðre menn reafiað, nu ða swæ micel wite habbað þe hiora agen ungesceadwislice healdað. Nu ða swæ micel wite habbað ðe hiora agen nyllað sellan, geðenceað ðonne hwelces wites ge wenen ðæm þe oðre men reafiað. Hwæt wene ge ðæt [hwæt] sio ðurhtogene unryhtwisnes geearnige, nu sio unðurhtogene arfæstnes swæ micel wite geearnað? Gehieren ða reaferas, ða þe higiað wið ðæs ðæt hie willað oðre men bereafian, hwæt be him gecweden is, hit is gecweden: Wa ðæm þe ealneg gadrað on hiene selfne ðæt hefige fenn, & gemanigfaldað ðætte his ne bið. Ðæt is ðonne ðæt mon gadrigo ðæt ðicce fenn on hiene, & hiene mid ðy gehefegige, ðæt se gidsere him on geheapige ða byrðenne eorðlicra æhta mid unryhte, & his weorðig & his land mid unryhte ryme. Ac hie scoldon gehieran ðone cwide þe be him gecweden is in Essaies bocum, hit is gecweden: Wa eow þe gadriað hus to huse, & spannað ðone æcer to ðæm oðrum oð ðæs londes mearce, swelce ge ane willen gebugean ealle ðas eorðan. Swelce he openlice cwæde: Hu feorr

---

nished to listen attentively to the speech which it is said in the Gospel the Lord will say when he comes to judgment; he will say: "I hungered, and ye gave me not anything to eat. I thirsted, and ye gave me not to drink. I was a stranger, and ye would not receive me. I was naked, and ye would not clothe me. I was sick and in prison, and ye would not visit me." It is promised to these men that he will say: "Depart from me, ye accursed, into eternal fire, which is prepared for the devil and his angels." He does not say whether they robbed, or did any other evil, and yet says that they are to be held in eternal fire. From which we can understand of how great punishment those are worthy who rob others, since those are punished so severely who unwisely retain their own. Since those are punished

cuiðe ðe gesæd is on ðæm godspelle, ðæt Dryhten cueðan wille, ðonne he cymð to ðæm dome, he cuið: Me hyngrede, & ge me nawuht ne sealdun etan. Me ðyrste, & ge me ne sealdon drincan. Ic wæs cuma, & ge me noldon onfón. Ic wæs nacod, & ge me noldon bewreon. Ic
5 wæs untrum & on cearcerne, & ge min noldon fandian. Ðæm monnum is gehaten ðæt he wille cueðan: Gewitað from me, awiergde, on ece fyr, ðæt wæs gegearwod diofle & his englum. Ne scirð he no hwæðer hie reafoden, oððe hwelc oðer yfel fremeden, & swaðeah cwið ðæt hie scylen bion gehæfte on ecum fyre. Be ðæm we magon geðencean
10 hu micles wites ða beoð weorðe ðe oðre menn reafiað, nu ðá sua micel wite habbað ðe hiora agen ungesceadwislice healdað. Nu ða sua micel wite habbað ðe hira agen nyllað sellan, geðenceað ðonne hwelces wites ge wenen ðæm ðe oðre men reafiað. Hwæt wene ge hwæt sio ðurhtogene unryhtwisnes geearnige, nu sio unðurtogene
15 arfæsðnes swa micel wite geearnað? Gehieren ða re[a]feras, ða ðe higiað wið ðæs ðæt hie willað oðre menn bereafian, hwæt be him gecweden is, hit is gecweden: Wa ðæm ðe ealnig gaderað an hine selfne ðæt hefige fenn, & gemonigfaldað ðæte his ne bið. Ðæt is ðonne ðæt mon gadrige ðæt ðicke fenn on hine, & hine mid ðy
20 gehefegige, ðæt se gitsere him on geheapige ða byrðenne eorðlicra æhta mid unryhte, & his worðig & his land mid unryhte ryme. Ac hi scoldon gehiran ðon[e] cwide ðe bi him gecweden is in Essaies bocum, hit is gecweden: Wa eow ðe gadriað hus to huse, & spannað ðone æcer to ðæm oðrum oð ðæs landes mearce, swelce ge ane willen
25 gebugean ealle ðás eorðan. Swelce he openli[ce] cwæde: Hu feor

---

so severely who will not give away their own, consider what punishments are to be expected for those who rob others. What do ye think that unrighteousness carried out deserves, when neglected piety deserves so great punishment? Let the rapacious, who are always striving to rob others, hear what is said of them; it is said: "Woe to him who always gathers on himself the heavy mud, and increases what is not his." Gathering on oneself the thick mud, and loading oneself therewith, is when the avaricious man heaps on himself wrongfully the burden of earthly possessions, and wrongfully enlarges his yard and lands. But they should hear the words spoken about them in the books of Isaiah; it is said: "Woe to you who gather house to house, and join one field to another to the boundary of the land, as if ye

wolde ge nu ryman eower land? Wolde ge nu ðæt ge næfden nanne gemacan on ðys gemænan middangearde? Ðu cwist nu ðæt ðu wille geswican ðonne, ær þe ðu genoh hæbbe. Hwanne bið ðæt, ðæt ðe swæ ðynce, oððe hwonne bið ðæt, ðæt ðu nyte hwiðer ðu maran wilnige? Á ðu fintst wið hwone ðu meaht flitan. Ac gehiere ge feohgidseras hwæt be eow gecweden is on Salomonnes bocum, hit is gecweden: Ne wierð se gidsere næfre full fios, & se þe worldwelan lufað ungesceadwislice, ne cymð him of ðæm nan wæstm. Ac him meahte cuman, gif he hie to swiðe ne lufode, & he hie wel wolde dælan. Ac forðæmþe he hie her lufað & hilt, he hie eac her forlæt butan ælcum wæstme & ælcum edleane. Ac ða ðe wilniað ðæt hie her bion gefylde mid eallum welum & mid ðæm willan bioð onælde, hie sculon gehieran ðone cwide þe be him gecweden is on Salomonnes bocum, hit is gecweden: Se þe æfter ðæm higað ðæt he eadig sie in ðisse worlde, ne bið he unsceaðfull, ac ða hwile þe he girnð ðæt he his welan iece, he agiemeleasað & forgit ðæt he forbuge his synna. Swæ swæ fleogende fugol, ðonne he gifre bið, he gesihð ðæt æs on eorðan, & ðonne for ðæm luste ðæs metes he forgitt ðæt grin ðæt he mid awierged wlerð; swæ blð ðæm gidsere. He gesihð ðone welan þe he wilnað, & he ne gieliefð ðæs grines þe he mid gebroden wyrð, ærðon he hit gefrede. Ac ða þe wilniað ðisses middangeardes gestreona, & nyllað witan ðone demm þe him æfter cuman sceal, hie sculon gehieran ðone cwide þe be him gecweden is on Salomonnes bocum, hit is gecweden: Ðæt ierfe ðæt ge ærest æfter higiað, æt siðestan hit bið bedæled ælcre bledsunge. On ðys andweardan life we onginnað ærest

---

wished to dwell alone in all this earth." As if he had openly said: "How far will ye now extend your lands? Would ye now have no companion on this common earth? Thou sayest now, that thou wilt cease, before thou hast enough. When will it seem to thee so? or when will it be that thou wilt not know whether thou desirest more? But thou wilt always find some one to strive against." Hear, ye avaricious, what is said of you in Solomon's books; it is said: "The avaricious man is never full of money, and he who foolishly loves worldly riches never reaps any advantage from them." But he might, if he did not love them overmuch, and would distribute them well. But since he loves and keeps them here, he shall also leave them here without any advantage or reward. But those who desire to be filled

wolde ge nú ryman eower land? Wolde ge nu ðæt ge næfden nanne
gemacan on ðys gemænan middangearde? Ðu cuist nu ðæt wille
geswican ðon, ær ðe ðu genoh hæbbe. Hwonne bið ðæt, ðæt ðe swa
ðynce, oððe hwonne bið ðæt, ðæt ðu nyte hwæðer ðu maran wil-
5 nige? Ac ðu findst wið hwone ðu meaht flitan. Ac gehiere ge
feohgietseras hwæt be eow gecweden is on Salomonnes bocum, hit is
gecweden: Ne wyrð se gitsere næfre full feos, & se ðe woruldwelan
lufað ungesceadwislice, ne cymð him of ðæm nan wæsðm. [Ac him
meahte cuman, gif he [hi] to swiðe ne lufode, & he hi wel wolde
10 dælan.] Ac forðæmðe he hi her lufað & hielt, he hi eac her forlæt
butan ælcum wæsðme & ælcum edleane. Ac ða ðe wilniað ðæt hi
her beon gefylde mid eallum welum & mid ðæm willan beoð onælede,
hie sculon gehieran ðone cwide ðe be him gecweden is on Salomonnes
bocum, hit is gecweden: Se ðe æfter ðæm higað ðæt he eadig sie on
15 ðisse worulde, ne bið he unsceaðful, ac ða hwile ðe he giernð ðæt he
his we[o]lan iece, he agiemeleasað & forgiet ðæt he forbuge his synna.
Swa swa fleogende fugel, ðonne he gifre bið, he gesihð ðæt æs on
eorðan, & ðonne for ðæm luste ðæs metes he forgiet ðæt grin ðæt he
mid awierged wirð; swa bið ðæm gitsere. He gesihð ðone welan ðe
20 he wilnað, & he ne geliefð ðæs grines ðe he mid gebrogden wyrð,
ærðon he hit gefrede. Ac ða ðe wilniað ðisses middangeardes gestreona,
& nyllað wietan ðone demm ðe him æfter cuman sceal, hie sculon ge-
hieran ðon(e) cwide ðe bi him gecweden is on Salomonnes bocum, hit
is gecweden: Ðæt ierfe ðæt ge ærest æfter hiegiað, æt siðesðan hit bið
25 bedæled ælcre bledsunge. On ðys andweardan life we onginnað ærest

---

here with all riches, and are inflamed with that desire, shall hear the
words which are spoken about themselves in the books of Solomon; it
is said: "He who aspires to be prosperous in this world, will not be
innocent, but while he desires to increase his wealth, he neglects and
forgets to avoid sins." As a flying bird, when it is hungry, sees the
bait on the earth, and from its desire of the meat, forgets the snare
with which it is strangled; so it is with the avaricious man. He
sees the riches he desires, and does not believe in the deceitful snare
until he experiences it. Those who desire the possessions of this world,
and ignore the mischief that follows, must hear what is said of them
in the books of Solomon; it is said: "The inheritance that ye first
aspire to, will at the end be deprived of every blessing." In this

libban to ðæm ðæt we æt ytmestan onfon sumne dæl bledsunga. Se ðonne þe wilnað ðæt he wolde on ðæm anginne his lifes woruldspedig weorðan mid unryhte, se hiene wile selfne bedælan ðære bledsunge & ðæs welan on ðæm ytmestan dæge. Ac ðonne hie wilniað ðurh ða nauhtgidsunga ðæt hie hiora worldspeda geicen, ðonne weorðað hie bedælde ðæs ecean eðles ures Fæder. Ac ða þe wilniað fela to begietonne, & eac ða þe magon begietan eall ðæt hie wilniað, gehieren hwæt Crist self cwæð, he cwæð: Hwæt forstent ænegum men, ðeah he gemangige ðæt he ealne ðisne middangeard age, gif he his saule forspildeð? Swelce sio Soðfæstnes openlice sæde: Hwelc fremu bið men ðæt hie gestriene eall ðæt him ymbutan sie, gif he forliest ðæt him oninnan bið, swelce he eall gegaderige ðætte his ne sie, & forspilde hiene selfne? Ac mon mæg ðy hraðor ðara reafera gidsunge gestillan, gif se lareow him gerecð hu fleonde ðis andwearde lif is, & hie gemyndgað ðara welegra þe longe strindon, & lytle hwile brucon; hu hrædlice se færlica deað hie on lytelre hwile bereafode ðæs þe hie on longre hwile mid unryhte striendon. Ðeah hie hit hrædlice ætsomne ne gestriendon, hie hit ðeah swiðe hrædlice ætsomne forluron, & his nauht mid him ne læddon buton ða synne ðara yfelena weorca hie brohton to Godes dome. Ac hit mæg eaðe gesælan, gif we him swelc sæcgeað, ðæt hie eac mid us ða oðre tælen, & hie ðonne eft hiora selfra gescamige, ðonne hie gemunað ðæt hie ðæt ilce doð ðæt hie on ðæm oðrum tældon.

---

present life, we begin at first to live in order to receive some portion of blessing at the end. He, therefore, who desires to become rich at the beginning of his life by unfair means, will deprive himself of blessing and riches at the last day. When they desire through their wicked avarice ever to increase their worldly riches, they will be deprived of the eternal country of our Father. Those who wish to acquire much, and also those who can acquire all they desire, may hear what Christ himself said; he said: "What profits it any man to buy up the whole of this world, if he destroy his soul?" As if Truth had openly said: "What benefits it a man to acquire all that is without him, if he lose what is within him, as if he gathered all that is not his,

libban to ðæm ðæt we æt ytemestan onfón sumne dæl bledsunge. Se
ðonne ðe wilnað ðæt wolde on ðæm angienne his lifes woroldspedig
weorðan mid unryhte, se hine wile selfne bedælan ðære bledsunge &
ðæs we[o]lan on ðæm ytemestan dæge. Ac ðonne h[i]e wilniað ðurh ða
5 nawhtgitsunga ðæt hie hira woruldspeda ie icenn, ðonne weorðað hie
bedælede ðæs ecean eðles ures Fæder. Ac ða ðe wilniað fe[o]la to begie-
tanne, & eac ða ðe magon begietan eall ðæt hie wilniað, gehieren hwæt
Krist self cuæð, he cwæð: Hwæt forstent ænigum menn ðæt, ðeah
he mangige ðæt he ealne ðisne middangeard age, gif he his saule for-
10 spildt ? Swelce sio Soðfæsðnes openlice cwæde: Hwelc fremu við
menn ðæt he gestriene eal ðæt him ymbutan sie, gif he forlieð ðæt
him oninnan bið, swelce he eall gegadrige ðætte his ne sie, & forspilde
hine selfne ? Ac mon mæg ðy hraðor ðara reafera gitsunga gestillan,
gif se lareow him gerecð hu fleonde ðis andwearde lif is, & h[i]e
15 gemy(n)dgað ðara weligera ðe lange striendon, & lytle hwile brucon;
hu [h]rædlice se færlica deað he on lytelre hwile bereafode ðæs ðe hi
on langre hwile mid unryhte strindon. Ðeah hie hit hrædlice ætsomne
ne gestriendon, hie hit ðeah swiðe hrædlice ætsomne forluron, & his
nawht mid him ne læddon buton ða synne ðara yfelena weorca hie
20 brohton to Godes dome. Ac hit mæg eaðe gesælan, gif we him swelc
secgað, ðæt hie eac mid ús ða oðre tælen, & hie ðonne eft hira selfra
gescamige, ðonne hie gemunað ðæt hie ðæt ilce dóð ðæt hie on ðæm
oðrum tældon.

---

and destroyed himself?" But it is more easy to quiet the greed of
the rapacious, if the teacher tell them how fleeting this present life is,
and remind them of the rich men who were long of acquiring what
they enjoyed for a short time, how quickly unexpected death in a short
time deprived them of what they for a long while had been wrongfully
acquiring. Although they did not soon accumulate it, yet they very
quickly lost it all at once, and took away none of it with them, except
the sin of the evil works which they brought to God's judgment. It
can easily happen that, if we tell them such things, they will also join
us in blaming the others, and afterwards be ashamed of themselves,
remembering that they do the same that they blamed in the others.

XLV. Ðætte on oðre wisan sint to manianne ða þe nohwæðer ne
oðerra monna ne wilniað, ne hiora agen nyllað sellan; on
oðre wisan ða þe willað sellan ðæt hie gestrienað, & ðeah
nyllað geswican ðæt hie oðre men ne reafien.

On oðre wisan sint to manianne ða þe nauðer ne oðerra monna ne wilniað, ne hiora agen nyllað sellan; on oðre ða þe hiora agen willað sellan, & ðeah ne magon forlætan ðæt hie oðre men ne reafien. Ac ða ðonne þe hiora agen nyllað sellan, ne eac oðerra monna ne gidsiað, hie sint to manianne ðæt hie geornlice geðencen ðæt ðios eorðe, þe him ðæt gestreon of com, eallum monnum is to gemanan geseald, & for-ðæm eallum monnum bringð gemænne foster. Hwæt se ðonne un-ryhtlice talað, se þe talað ðæt he sie unscyldig, gif he ða god, þe us God to gemanan sealde, him synderlice agnað. Ac ðonne hie nyllað sellan ðæt ðæt hie underfengon, ðonne mæstað hie hie selfe on hiora niehstena cwale, forðæm he nealice swæ fela ðearfena ofsleað swæ hie ieðlice mid hiora ælmessan gehelpan meahton, gif hie woldon. Forðæm, ðonne ðonno wo ðæm ðoarfum hiora niedðearfe sellað, hiora agen we him sellað, nealles ure; & ryhtlicor we magon cweðan ðæt we him gielden scylde ðonne we him mildheortnesse don. Forðæm sio Soðfæstnes, ðæt is Crist, ða ða he lærde ðæt mon ælmessan wær-lice sellan sceolde, ða cwæð he: Giemað ðæt ge eowre ryhtwisnesse ne dón beforan mannum. To ðæm cwide belimpeð eac ðæs psalm-scopes song þe he sang, ða he cwæð: Se todælð his god, & selð

XLV. That those who neither desire the property of others, nor care
to give away their own, are to be admonished in one way;
in another those who desire to give away what they acquire,
and yet will not cease robbing-others.

In one way are to be admonished those who neither desire the pro-perty of others, nor care to give away their own; in another those who wish to give away their own, and yet cannot give up robbing others. Those who will not give away their own, and do not desire that of others, are to be admonished to consider carefully that this earth, whence their gain came, is given to all men to be held in common, and therefore produces for all men common nourishment. He argues,

XLV. Ðætte on oðre wisan sint to monianne ða ðe nohwæðer ne
oðerra monna ne wilniað, ne hiora agen nyllað sellan; on
oðre wisan ða ðe willað sellan ðæt hi gestrinað, & ðeah
nyllað geswican ðæt hi oðre men ne reafigen.

5 On oðre wisan sint to manianne ða ðe nauðer ne oðerra monna ne
wilniað, ne hira agen nyllað sellan; on oðre ða ðe hira agen willað
sellan, & ðeah ne magon forlætan ðæt hie oðre menn ne reafigen. Ac
ða ðonne ðe hira agen nyllað sellan, ne eac oðerra monna ne gitsiað,
hie sint to manianne ðæt hie geornlice geðencen ðæt ðios eorðe, ðe
10 him ðæt gestreon of com, eallum mannum is to gemanan geseald, &
forðæm eallum mannum bringð gemænne foster. Hwæt se ðonne un-
ryhtlice talað, se [ðe] talað ðæt he sie unscyldig, gif he ða good, ðe us
God te[o] geman[an] sealde, him synderlice ægnað. Ac ðonne hie
nyllað sellan ðæt ðæt hie underfengon, ðonne mæstað hie hie selfe on
15 hira niehstena cwale, forðæm hie nealice swa fela ðearfena ófsleað swa
hie iðelice mid hiera ælmessan gehelpan meahton, gif hie woldon.
Forðæm, ðonne ðonne we ðæm ðearfum hiera niedðearfe sellað, hiera
ægen we him sellað, nalles ure; & ryhtlicor we magon cweðan ðæt
we him gielden scylde ðonne we him mildheortnesse dón. Forðæm
20 sio Soðfæstnes, ðæt is Crist, ða ða he lærde ðæt mon ælmessan wærlice
sellan sceolde, ða cwæð he: Giemað ðæt ge eowre ryhtwisnesse ne
dón beforan monnum. To ðæm cwide belimpð eac ðæs psalmscopes
sang ðe he sang, ða he cwæð: Se todælð his gód, & selð ðearfum,

---

therefore, wrongly, who argues that he is innocent, if he appropriates
specially to himself the good things which God gave us for common
use. But when they will not give away what they have received, they
fatten on the death of their neighbours, because they kill about as
many poor men as they could easily have helped with their alms, if
they would. Therefore, when we give the poor what they require, we
give them their own, not ours; and we can more rightly say that we
pay them a debt, than that we act generously towards them. There-
fore Truth, which is Christ, teaching us to give alms cautiously, said:
"Take heed that ye do not your righteousness before men." To
this speech belongs also the Psalmist's song, which he sang, saying:
"The righteousness of him who distributes his goods, and gives to the

ðearfum, his ryhtwisnes wunað on ecnesse. Nolde he no ða rummodnesse hatan mildheortnes, ac ryhtwisnes, forðæm ðætte us from ðæm gemænan gode geseald bið, hit is cynn ðæt we ðæs eac gemænlice brucen. Be ðæm cwæð Salomon : Se þe ryhtwis bið, he bið á sellende, & no ne blinð. Eac hie sint to manianne ðæt hie geornlice geðencen ðætte se fiicbeam, se on ðæm godspelle gesæd is ðætte nanne wæstm ne bære, ac stod unnyt; forðæm him wearð irre se goda wyrhta forðæm he ofergreow ðæt lond butan wæstme. Ðonne ofergrewð se fiicbeam ðæt land, ðonne se gidsere hyt & heleð to unnytte ðæt ðæt monegum men to nytte weorðan meahte. Swæ se fiicbeam ofersceadoð ðæt land ðæt hit under him ne mæg gegrowan, forðon hit sio sunne ne mot gescinan, ne he self nanne wæstm ðærofer ne bireð, ac ðæt land bið eall unnyt swæ he hit oferbræt, swæ bið ðæm unnytwyrðan & ðæm unwisan men, ðonne he mid ðære sceade his slæwðe oferbræt ða scire þe he ðonne hæfð, & ðonne nauðer ne ðone folgoð self nytne gedon nyle, ne ðone tolætan þe hiene ðurh ða sunnan godes weorces geondscinan wille, & nytwyrðne & wæstmbærne gedon wile. Ac manegra monna gewuna is ðæt hie hie mid ðissum wordum ladiað, & cweðað: We brucað ures agnes, ne gitsige we nanes oðres monnes. Gif we nauht ðæs ne doð þe us mon mid gode leanian ðurfe, ne do we eac nan woh þe us mon fore tælan ðurfe. Ac forðæm hie cweðað ðas word þe hie belucað hiera modes earan ongean ða godcundan lare. Hwæt se welega þe on ðæm godspelle getæld is, & him bi gecweden is ðæt he ælce dæge simblede, & mid micelre wiste wære gefiormod, & ælce dæge geglenged mid purpuran & mid hwitum hrægle, nis hit no

---

poor, lasts for ever." He would not call generosity mercy, but righteousness, because it is reasonable for us to enjoy in common that which is given us from the common property. Of which Solomon spoke: "He who is righteous is always giving, and never ceases." They are also to be admonished to consider carefully that the fig-tree, of which it is said in the Gospel that it bore no fruit, stood useless; therefore the good labourer was angry with it for overgrowing the land without fruit. The fig-tree overgrows the land, when the miser hides and uselessly conceals that which might be useful to many. As the fig-tree overshadows the land, so that nothing grows under it, because the sun's rays cannot reach it, and it does not bear any fruit above it itself, but the land is all useless, it spreads over it so; so it is with the

his ryhtwisnes wunað on ecnesse. Nolde he no ða rúmmodnesse
hatan mildheortness, ac ryhtwisnes, forðæm ðætte us from ðæm
gemænan góde geseald bið, hit is cynn ðæt we ðæs eac gemænelice
brucen. Be ðæm cwæð Salomon : Se ðe ryhtwis bið, he bið a sel-
5 lende, & no ne blinð. Eac hie sint to manien(n)e ðæt hie geornlice
geðencen ðætte se fiicbeam, ðe on ðæm godspelle gesæd is ðætte
na[n]ne wæsðm ne bære, stód unnyt ; forðæm him wearð ierre se goda
wyrhta forðæm he ofergreow ðæt land butan wæsðme. Ðonne ofer-
grewð se fiicbeam ðæt lond, ðonne se gitsere hyt & heleð to unnytte
10 ðæt ðæt manegum menn to nytte weorðan meahte. Swa se fiicbeam
ofersceadað ðæt lond ðæt hit under him ne mæg gegrowan, forðæm
hit sio sunne ne mot gescinan, ne he self nanne wæsðm ðærofer ne
bireð, ac ðæt land bið eal unnyt swa he hit oferbræt, swa bið ðæm
unnytwyrðan & ðæm unwisan menn, ðonne he mid ðære scande his
15 slæwðe oferbræt ða scire ðe he ðonne hæfð, & ðonne nauðer ne ðone
folgað self nytne gedón nyle, ne ðone tolætan ðe hine ðurh ða sunnan
goodes weorces giendscinan wille, & nytwyrðne & wæsðmbærne gedón
wille. Ac manigra manna gewuna is ðæt hie hie mid ðissum wordum
ladiað, & cueðað : We brucað ures ægnes, ne gitsige we nanes oðres
20 monnes. Gif we nauht ðæs ne dooð ðe us mon mid goode leanian
ðyrfe, ne dó we eac nan woh ðe us mon fore tælan ðurfe. Ac forðæm
hie cueðað ðas word ðe hie belucað hiera modes earan ongean ða god-
cundan lare. Hwæt se weliga ðe on ðæm godspelle getæld ís, & him
bi gecweden ís ðæt he ælce dæge symblede, & mid micelre wiste wære
25 gefeormod, & ælce dæge geglenged mid purpuran & mid hwitum

---

useless and foolish man, when with his disgraceful sloth he covers the
district he possesses, and will neither himself make his authority bene-
ficial, nor admit him who is ready to shine over it with the sun of
good works, and make it useful and fruitful. But many men's
habit is to excuse themselves with these words, saying : " We
enjoy our own, not coveting that of others. If we do nothing de-
serving of a good reward, we also do no harm that we can be
reproached with." But they speak thus because they shut the ears of
their heart against the divine instruction. It is not said of the rich
man blamed in the Gospel, of whom it is said that he feasted daily,
and was regaled with great luxury, and was arrayed daily in purple
and white raiment, that he was blamed for robbing others, but because

gesæd ðæt he for ðy getæled wære ðy he oðre men reafode, ac forðyðy he his agnes ungemetlice breac, & oðrum monnum nauht ne sealde; & ðeah æfter ðisse worlde he underfeng helle wite, nalles no forðyþe he auht unaliefedes dyde, ac forðæmþe he ðæs aliefdan nanwuht nolde forlætan, ac his swiðe ungemetlice breac, & hiene selfne eallenga gesealde ðiossum worldwelum. Eac sint to manianne ða fæsthafolan ðæt hie ongieten ðæt ðæt sint ða forman læððo þe hie Gode gedon mægen, ðæt hie ðæm nan wuht ne dón þe him eall sealde ðæt hie habbað. Be ðæm cwæð se psalmscop: He ne sealde Gode nanne medsceat for his saule ne nænne geðingsceat wið his miltse. Ðæt is ðonne se medsceat wið his saule ðæt he him gilde god weorc for ðære gife ðe he him ær sealde. Be ðæm ilcan cwæð Iohannes: Ælc triow man sceal ceorfan, þe gode wæstmas ne birð, & weorpan on fyr, & forbærnan. Nu is ðonne sio æx asett on ðone wyrttruman ðæs treowes, ac ondræden him ðone dynt swæ neah, ða þe noht to gode ne doð, & ðeah wenað ðæt hie sien unscyldige, forðæmþe hie nan lað ne doð. Ac him is ðearf ðæt hie forlæten ða orsorgnesse & ðæt dysig hiora slæwðe, ðylæs hie weorðen awyrtwalode of ðys andweardan life. Swæ swæ ðæt treow þe ða wyrttruman bioð forcorfene forsearað, swæ hie magon ondrædan ðæt him weorðen ða wyrttruman forcorfene on ðys andweardan life, gif hie for hiora giemelieste nyllað beran ða bleda godra weorca. Ongean ðæt sint to manianne ða þe willað sellan ðæt ðæt hie habbað, & ðeah nyllað forlætan ðæt hie oðre men ne reafien; hie sint to manianne ðæt hie geðencen, ongemang ðæm þe hie wilniað ðæt hie giofole ðyncen, ðæt hie for ðæm godan hlisan ðy forcuðran ne

---

he enjoyed his own immoderately, and gave nothing to others; and yet after this world he received the punishment of hell, not at all because he had done anything unlawful, but because he would not abstain from anything of what was lawful, but enjoyed it very immoderately, and gave himself up altogether to these worldly riches. The miserly are also to be admonished to understand that the chief injury they can inflict on God consists in doing nothing for him, who gave them all that they have. Of which the Psalmist said: "He gave God no price for his soul, nor any ransom for his mercy." The price of his soul is, paying him good works for the gift he formerly granted him. Of the same John the Evangelist spoke: "Every

hrægle, nis hit no gesæd ðæt he for ðy getæled wære ðy he oðre menn
reafode, ac forðyðe he his ægenes ungemetlice breac, & oðrum monnum
nawuht ne sealde; & ðeah æfter ðisse worulde he underfeng helle wite,
nalles no forðyðe he awuht unaliefedes dyde, ac forðæmðe he ðæs alief-
5 dan nanwuht nolde forlætan, ac his swiðe ungemetlice breac, & hine
selfne eallinga gesealde ðiossum woruldwelum. Eac sint to manianne
ða fæsðhafula ðæt hie ongieten ðæt ðæt sindon ða forman læððo ðe hie
Gode gedoon mægen, ðæt hie ðæm nawuht ne don ðe him eall sealde
ðæt hie habbað. Be ðæm cwæð se psalmscop: He ne sealde Gode
10 nanne metsceat for his saule ne nænne geðingsceat wið his miltse. Ðæt
is ðonne se medsceat wið his saule ðæt he him gielde gód weorc for ðære
giefe ðe he him ær sealde. Be ðæm ilcan cwæð Iohannes se godspe[l]-
lere: Ælc treow mon sceal ceorfan, ðe goode wæsðmas ne birð, &
weorpan on fýr, & forbærnan. Nu is ðon*n*e sio æxs aset on ðane wyrt-
15 truman ðæs treowes, ac ondræden him ðone dynt swa neah, ða ðe nauht
to gode ne doð, & ðeah wenað ðæt hie sien unscyldige, forðæmðe hie
nan lað ne doð. Ac him is ðearf ðæt hie forlæten ða órsorgnesse & ðæt
dysig hiera slæwðe, ðylæs hie wyrðen awyrtwalode of ðys andwerdan
life. Swa swa ðæt treow ðe ða wyrtruman beoð færcorfene forsearað,
20 swa hie magon ondrædan ðæt him weorðen ða wyrttruman færcorfene
on ðys anweardan life, gif hie for hiera giemeliste nyllað beran ða bleda
gódra weorca. Ongean ðæt sint to manianne ða ðe willað sellan ðæt
ðæt hie habbað, & ðeah nyllað forlætan ðæt hie oðre menn ne reafigen;
hie sint to manigenne ðæt hie geðencen, ongemang ðæm ðe hie wilniað
25 ðæt hie gifule ðyncen, ðæt hie for ðæm godan hlisan ðy forcuðran ne

---

tree that does not bear good fruits shall be cut down and cast into the
fire and burnt." Now is the axe placed at the root of the tree, and
let those fear the impending stroke, who do no good, and yet deem
themselves innocent because they do no harm. But it is necessary for
them to relinquish their indifference and foolish sloth, lest they be
rooted out of this present life. As the tree whose roots are cut off
withers, so they have cause to fear having their roots cut off in this
present life, if they from carelessness will not produce the fruits of
good works. Those, on the other hand, who are willing to give what
they have, and yet will not abstain from despoiling others, are to be
admonished to take care, whilst they wish to seem generous, that for

weorðen, ðylæs him gebyrge, swæ swæ we ær bufan cwædon, ðonne hie hiora agen ungesceadwislice & ungemetlice dælen, ðæt hie ðonne for wædle weorðen on murcunga & on ungeðylde, ðæt hie eft onginnen gitsian & reafian for hiora wædle. Hwelc mæg him mare unsælð becuman ðonne him becymð ðurh ða ælmessan, gif he hie to ungemetlice dælð, & ðurh ðæt wierð eft gidsere? Hu, ne bið he ðonne swelce he sawe god, & him weaxe of ðæm ælc yfel? Ac hie sint ærest to manianne ðæt hie cunnen hiora agen gesceadwislice gehealdan, & siððan ðæt hie oðerra monna ne giernen; forðæmþe no se ðorn ðære gidsunga ne wierð forsearod on ðæm helme, gif se wyrttruma ne bið forcorfen oððe forbærned æt ðæm stemne. Swæ wierð eac gestiered ðæm gidsere ðæs reaflaces, gif he ær ðæm gedale cann gemetgian hwæt hiene onhagige to sellanne, hwæt he healdan scyle, ðæt he eft ðæt god ðære mildheortnesse ne ðyrfe gescendan mid gidsunge & mid reaflace. Siððan hie ðonne ðæt geliornod hæbben, ðonne sint hie siððan to læronne hu hie scylen mildheortlice dælan ðæt ðæt hie ofer ðæt habbað þe hie hiora gidsunge mid gestillan sculon; forðæm, gif hie swæ ne doð, ðonne sculon hie eft niedenga gadrian oðer ierfe on ðæs wrixle þe he ær for mildheortnesse & for rummodnesse sealdon, swelce hie setten ða synne wið ðære ælmessan. Oðer is ðæt hwa for hreowsunge his synna ælmessan selle, oðer is ðæt he forðy syngige & reafige ðy he teohhige ðæt he eft scyle mid ðy reaflace ælmessan gewyrcean. Ac ðæt nis nan ælmesse, forðon hio nanne swetne wæstm forð ne brengeð, ac sona on ðæm wyrtruman abitrið ða bleda. Forðæm Dryhten

---

that good fame they do not become the more depraved, lest it happen to them, as we said above, that, when they distribute senselessly and immoderately, because of their poverty they become discontented and impatient, so that from poverty they begin again to be greedy and rapacious. What greater misfortune can befall them than that which befalls them through their alms, through which, if distributed immoderately, they become avaricious again? Is it not as if they were to sow good, and every evil were to grow up thence for them? But they are first to be admonished to know how to retain their own wisely, and secondly, not to desire that of others; because the thorn of greed never withers in the crown, unless the root has been cut off or burnt at the stem. So also the avaricious man can be cured of

weorðen, ðylæs him gebyrige, swa swa we ær bufan cwædon, ðonne
hie hiera ægen ungesceadwislice & ungemetlice dælen, ðæt hie ðonne
for wædle weorðen on murcunga & on ungeðylde, ðæt hie eft ongiennen
gietsian & reafian for hiera wædle. Hwelc mæg him mare unslæwð
5 becuman ðonne him becymð ðurh ða ælmessan, gif he hie to ungemet-
lic[e] dælð, & ður[h] ðæt wyrð eft gietsere? Hu, ne bið he ðonne
swelce he sæwe good, & him weaxe of ðæm ælc yfel? Ac hie sint ærest
to manianne ðæt hie cunnen hiora ægen gesceadwislice gehealdan, &
siððan ðæt hie oðerra monna ne giernen; forðæm[ðe na] se ðorn ðære
10 gitsunga ne wyrð forsearod on ðæm helme, gif se wyrttruma ne bið
færcorfen oððe forbærned æt ðæm stemne. Swa wyrð eac gestiered
ðæm gitsere ðæs reaflaces, gif he ær ðæm gedale cann gemetgian hwæt
hine anhagige to sellanne, hwæt he healdan scyle, ðæt he eft ðæt good
ðære mildheortnesse ne ðyrfe gesciendan mid gidsunge & mid reaflace.
15 Siððan hie ðonne ðæt geleornod hæbben, ðonne sint hie siððan to
læranne hu hie scilen mildheortlice dælan ðæt ðæt hie ofer ðæt hab-
bað ðe hie hiora gitsunge mid gestillan sculon; forðæm, gif hie sua
ne doð, ðonne sculon hie eft niedenga gadrian oðer ierfe on ðæs wriexle
ðe hie ær for mildheortnesse & for rummodnesse sealdon, swelce hie
20 setten ða synne wið ðære ælmessan. Oðer is ðæt hwa for hreowsunge
his synna ælmessan selle, oðer is ðæt he forðy syngige, & reafige ðy he
tiohchie ðæt he eft scyle mid ðy reaflace ælmessan gewyrcean. Ac ðæt
nis nan ælmesse, forðæm hio nanne swetne wæsðm forð ne bring(ð),
ac sona on ðæm wyrtruman abiteriað ða bleda. Forðæm Dryhten

---

extortion, if before distributing he knows how to determine what he
cares to give, and what he ought to keep, so that he may not after-
wards have to disgrace the virtue of generosity with greed and extor-
tion. When they have learnt this, they are then to be taught how
to distribute generously that which they have over what they are
to satisfy their greediness with; because, if they do not so, they will
necessarily have to collect another property afterwards, to make up
for the one that they formerly charitably and generously gave away,
as if they put the sin against the alms. It is one thing to give alms
from repentance of sins, another to sin and rob because one desires
afterwards to give alms with the spoil. But that is no alms, because
it does not produce any sweet fruit, but soon the fruits turn bitter on

ðurh Essaias ðone witgan forcwæð swelce ælmessan, & ðus spræc: Ic eom Dryhten: ic lufige ryhte domas, & ic hatige þa lac þe bioð on woh gereafodu. And eft he cwæð: Arleasra offrung bið awierged, forðæm hio bioð brohte of unryhtum gestreonum & of mandædum. & oft bið genumen on ðearfendum monnum ðæt ðæt hie ðonne wenað ðæt hie Gode sellen. Ac Dryhten gecyðde ðurh Salomon ðone snotran hu micel his irsung æfter ðære dæde bið, ða he cwæð: Se þe me brengð lac of earmes monnes æhtum on woh gereafodum, ðonne bið ðæt swelce hwa wille blotan ðæm fæder to ðance & to lacum his agen bearn, & hit ðonne cwelle beforan his eagum. Hwæt bið ðonne unaberendlicre to gesionne ðonne ðæs bearnes cwalu beforan ðæs fæder eagum? Be ðæm we magon ongietan mid hu micle irre Dryhten geðyldegað ða ælmessan þe him mon of reaflace bringð, nu he hie tealde gelice ðæs bearnes cwale beforan ðæs fæder eagum. Ac ða reaferas geðenceað swiðe oft hu micel hie sellað, & swiðe seldun he willað gemunan hu micel hie nimað, swelce hie ða medsceattas rimen þe hie Gode sellen, & ða scylda willen forgietan þe hie wið hiene geworhton. Ac hie scoldon gehieran ðone cwide þe awriten is in Ageas bocum ðæs witgan; he cwæð: Se þe medsceattas gadrað, he legeð hie on ðyrelne pohhan. On ðyrelne pohhan se legeð ðæt he to medsceatte sellan ðencð, se þe wat hwær he hiene legeð, & nat hwær he hiene forlist. Swæ bið ðæm þe witan willað hwæt hie sellað, & nyllað wiotan mid hwelcum wó hie hit gestriendon oððe forworhton; forðæm hie doð swelce hie hit on ðyrelne pohhan sætten,

---

the root. Therefore the Lord, through the prophet Isaiah, rejected such alms, and thus spoke: "I am the Lord: I love righteous judgments, and I hate those offerings which are wrongfully seized." And again, he said: "The offering of the wicked is accursed, because it is brought from unrighteous gain and evil deeds." And often that which they think they give to God is taken from the poor. But the Lord proclaimed, through the wise Solomon, how great his indignation is at such a deed, saying: "If any man brings me an offering, wrongfully snatched from the possessions of a poor man, it is as if one were to wish to sacrifice to the father his own child as a gratification and offering, and kill it before his eyes." What sight is more intolerable than the death of a child before its father's eyes? By which we can understand with

ðurh Essaias ðone witgan forcwæð swelce ælmessan, & ðus spræc: Ic eom Dryhten: ic lufige ryhte domas, & ic hatige ða lác ðe beoð on woh gereafodu. & eft he cwæð: Arleasra offrung bið awierged, forðæm hie beoð brohte of unryhtum gestreonum & of mándædum.
5 & oft bið genumen on ðearfendum monnum ðæt ðæt hie ðonne wenað ðæt hie Gode sellen. Ac Dryhten gecyðde ðurh Salomon ðone snottran hu micel his irsung æfter ðære dæde bið, ða he cwæð: Se ðe me bring lác of earmes monnes æhtum on woh gereafodu, ðonne bið ðæt swelce hwa wille blotan ðæm fæder to ðance & to lacum his ægen
10 bearn, & hit ðonne cwelle beforan his eagum. Hwæt bið ðonne unaberendlicre to gesionne ðonne ðæs bearnes cwalu beforan ðæs fæder eagum? Be ðæm we magon ongietan mid hu micle irre Dryhten geðyldegað ða ælmessan ðe him man of reaflace brin[g]ð, nu he hie tealde gelice ðæs bearnes cwale beforan ðæs fæder eagum. Ac ða
15 reaferas geðenceað swiðe oft hu micel hie sellað, & suiðe seldon hie willað gemunan hu micel hie nimað, swelce hie ða metsceattas rimen ðe hie Gode sellen, & ða scylda willen forgietan ðe hie wið hiene geworhton. Ac hie sceoldon gehieran ðone cwide ðe awriten is in Ageas bocum ðæs witgan; he cwæð: Se ðe medsceattas gaderað, he
20 legeð hie on ðyrelne pohchan. An ðyrelne pohchan se legð ðæt he to metsceatte sellan ðencð, se ðe wat hwær he hiene leget, & nát hwær he hiene forlieseð. Swa bið ðæm ðe witan willað hwæt hie sellað, & nyllað wietan mid hwelcum woo hie hit gestriendon oððe forworhton; forðæm hie doð swelce hie hit on ðyrelne pohchan fæten,

---

what indignation the Lord endures the alms which are brought to him from rapine, since he accounted them like the slaughter of the child before its father's eyes. But the rapacious very often think of how much they give, and will very seldom remember how much they take, as if they calculated the wages they have paid to God, and wished to ignore the sins they have committed against him. But they should hear the saying which is written in the books of the prophet Haggai; he said: "He that collects wages, puts them in a purse with holes in it." He puts what he intends to pay as wages into a purse with holes in it, who knows where he puts it, but does not know where he loses it. So it is with those who like to know what they give, but not how wrongfully they acquired or wasted it; for they,

forðæm hie gemunon ðone tohopan þe hie to ðæm gestrionum habbað, & forgietað hiora demm þe him of ðæm gestreonum cymð, oððe com.

XLVI. Ðætte on oðre wisan sint to manianne ða geðwæran, on oðre ða ungeðwæran.

On oðre wisan sint to manianne ða gesibsuman, on oðre ða ungesibsuman. Ða ungesibsuman sint to manianne ðæt hie gewisslice witen ðæt hie no on to ðæs monegum godum cræftum ne ðioð, ðæt hie æfre mægen gastlice bion, gif hie ðurh ungemodnesse agiemeleasiað ðæt hie anmode bion nyllað on ryhte & on gode. Hit is awriten on sancte Paules bocum ðætte ðæs gastes wæstm sie lufu & gefea & ryhtwislicu sibb. Se þe ðonne ne gemð hwæðer he ða sibbe healde, ðonne forsæcð he ðone wæstm his gastes. Eft cwæð sanctus Paulus: Ðonne betweoxn eow bið yfel anda & geflitu, hu ne bioð ge ðonne flæsclice? And eft he cwæð: Seceað sibbe & god to eallum monnum; butan ðære ne mæg nan mon God gesion. Ond eft he manode, & cwæð: Geornlice gebinde ge iow tosomne mid anmodnesse & mid sibbe, ðæt ge sien swæ gelices modes swæ ge sint gelices lichoman, swæ swæ ge ealle sint gelaðode to anum tohopan. To ðæm gebanne ðæs tohopan nan man ne mæg cuman, butan he ðider irne mid anmodnesse wið his niehstan. And ðeah wel manige onfoð synderlicre gife, & ðonne ofermodgiende forlætað ða giefe þe mare is, ðæt is sio anmodnes; swæ swæ manige doð, gemidliað hiora gifernesse, & atemiað hiora lichoman ðæt hie magon bet fæstan ðonne oðre, &

---

as it were, put it in a purse with holes in it, because they remember their hope of the property, but forget the injury they suffer from it, or have suffered.

XLVI. That the peaceful are to be admonished in one way, in another the quarrelsome.

The peaceful are to be admonished in one way, in another the quarrelsome. The quarrelsome are to be admonished to know certainly that they do not possess so many good qualities, as ever to be able to be spiritual, if through strife they neglect to live properly and virtuously on good terms with others. It is written in the books of St. Paul, that the fruit of the Spirit is love, and joy, and righteous

forðæm hie gemunan ðone tohopan ðe hie to ðæm gestreonum habbað, & forgietað hira demm ðe him of ðæm gestreonum cymð, oððe coom.

XLVI. Ðætte on oðre wisa sint to manianne ða geðwæran, ón oðre
5   ða ungeðwæran.

On oðre wisan sint to manigenne ða gesibsuman, on oðre ða ungesibsuman. Ða ungesibsuman sint to manigen[n]e ðæt hie gewisslice wieten ðæt hie na ón to ðæs manegum goodum cræftum ne beoð, ðæt hie æfre mægen gæsðlice beon, gif hie ðurh ungemodnes(se) agiemelea-
10 siað ðæt hie anmode beon nyllað on ryhte & on góde. Hit is awrieten on *sancte* Paules bocum ðætte ðæs gæstes wæsðm sie lufu & gefea & ryhtwislicu sibb. Se ðe ðonne ne giemð hwæðer he ða sibbe healde, ðonne forsencð he ðone wæsðm his gæstes. Eft cwæð *sanctus* Paulus: Ðonne betweoxn eow bið yfel anda & geflitu, hu ne beoð ge ðonne
15 flæsclice? Ond eft he cuæð: Seccað sibbe & gód to eallum mannum; butan ðære ne mæg nan man [God] gesion. Ond eft he manode, & cuæð: Geornlice gebinde ge eow tosomne mid anmodnesse & mid sibbe, ðæt ge sien gelices modes swa ge sint gelices lichoman, sua sua ge ealle sint gelaðode to anum tohopan. To ðæm gebaune ðæs
20 tohopan nan monn mæg cunnan, butan he ðider ierne mid anmodnesse wið his niehstan. & ðeah [wel] manige onfoð synderlicre giefe, & ðonne ofermodgiende forlætað ða giefe ðe mare is, ðæt is sio anmodnes; sua sua manige doð, gemidliað hiera giefernesse, & atemiað hira lichoman ðæt hie magon bet fæstan ðonne oðre, &

---

peace. He, then, who does not care to keep peace, rejects the fruit of his spirit. Again, St. Paul said: "When there are among you evil spirit and strife, are ye not then carnal?" And again, he said: "Seek peace and goodness with all men, without which no man can see God." And again he admonished, saying: "Zealously unite yourselves with concord and peace, that ye may be of like mind as ye are of like body, as ye are all called to the same hope." To the summons of that hope no man can come, unless he run thither with concord towards his neighbour. And yet very many receive a special gift, and then presumptuously relinquish the gift which is greater, that is concord; as many do who bridle their greediness and subdue their bodies, so as to be able to fast better than others, and then through

ðonne for ðæm godan cræfte forleosað ðone þe betra bið ðonne sio forhæfdnes, ðæt is anmodnes. Ac se þe wille ascadan ða forhæfdnesse from ðære anmodnesse, geðence se ðone cwide þe se psalmscop cwæð, he cwæð: Lofiað God mid tympanan & on choro. Se tympana bið [ge]worht of dryggium felle, & ðæt fell hlyt, ðonne hit mon slihð, & on ðæm chore bioð monege men gegadrode anes hwæt to singanne anum wordum & anre stemne. Se ðonne se his lichoman swencð, & ða anmodnesse wið his niehstan forlæt, se hereð Dryhten mid tympanan, & nyle mid choran. Oft eac, ðonne hwane mara wisdom uparærð ðonne oðre menn, ðonne wile he hiene asceadan from oðerra monna geferræddenne, & swæ micle swæ he ma wat, & wisra bið ðonne oðre menn, swa he ma dysegað, & swiður wind wið ðone cræft ðære anmodnesse. Ac hie scioldon gehieran ðone cwide þe sio Soð-fæstnes self cwæð, he cwæð: Habbað sealt on eow & sibbe betweoxen eow. Ðæt sealt he nemde for wisdom, forðæm he wolde ðæt we hæfden ægðer ge sibbe ge wisdom, forðæm hit ne bioð nane cysta ne nan cræft ðæt mon hæbbe wisdom, & nylle wilnian sibbe; forðæm swæ swæ he bet wat, swæ he wiers agylt, & maran demm gedrigð him selfum mid ðæm lote. He mæg hiene ðy læs boladian ðæt he næbbe wite geearnad ðy he meahte mid his wisdome wærlice ða synne forbugan, gif he wolde. Ac him wæs swiðe ryhte to gecweden ðurh Iacobus ðone apostol, he cwæð: Gif ge hæbben yfelne andan on iow & tionan & geflitu on iowrum mode, ne gilpe ge no, ne ne fægniað ðæs, & ne flitað mid iowrum leasungum wið ðæm soðe; forðæm se wisdom nis ufan cumen of hefonum, ac he is eorðlic & wildeorlic &

---

that good quality lose that which is better than abstinence, that is concord. Let him who wishes to separate abstinence from concord consider the words of the Psalmist; he said: "Praise God with the timbrel and in the dance." The timbrel is made of dry hide, which sounds when struck; and in the dance a number of men are assembled to sing something with the same words and voice. He, therefore, who mortifies his body, and neglects to live in concord with his neighbour, praises the Lord with the timbrel, but will not do so with the dance. Often also, when any one is exalted above others by greater wisdom, he wishes to separate himself from the society of others; and the more he knows, and the wiser he is than others, the more foolish he becomes, and the more he opposes the virtue of con-

ðonne for ðæm goodan cræfte fo[r]leosað ðone ðe betera bið ðonne sio
forhæfdnes, ðæt is anmodnes. Ac se ðe wille ascadan ða forhæfdnesse
from ðære anmodnesse, geðence se ðone cwide ðe [se] psalmscop cuæð,
he cwæð: Lofiað God mid tympanan & on choro. Se tympano bið
5 geworht of drygum felle, & ðæt fell hlyt, ðonne hit mon slichð, &
on ðæm chore beoð manige menn gegadrode anes hwæt to singanne
anum wordum & anre stefne. Se ðonne se ðe his lichoman swencð, &
ða anmodnesse wið his niehstan forlæt, se hereð Dryhten mid tim-
panan, & nyle mid choro. Oft eac, ðonne hwone mara wisdom úpa-
10 ræð ðonne oðre menn, ðonne wile he hiene ascadan from oðerra
monna geferrædenne, & sua micle sua he ma wát, & wisra bið ðonne
oðre menn, sua he ma dysegað, & suiður wienð wið ðone cræft ðære
anmodnesse. Ac hie sceoldon gehieran ðone cuide ðe sio Soðfæsðnes
self cwæð, he cwæð: Habbað sealt on eow, & habbað sibbe betweoxn
15 eow. Ðæt sealt he nemde for wisdom, forðæm he wolde ðæt we
hæfden ægðer ge sibbe ge wisdom, forðæm hit ne beoð nane cysta ne
nan cræft ðæt mon hæbbe wisdom, & nylle wilnian sibbe; forðæm
sua sua he bet wát, swa he wyrs agylt, & mara[n] demm gedrihð
him selfum mid ðæm lote. He mæg hine ðy læs beladian ðæt he
20 næbbe wite geearnoð ðy he meahte mid his wisdome wærlice ða
synne forbugan, gif he wolde. Ac him wæs swiðe ryhte to gecueden
ðurh Iacobus ðone apostol, he cwæð: Gif ge hæbben yfelne andan on
eow & teonan & geflitu on eowrum mode, ne gilpe ge nó, ne ne fægniað
ðæs, & ne flitað mid eowrum leasungum wið ðæm soðe; forðæm se
25 wisdóm nis ufan cumen of hefenum, ac he is eorðlic & wildiorlic &

---

cord. But they should hear the words of Truth itself, saying: "Have
salt in you, and have peace among you." He mentioned salt instead
of wisdom, because he wished us to have both peace and wisdom; for
it is no excellence or virtue to have wisdom, and not to care for peace,
because the more he knows, the worse his guilt, and the greater the
injury he inflicts on himself with the deceit. He is the less able to
excuse himself from deserving punishment, the more able he was with
his wisdom carefully to avoid sin, if he would. But it was very rightly
said to him through the apostle James; he said: "If ye have a bad
spirit among you, and contumely and strife in your hearts, boast not
nor rejoice thereat, and strive not with your falsehoods against the
truth; for that wisdom has not descended from heaven, but is earthly

eac deofullic. Ac se þe of Gode cymð, he bið godes willan & gesibsum. Ðæt is ðonne ðæs he sie clænes willan & godes, ðæt he clænlice & ryhtwislice ongiete ðæt ðæt he ongiete. Ðæt is ðonne ðæt he gesibsum sie, ðæt he hiene nanwuht ne ahebbe ofer his gelican, ne from hiora geferrædenne ne ðiede. Ðæm ungesibsumum is to cyðanne ðæt hie witen ðætte swæ lange swæ hie bioð from ðære lufe aðied hiora nihstena, & him ungemode bioð, ðætte hie nanwuht godes ne magon ða hwile Gode brengan to ðances. Be ðæm is awriten on Cristes bocum: Gif ðu wille ðin lac brengan to ðæm wiofude, & ðu ðonne ðær ryhte ofðence hwæthugu ðæs þe ðin niehsta ðe wiðerweardes gedon hæbbe, forlæt ðonne an ðin lac beforan ðæm wiofude, & fer ærest æfter him; læt inc geseman ær ðu ðin lac brenge; breng siððan ðin lac. Ðæt is ðæt hwa fare mid his mode æfter his nihstan, & him unne ðæt he to ryhte gecierre. Of ðisum bebode we magon geðencean hu unaberendlic gylt sio towesnes bið, ðonne ða lac forðæm bioð forsæcene. Nu man ælc yfel mæg mid gode adilgian, is ðæt ðonne for micel scyld þe gedeð ðætte nan god ne bið andfenge, buton man ær ðæt yfel forlæte. Ac ða ungesibsuman sint to manianne, gif hie nyllen hiora lichoman earan ontynan to gehieronne ða godcundan lare, ðæt hie ontynen hiora modes eagan, & giemen ðissa eorðlicena gesceafta, hu ða fuglas, þe him gelice bioð, & anes cynnes bioð, hu gesibsumlice hie farað, & hu seldon hie willað forlætan hiora geferscipe, & eac ða dumban nietenu, hu hie hie gadriað heapmælum, & hie ætsomne fedað. Nu we magon gecnawan on ðara ungesceadwisra nietena gesibsumnesse hu micel yfel sio gesceadwislice gecynd ðurh ða

---

and animal, and also devilish. But that which comes from God is of good will and peaceful." Being of pure and good will, is purely and righteously understanding what he understands. Being peaceful consists in not exalting himself at all above his equals, nor separating himself from their society. The quarrelsome are to be told to know, that as long as they keep aloof from the love of their neighbours, and are at variance with them, they cannot bring anything good to please God. Of which is written in the books of Christ: "If thou wilt bring thine offering to the altar, and there remember well something that thy neighbour has done against thee, leave thine offering before the altar, and go first after him; reconcile thyself with him before thou bring thine offering; then bring thine offering." That is, that he is

eac diofullic. Ac se se ðe of Gode cymð, he bið godes willan & gesibsum. Ðæt is ðonne ðæt he sie clænes willan & goodes, ðæt he clænlice & ryhtwislice ongiete ðæt ðæt he ongiete. Ðæt is ðonne ðæt he gesibsum sie, ðæt he hiene nanwuht ne ahebbe ofer his gelican, ne
5 from hiera geferrædenne ne ðiede. Ðæm ungesibsuman is to cyðanne ðæt hie wieten ðætte swa lange sua hie beoð from ðære lufe aðied hiera niehstena, & him ungemode beoð, ðætte hie nanwuht godes ne magon ða hwile Gode bringan to ðances. Be ðæm is awriten on Cristes bocum : Gif ðu wille ðin lác bringan to ðæm wiofude, & ðu
10 ðonne ryhte ofðence hwæthwugu ðæs ðe ðin niehsta ðe wiðerweardes gedón hæbbe, forlæt ðonne an ðin lác beforan ðæm weofude, & fér ærest æfter him; læt inc geseman ær ðu ðin lác bringe; brieng siððan ðin lác. Ðæt is ðæt hwa fare mid his mode æfter his niehstan, & him unne ðæt he to ryhte gecierre. Of ðissum bebode we magon
15 geðencean hu unaberendlic gylt sio towesnes bið, ðonne ða lác forðæm beoð forsacene. Nu man ælc yfel mæg mid goode adilegian, is ðæt ðonne for micel scyld ðæt gedeð ðætte nan good ne bið andfenge, buton mon ær ðæt yfel forlæte. Ac ða ungesibsuman sint to manien(n)e, gif hie nyllen hiera lichoman earan ontynan to gehieranne ða godcundan
20 lare, ðæt hie ontynen hiera modes eagan, & giemen ðissa eorðlic[na] gesceafta, hu ða fuglas, ðe him gelice beoð, & anes cyn[n]es beoð, hu gesibsumlice hie farað, & hu seldon hie willað forlætan hiera geferrædenne, & eac ða dumban nietenu, hu hie [hie] gadriað heapmælum, & hie ætsomne fedað. Nu we magon gecnawan on ðara ungescead-
25 wisra nietena gesibsumnesse hu micel yfel sio gesceadwislice gecynd

---

to go in quest of his neighbour, and give him the chance of returning to what is right. From this precept we can judge how intolerable an evil discord is, when offerings are refused because of it. Since every evil can be neutralized with good, it is too great a sin which causes no good to be acceptable, unless the evil be relinquished beforehand. The quarrelsome are to be admonished, if they will not open their bodily ears to hear the divine instruction, to open their mental eyes, and observe these earthly creatures; how birds of one and the same kind fly so peacefully, and how seldom they care to desert their family; and also how the dumb cattle gather together in herds, and feed together. Now we can understand from the peacefulness of irrational animals, how great a sin the rational race of man commits in being quarrel-

ungesibsumnesse gefremeð, ðonne he on gesceadwislicum ingeðonce forliest ðæt ða dumban nietenu gehealden habbað on hiora gecynde. Ongean ðæt sint to manianne ða gesibsuman, ðonne hie lufiað ða sibbe þe hie her habbað swiður ðonne hit ðearf sie, & ne wilniað na ðæt hie to ðære ecean sibbe becumen. Ac sio stilnes þe hie ðær wilniað oft swiðe hefiglice dereð hiora ingeðonce, forðæm swæ him ðios stilnes & ðios ieðnes ma licað, swæ him læs licað ðæt ðæt hie to gelaðode sindon, & swæ hiene swiður lyst ðisses andweardan lifes, swæ he læs secð ymb ðæt ece. Be ðissum ilcan cwæð Crist ðurh hiene selfne, ða ða he ðas eorðlican sibbe tosced & ða hefonlican, & his apostolas spon of ðisum andweardan to ðæm ecean, he cwæð: Mine sibbe ic eow selle, & mine sibbe ic læte to iow. Swelce he cwæde : Ic iow [on]læne ða gewitendan, & ic eow geselle ða ðurhwunien-dan. Gif ðonne ðæs monnes mod & his lufu bið behleapen eallunga on ða lænan sibbe, ðonne ne mæg he næfre becuman to ðære þe him geseald is. Ac swæ is ðios andwearde sibb to habbanne ðæt we hie sculon lufian, & ðeah oferhycgean, ðylæs ðæt mod ðæs þe hie lufað on synne befealle, gif he hie to ungemetlice lufað. Eac sint to manianne ða gesibbsuman ðæt hie to ungemetlice ðære sibbe ne wilnien, ðylæs hie for ðære wilnunga ðisse eorðlican sibbe forlæten untælde oðerra monna yfle ðeawas, & hiene ðonne selfne swæ aðiede from ðære sibbe his Sceppendes mid ðære geðafunga ðæs unryhtes ; ðylæs, ðonne he him ondræt ða towesnesse utane, he sie innan asliten from ðæm ge-ðoftscipe ðæs incundan Deman. Hwæt is elles ðios gewitendlice sibb, buton swelce hit sie sum swæð ðære ecean sibbe ? Hwæt mæg bion

---

some, when with their rational intellect they neglect what the dumb animals preserve in their kind. The peaceful, on the other hand, are to be admonished, when they love the peace that they have here more than they ought, and do not desire to attain to eternal peace. But the tranquillity they desire often injures their minds very severely, because, the more this tranquillity and ease please them, the less they are pleased with that to which they are called, and the more they desire this present, the less they aspire to the eternal life. Of this same Christ spoke through himself, when he distinguished between this earthly and the heavenly peace, and diverted his apostles from the present to the eternal peace, saying: "My peace I give to you, and my peace I leave with you." As if he had said : "I lend you this

ðurh ða ungesibsumnesse gefremeð, ðonne he on gesceadwislicum inge-
ðonce forlieð ðæt ða dumban nietenu gehealden habbað on hiera ge-
cynde. Ongean ðæt sint to manienne ða gesibbsuman, ðonne hie lufigað
ða sibbe ðe hie her habbað suiður ðonne hit ðearf sie, & ne wilniað
5 na ðæt hie to ðære ecean sibbe becumen. Ac sio stillnes ðe hie ðær
wilniað oft swiðe hefelice dereð hira ingeðonce, forðæm swa him
ðios stillnes & ðios ieðnes ma licað, sua him læs licað ðæt ðæt hie
to gelaðode sindon, & sua hie[ne] swiður lysð ðisses andweardan,
swa he læs secð ymb ðæt ece. Be ðysum ilcan cwæð Crist ðurh
10 hiene selfne, ða ða he ðas eorðlican sibbe toscead & ða hefonlican,
& his apostolas spón of ðissum andweardan to ðæm ecan, he cuæð:
Mine sibbe ic eow selle, & mine sibbe ic læte to eów. Swelce he
cwæde: Ic eow onlæne ðas gewitendan, & ic eow geselle ða ðurhwini-
endan. Gif ðon*ne* ðæs monnes mod & his lufu bið behleapen eallunga
15 on ða lænan sibbe, ðonn ne mæg he næbre becuman to ðære ðe him
geseald is. Ac swa is ðios andwearde sib to habbanne ðæt we hie
sculon lufian, & ðeah oferhyggean, ðylæs ðæt mod ðæs ðe hie lufað on
synne befealle, gif he hie to ungemetlice lufað. Eac sint to manienne
ða gesibsuman ðæt hie to ungemetlice ðære sibbe ne wilnigen, ðylæs
20 hie for ðære wilnunga ðisse eorðlican sibbe forlæten untælde oðerra
monna yfele unðeawas, & hiene ðonne selfne swa aðiede from ðære
sibbe his Scippendes mid ðære geðafunga ðæs únryhtes; ðylæs, [ðon*ne*]
he him ondrædt ða towesnesse utane, he sie innan asliten from ðæm
geðoftscipe ðæs incundan Deman. Hwæt is elles ðios gewitendlice
25 sibb, buton swelce hit sie sum swæð ðære eccean sibbe? Hwæt mæg

---

transitory, and give you the lasting peace." If, then, the mind and
love of man are entirely devoted to the transitory peace, he can never
attain to the one which is given to him. But we are to have this
present peace in such a way as to love, and yet despise it, lest the
mind of him who loves it fall into sin, if he love it too immoderately.
The peaceful are also to be admonished not to desire peace too ex-
cessively, lest, through desire of this earthly peace, they leave unblamed
the bad vices of others, and so alienate themselves from the peace of
their Creator by conniving at unrighteousness; lest, when they fear
discord outwardly, they be inwardly cut off from the society of the
internal Judge. What else is this transitory peace but, as it were, a
footprint of the eternal peace? What can be more foolish than to

dyslicre ðonne hwa lufige hwelcre wuhte spor on ðæm duste, & ne lufige ðæt ðætte ðæt spor worhte? Be ðæm cwæð Dauid, ða he hiene eallunga geðiedde to ðæm geðoftscipe ðære incundan sibbe, he cyðde ðæt he nolde habban nane gemodsumnesse wið ða yfelan, ða he cwæð: Hu ne hatige ic ða ealle, Dryhten, ða þe ðe hatigað? & for ðinum feondum ic aswand on minum mode, & mid fulryhte hete ic he hatode, forðæm hie wæron eac mine fiend? Swæ mon ðonne sceal fullfremedlice Godes fiend hatigean, ðætte mon lufige ðæt ðæt hie bioð, & hatige ðæt ðæt hie doð. He sceal weorðan his life to nytte mid ðy ðæt he næte his unðeawas. Ac hu wene we hu micel scyld ðæt sie ðæt mon aðreote ðære nætinge yfelra monna, & nime sibbe wið ða wyrrestan, nu se witga ðæt brohte Gode to lacum & to offrunga ðæt he ðara yfelena fiondscipe ongean hiene selfne aweahte for Gode? Forðæm wæs eac ðætte Leuis cynn gefengon hiora sweord, & eodon ut ðurh ðone here, sleande ða scyldgan; & forðæm hit is awriten ðæt hiora honda wæron gehalgode Gode, forðæmþe hie ne sparodon ða synnfullan, ac slogon. Be ðæm wæs eac ðætte Fines forseah his neahgebura friondscipe, ða he ofsloh his agenne geferan, ða he hiene forlæg wið ða Madianiton, & ða forlegisse mid he ofslog, & swæ mid his irre he gestilde Godes irre. And eft cwæð Crist ðurh hiene selfne: Ne wene ge no ðæt ic to ðæm come on eorðan ðæt ic sibbe sende on eorðan, ac sweord. Forðæm, ðonne we us unwærlice geðiedað to yfelra monna freondscipe, ðonne gebinde we us to hiora scyldum. Be ðis ilcan wæs ðætte Gesaphat, se þe ær on eallum dædum his lifes wæs to herianne, fulneah mid ealle forwearð

---

love the trace of anything in the dust, and not to love that which made the trace? Of which David spoke, when he entirely joined the society of internal peace, and proclaimed that he would have no concord with the wicked, saying: "How, do I not hate all those, O Lord, who hate thee? Before thy foes my spirit shrank, and I hated them with perfect hatred, because they were also my foes." We ought to hate God's enemies so perfectly as to love what they are, and hate what they do. We must help their lives by blaming their faults. But how can we think how great a sin it is to tire of blaming the bad, and make peace with the worst, when the prophet brought it as a gift and offering to God, that he excited the hostility of the wicked against himself for the love of God? Therefore it was that the

bion dyslicre ðonne hwa lufige hwelcre wuhte spor on ðæm duste, & ne
lufige ðæt ðætte ðæt spor worhte? Be ðæm cwæð Dauid, ða he
hine eallunga geðiedde to ðæm geðoftscipe ðære incundan sibbe, he
cyðde ðæt he nolde habban nane gemodsumnesse wið ða yfelan, ða he
5 cuæð: Hu ne hatige ic [ða] ealle, Dryhten, ða ðe ðe hatigað? & for
ðinum feondum ic aswand on minum mode, & mid fulryhte hete ic
hie hatode, forðæm hie wæron eac mine find? Swa mon ðonne sceal
ful[l]fremedlice Godes fiend hatigean, ðætte mon lufige ðæt ðæt hie
beoð, & hatige ðæt ðæt hie doð. He sceal weorðan his life to nytte
10 mid ðy ðæt he næte his unðeawas. Ac hu wene we hu micel scyld
ðæt sie ðæt monn aðreote ðære nætinge yfelra monna, & nime sume
sibbe wið ða wierrestan, nu se witga ðæt brohte Gode to lacum & to
offrunga ðæt he ðara yfelena feondscipe ongean hine selfne aweahte for
Gode? Forðæm wæs ðæte Leuis kynn gefengon hiera sweord, & eodon
15 út ðurh ðone here, sleande ða scyl[d]gan; & forðæm hit is awriten
ðæt hiera honda wæren gehalgode Gode, forðæmðe hie ne sparodan
ða synfullan, ac slogon. Be ðæm wæs eac ðætte Fines forseah his
neahgebura freondscipe, ða he ofslog his a(ge)ne geferan, ða he hine
forlæg wið ða Madianiten, & ða forlegisse he mid ofslog, & swa mid
20 his ierre he gestilde Godes ierre. & eft cwæð Crist ðurh hine
selfne: Ne wene ge no ðæt ic to ðæm come on eorðan ðæt ic sibbe
sende on eorðan, ac sweord. Forðæm, ðonne we us unwærlice
geðiedað to yfelra monna freondscipe, ðonne gebinde we us to
hiera scyldum. Be ðys ilcan wæs ðætte Gesaphað, se ðe ær on
25 eallum dædum his lifes wæs to herigenne, fullneah mid ealle for-

---

tribe of Levi grasped their swords, and went out through the host,
slaying the sinful; and therefore it is written that their hands were
hallowed to God, because they spared not the sinful, but slew them.
Therefore, also, Phineas despised the friendship of his neighbours,
when he slew his own companion because he lay with the Midianitish
woman, and slew the harlot also; and so with his anger he appeased
the anger of God. And again, Christ said through himself: "Think not
that I came on earth to send peace on the earth, but a sword." Because,
when we incautiously associate ourselves in friendship with wicked
men, we bind ourselves to their sins. From this same cause Jehosa-
phat, who before was praiseworthy in all the deeds of his life, very nearly
perished entirely through the friendship of Ahab. He was rebuked

for Achabes freondscipe. He wæs geleahtrod from Gode, ðurh ðone witgan him wæs to gecweden: Ðu fultumodest ðæm arleasum, & ðu gemengdest ðinne freondscipe wið ðone þe hatode God, & mid ðæm ðu geearnode Godes irre, ðær ða godan weorc ær næren on ðe mette; ðæt wæs ðæt ðu adydest ða bearwas of Iudea londe. Be ðæm we magon gehieran ðætte swæ micle swæ we us swiðor geðiedað & gemodsumiað to ðara yfelena monna freondscipe, ðætte we swæ micle fierr bioð ðæm hiehstan ryhte aðiedde. Eac sint to manianne ða gesibsuman ðæt hie him ne ondræden ðæt hie ðas lænan sibbe ongean hie selfe gedrefen mid ðære ðreaunga, ðonne hit tocymð ðæt hie hit sprecan sculon. Ond eft hie sint to manianne ðæt hie ðeah ða sibbe anwealge oninnan him gehealden, ða þe hie utane mid ðære ðrafunga gedrefað. Ægðer ðara Dauid sæde ðæt he swiðe wærlice beheolde, ða he cwæð: Ic lufode ða þe sibbe hatedon, & ðonne ic him cidde, ðonne oncuðon hie me butan scylde. Hie oncuðon hiene for ðære cease, & he wæs ðeah hiora freond; ne aðreat hiene no ðæt he ða dysegan ne tælde, & ðeah þe hie hiene tældon, he hie lufode. Be ðys ilcan cwæð eft Paulus: Ic wolde, gif hit swæ bion meahte, ðæt ge wið ælcne monn hæfden sibbe eowres gewealdes. Forðæm he cwæð: Gif hit swæ bion meahte, and eac he cwæð: Eowres gewealdes, forðæm he wisse ðæt hit bið swiðe unieðe ægðer to donne, ge wið ðone to cidanne þe yfel deð, ge eac sibbe wið to habbanne. Ac us is swiðe micel ðearf, ðeah ðeos hwilendlice sib for ure cease gedrefed weorðe on ðara yfelena monna mode, ðæt hie ðeah on ussum eallunga gehealden sie. Forðæm he cwæð be ðære sibbe: Eowres gewealdes,

---

by God, when it was said to him through the prophet: "Thou helpedst the wicked man, and mingledst thy friendship with him who hated God, and therefore thou hast merited the anger of God, because the good works were not formerly found in thee; that was, that thou didst remove the groves from the land of Judah." From which we can hear, that the more we associate and agree in the friendship of the wicked, the farther we are separated from the highest righteousness. The peaceful are also to be admonished not to fear to disturb this transitory peace with themselves by severity, when they have to speak. And again, those who outwardly trouble them with severity are to be admonished to preserve peace entire within themselves notwithstanding. Both of which David said that he very carefully

wearð for Achabes freondscipe. He wæs geleahtrad from Gode, ðurh
ðone witgan him wæs to gecweden: Ðu fultemodes ðæm arleasum,
& ðu gemengdest ðinne freondscipe wið ðone ðe hatode God, &
mid ðæm ðu geearnode Godes irre, ðær ða godan weorc ær næren
5 ón ðe mette; ðæt wæs ðæt ðu adydes ða bearwas of Iudea londe.
Be ðæm we magon gehieran ðætte sua micle sua we us swiður
geðiedað & gemodsumiað to ðæra yfe[le]na freondscipe, ðætte we
swa micle fier beoð ðæm hiehstan ryhte aðiedde. Eac sint to
monigenne ða gesibsuman ðæt hie him ne ondræden ðæt hie ðas lænan
10 sibbe ongean hie selfe gedrefen mid ðære ðreaunga, ðonne hit tocymð
ðæt hie hit sprecan sculon. Ond eft hie sint to manianne ðæt hie
ðeah ða sibbe anwealge oninnan him gehealden, ða ðe hie utane mid
ðære ðrafunga gedrefað. Ægðer ðara Dauid sægde ðæt he swiðe
wærlice beheolde, ða he cwæð: Ic lufode ða ðe sibbe hatodon, &
15 ðonne ic him cidde, ðonne oncuðon hie me butan scylde. Hie oncuðon
hiene for ðære cease, & he wæs ðeah hiora freond; ne aðreat hine no
ðæt he ða dysegan ne tælde, & ðeah ðe hie hine tældon, he hie lufode.
Be ðys ilcan cwæð eft Paulus: Ic wolde, gif hit swa beon meahte, ðæt
ge wið ælcne monn hæfden sibbe eowres gewealdes. Forðæm he
20 cwæð: Gif hit swa beon meahte, & eac he cwæð: Iowres gewealdes,
forðæm he wisse ðæt hit bið swiðe unieðe ægðer to donne, ge wið ðone
to cidanne ðe yfel deð, ge eac sibbe wið to habbenne. Ac us is swiðe
micel ðearf, ðeah ðeos hwilendlice sibb for ure cease gedrefed weorðe
on ðæra yfelena monna mode, ðæt hie ðeah on ussum eallunga ge-
25 healden sie. Forðæm he cwæð bi ðære sibbe: Iowres gewealdes,

---

observed, saying: "I loved those who hated peace; and when I
chid them, they attacked me without cause." They attacked him
because of the quarrel, and yet he was their friend; he did not
tire of blaming the foolish, and although they blamed him, he loved
them. Of this same St. Paul spoke again: "I would, if it could be
so, that ye had peace with every man, as far as is in your power."
He said "if it could be so," and he also said "as far as is in your
power," because he knew that it is very difficult to do both, to chide
him who does evil, and to preserve peace with him. But it is very
necessary for us, although this transitory peace be disturbed by our
quarrel in the minds of the wicked, that it be entirely preserved
in ours. Therefore he said of peace, "as far as is in your power,"

forðæm sio sib mid ryhte bion sceal ægðer ge on ðæs cidendan monnes mode ge on ðæs geðafiendan. Gif hio ðonne of oðres gewite, on ðæs oðres hio ðurhwunige. Be ðæm se ilca Paulus on oðre stowe manode his gingran, & ðus cwæð : Swæ hwa swa urum wordum & gewritum hieran nylle, do hit mon us to witanne, & næbbe ge nænne gemanan wið hiene, forðæm ðætte hiene gesceamige. And eft æfter ðæm he cwæð : Ne scule ge wið hiene gebæran swæ swæ wið fiond, ac ge him sculon cidan swæ swæ breðer. Swelce he openlice cwæde : Forlætað ða uterran sibbe, & habbað ða innerran fæste, ðætte eower unsib geeaðmede ðæs synnegan mod, swæ ðeah ðæt sio sib of iowre heortan ne gewite, ðeah hiere mon ne recce.

XLVII. Ðætte on oðre wisan sint to manianne ða wrohtgeornan, on oðre ða sibsuman.

On oðre wisan sint to manianne ða þe wrohte sawað, on oðre ða sibsuman. Ða wrohtgeornan sint to manianne ðæt hie geðencen hwæs folgeras hie sindon. Be ðæm aworpnan engle is awriten on ðæm godspelle ðæt he sewe ðæt wiod on ða godan æcras. Forðy wæs be him gecweden : Sum man ðis dyde þe ure fiond wæs. Be ðæs ilcan feondes limum is ðus [ge]cweden ðurh Salomon : Aworpen mon bið â unnyt, & gæð mid wó muðe, & bicneð mid ðæm eagum, & trit mid ðæm fet, & spricð mid ðæm fingre, & on wore heortan bið yfel donde, & on ælce tid sawað wrohte. Her we magon gehieran, ða he be ðæm wrohtgeornan secgean wolde, ðæt he hiene nemde se aworpna ; forðæm,

---

because peace ought properly to be in the heart both of the chider and of him who suffers himself to be chid. If, then, it depart from the heart of the one, let it remain in the other's. About which the same Paul admonished his disciples in another place, and spoke thus : "If any one will not listen to our words and letters, let it be made known to us, and have no intercourse with him, that he may be ashamed." And again, he said afterwards : "Ye must not treat him as an enemy, but remonstrate with him like a brother." As if he had openly said : "Relinquish the outer peace, and hold fast to the inner, that your enmity may humble the sinner's heart, yet so that peace may not depart from your heart, although it is not regarded."

forðæm sio sib mid ryhte beon sceal ægðer ge on ðæs cidendan monnes mode ge on ðæs geðafiendan. Gif hio ðonne of oðres gewite, on ðæs oðres hio ðurhwunige. Be ðæm se ilca Paulus on oðre stowe monode his gingran, & ðus cwæð: Swa hwa swa urum wordum & gewritum
5 hieran nylle, do hit mon us to witanne, & nabbe ge nanne gemanan wið hine, forðæm ðætte hine gesceamige. & eft æfter ðæm he cwæð: Ne scule [ge] wið hine gebæran swa swa wið feond, ac ge him sculon cidan swa swa breðer. Swelce he openlice cwæde: Forlætað ða uterran sibbe, & habbað ða innerran fæste, ðætte eower unsibb
10 geeaðmede ðæs synnigan mod, swa ðeah ðæt sio sib of eowre heortan ne gewite, ðæah hiere mon ne recce.

XLVII. Ðætte on oðre wisan sint to monianne ða wrohtgeornan, on oðre ða gesibsuman.

On oðre wisan sint to monigenne ða ðe wrohte sawað, on oðre ða
15 gesibsuman. Ða wrohtgeornan sint to manigenne ðæt hie geðencen hwæs folgeras hie sindon. Be ðæm aworpnan engle is awriten on ðæm godspelle ðæt he sewe ðæt weod on ða godan æceras. Forðy wæs bi him gecweden: Sum mon ðis dyde ðe ure feond wæs. Be ðæs ilcan feondes limum is ðus gecweden ðurh Salomon: Aworpen man bið
20 á unnyt, & gæð mid wo muðe, & bicneð mid ðæm eagum, & trit mid ðæm fet, & sprich mid ðæm fingre, & on wore heortan bið yfel donde, & on æl[c]e tíd sawe ð wrohte. Her we magon gehieran, ða he be ðæm wrohtgeornan secgean wolde, ðæt he hine nemde se aworpna; forðon,

---

XLVII. That lovers of strife are to be admonished in one way, in another the peaceful.

Those who sow strife are to be admonished in one way, in another the peaceful. The lovers of strife are to be admonished to consider whose followers they are. Of the expelled angel it is written in the Gospel that he sowed the weed in the good fields. Therefore it was said of him: "An enemy of ours did this." Of the same enemy's members is thus spoken through Solomon: "An apostate is always useless, and goes with perverse mouth, and winks with the eyes, and treads with the foot, and speaks with the finger, and does evil with perverse heart, and is always sowing strife." In this passage we can hear how, when he wished to speak of the lover of strife, he called him the apostate;

gif he ær on ðæs ofermodan engles wisan innan his ingeðonce of Godes gesihðe ne afeolle, ðonne ne become he no utane to ðæm sæde ðære wrohte. Be ðæm is ryhtlice awriten ðæt hie biecne mid ðæm eagum, & sprece mid ðæm fingrum, & trit mid ðy fet; forðæmþe innor bið se hierde, ðæt is se willa, se hielt ða limu utan. Forðæm, ðonne mon ða fæstrædnesse his modes innan forlisð, ðonne bið he hwilum swiðe ungestæððiglice astyred utane on his limum, & gecyðð on ðære styringe ðara telgena utane ðæt ðær ne bið nan fæstnung on ðæm wyrtruman innan. Ac gehieren ða wrohtsaweras hwæt awriten is on ðæm godspelle, hit is awriten: Eadige bioð ða gesibsuman, forðæm hie bioð Godes bearn genemde. Be ðæm worde we magon geðencean, nu ða sint Godes bearn genemde þe sibbe wyrceað, ðætte ða sindon butan twion diofles bearn, þe hie toweorpan willað, forðæmþe ælc ðara þe hiene mid unryhte ascadan wile from ðære geðwærnesse, he wile forlætan ðære lufan grennesse, & forsearian on ðære ungeðwærnesse. Forðæm, ðeah he hwelcne wæstm forðbrenge godes weorces, gif he ne bið of godum willan & of untwyfaldre lufan ongunnen, ne bið he nauht. Geðencen be ðissum ða wrohtsaweras hu manigfaldlice hie gesyngiað, ðonne hie ðæt an yfel ðurhteoð, & mid ðæm anum yfle aterað of ðære mennescan heortan ealle ða godan cræftas. Mid ðæm anum yfle hie gefremmað unrim oðerra yfla, forðæm ða þe ða wroht sawað, hie adwæsceað ða sibbe, þe modor is ealra godra cræfta. Forðonþe nan cræft nis Godes deorwyrðra ðonne sio lufu, ne eft ðæm deofle nan cræft lioftælra ðonne hie mon slite. Swæ hwa ðonne swæ ða wrohte bið sawende, & mid ðy ða sibbe

---

because, had he not formerly fallen in his thoughts from the sight of God, like the proud angel, he would not have become outwardly the seed of strife. Of whom it is rightly written that he winks with his eyes, and talks with his fingers, and treads with his foot; because the guardian, that is the will, who keeps the members externally, is inside. Therefore, when a man loses the consistency of his mind internally, he is sometimes very unsteadily agitated externally in his members, and shows by the agitation of the twigs outside that there is no stability in the root inside. But let the sowers of strife hear what is written in the Gospel; it is written: "Blessed are the peaceful, for they shall be called the children of God." From these words we can suppose that, since those who make peace are called the children of

gif he ær on ðæs ofermodan engles wisan innan his geðance of Godes gesiehðe ne afeolle, ðonne ne become he no utane to ðæm sæde ðære (wrohte). Be ðæm is ryhtlice awriten ðæt he bicne mid ðæm eagum, & sprece mid ðæm fingrum, & trit mid ðæm fet; forðæmðe innor
5 bið se hierde, ðæt is se willa, se hielt ða leomu utan. Forðæm, ðonne mon ða fæstrædnesse his modes innan forlist, ðonne bið he hwilum swiðe ungestæððiglice astyred utane on his limum, & gekyðð on ðære styringe ðara telgena utane ðæt ðær ne bið nan fæstnung on ðæm wyrtruman innan. Ac gehiren ða wrohtsaweras hwæt awriten
10 is on ðæm godspelle, hit is awriten : Eadige beoð ða gesibsuman, forðon hie beoð Godes bearn genemde. Be ðæm worde we magon geðencean, nu ða sint Godes bearn genemned ðe sibbe wyrcað, ðætte ða sindon butan tweon diofles bearn, ðe hie toweorpan willað, for- ðæmðe ælc ðara ðe hine mid unryhte ascadan wille from ðære geð-
15 wærnesse, he wile forlætan ðære lufan grennisse, & forsearian on ðære ungeðwærnesse. Forðæm, ðeah he hwelcne wæstm forðbrenge godes weorces, gif he ne bið of godum willan & of untwiefaldre lufan on- gunnen, ne bið he nawuht. Geðencen be ðissum ða wrohtsaweras hu monigfaldlice hie gesyngiað, ðonne hie ðæt an yfel ðurhtioð, & mid
20 ðæm anum yfele aterað of ðære menniscan heortan ealle ða godan cræftas. Mid ðam anum yfele hie gefremmað unrim oðerra yfela, forðam ða ðe ða wrohte sawað, hie adwæscað ða sibbe, ðe modor is ealra godra cræfta. Forðonðe nan cræft nis Gode deorwyrðra ðonne sio lufu, ne eft ðæm deofle nan cræft leoftælra ðonne hie mon slite.
25 Swa hwa ðonne swa ða wrohte bið sawende, & mid ðy ða sibbe

---

God, those are without doubt the devil's children who try to destroy it, because every one who wickedly tries to keep himself aloof from concord, will relinquish the greenness of love, and wither in dissension. Therefore, although he bring forth some fruit of good works, if it is not begun from good will and sincere love, it is nothing. From this let the sowers of strife consider how manifoldly they sin when they commit that single evil, and with it tear away from the human heart all good qualities. With that single evil they commit a multitude of other evils, because those who sow strife extinguish peace, which is the mother of all good qualities. Therefore no virtue is more acceptable to God than love, nor, again, any vice more pleasing to the devil than quarrelsomeness. Whoever, therefore, sows strife, and so destroys the

ofslihð on his geferan, he bið hiewcuðlice ðiow ðæm Godes fionde, þe
simle wiðbritt ðæm untruman mode ðære sibbe þe he self forlet, &
hiene mid ðæm forworhte, oð he ofdune afeoll, & nu git wilnað ðæt
he us ðone weg fordicige, ðæt we ne mægen upastigan on ðone weg &
on ða are þe he of afioll. Ongean ðæt sint to manianne ða þe ða
sibbe sawað, ðæt hie swæ micel weorc to recceleaslice & to unwærlice
ne don, & huru ðær ðær hie nyton hwæðer sio sib betre betweox
gefæstnod bið, þe ne bið, forðæm swæ swiðe swæ hit dereð ðætte ænig
wana sie ðære sibbe betweox ðæm godum, swæ swiðe hit eac dereð
ðæt hio ne sie gewanod betweox ðæm yfelum. Forðæm, gif ða
ðweoran & ða unryhtwisan hiora yfel mid sibbe gefæstniað, & tosomne
gemengeað, ðonne bið geieced hiora mægen, & hiora yfelan weorcum
gefultemad, forðæm swæ micle swæ hie gemodsumran bioð betweox
him, swæ hie bioð bealdran ða godan to swencanne. Be ðæm wæs
ðætte sio godcunde stemn cwæð to ðæm eadegan Iobe ymb ða bodan
ðæs idlan fætes, ðæt is se awergda Antecrist, hio cwæð: His flæ[s]ces
lima clifað ælc on oðrum. And eft hio dyde sciella to bisene his
heorðcnihtum, & ðus cwæð: Ælces fisces sciell bið to oðerre gefeged,
ðæt ðær ne mæg nan æðm ut betweox. Swæ eac ða his folgeras, swæ
hie unwiðerweardran & gemodran bioð, swæ hie swiðor hlecað to-
somne, & eac fæstor tosomne bioð gefegede to godra monna hienðe.
Swæ eac se se þa unryhtwisan tosomne sibbað, he seleð ðære unryht-
wisnesse fultom & mægen, forðæm hie magon ða godan swæ micle
swiður geswencean swæ hie hiora anmodlicor ehtað. Be ðæm cwæð
se æðela lareow *sanctus* Paulus, ða he geseah ðæt folc Fariseo &

---

peace of his companion, is a familiar servant of God's enemy, who
is always depriving the infirm mind of the peace which he himself
relinquished, and so ruined himself, till he fell down, and still wishes
to block up our road, lest we ascend the path to the dignity he fell from.
Those, on the contrary, who sow peace are to be admonished not to do
such great works too recklessly and rashly, and especially when they
do not know whether peace is better established between the two, or
not; because, as much as any diminution of peace between the good is
injurious, so much is it also injurious, if it is not diminished, between
the bad. Because, if the perverse and unrighteous consolidate their
evil with peace, and combine it together, their power is increased, and
their evil deeds helped, because the greater their unanimity between

ofslihð on his geferan, he bið hiewcuðlice ðeow ðæm Godes feonde, ðe
simle wiðbritt ðæm untruman mode ðære sibbe ðe he self forlét, &
hine mid ðæm forworhte, oð he ofdune afeoll, & nu giet wilnað ðæt
he ús ðone weg fordikige, ðæt we ne mægen astigan on ðone weg &
5 on ða are ðe he of áfeoll. Ongean ðæt sint to manienne ða ðe ða
sibbe sawað, ðæt hie swa micel weorc to recceleaslice & to unwærlice
ne don, & huru ðær ðær hie nyton hwæðer sio sibb betre betwux
gefæstnod bið, ðe ne bið, forðæm swa swiðe swa hit dereð ðætte ænig
wana sie ðære sibbe betwux ðæm goodum, swa swiðe hit eac dereð
10 ðæt hio ne sie gewanod betwux ðæm yfelum. Forðæm, gif ða
ðweoran & ða unryhtwisan hiera yfel mid sibbe gefæstnigað, & to-
somne gemengað, ðonne bið geiced hiera mægen, & hiora yfelum
weorcum gefultumod, forðon swa micle swa hie gemodsumeran bioð
betwux him, swa hie beoð bealdran ða godan to swenceanne. Be ðæm
15 wæs ðætte sio godcunde stemn cwæð to ðæm eadgan Iobe ymb ða
bodan ðæs idlan fætes, ðæt is se awirgda Antexrist, hio cwæð : His
flæsces lima clifað ælc on oðrum. & eft hio dyde sciella to bisene his
heorðcneohtum, & ðus cwæð : Ælces fisces sciell bið to oðerre gefeged,
ðæt ðær ne mæg nan æðm ut betwuxn. Swa eac ða his folgeras, swa
20 hie unwiðerweardran & gemodran beoð, swa hie swiður hlecað to-
somne, & eac fæstor tosomne beoð gefegde to godra monna hienðe.
Swa eac se se ðe ða unryhtwisan tosomne sibbað, he seleð ðære un-
ryhtwisnesse fultom & mægen, forðæm hie magon ða gódan swa micle
swiður geswencean swa hie hiora anmodlicor ehtað. Be ðæm cwæð
25 se æðela lareow *sanctus* Paulus, ða he geseah ðæt folc Phariseo &

---

themselves, the bolder they will be to trouble the good. Therefore
the divine voice spoke to the blessed Job about the messengers of the
useless vessel, that is the accursed Antichrist; it said : " The limbs of his
flesh cleave together." And again, it used scales as an illustration for
his domestic servants, speaking thus : " The scale of every fish is joined
to the other, so that no breath can pass out between." So also his fol-
lowers, the more friendly and unanimous they are, the more closely they
unite, and the more firmly they join together to annoy the good. So also
he who reconciles the wicked together, supports and strengthens un-
righteousness, because the more unanimously they persecute the good,
the more they will be able to afflict them. Of which the noble
teacher St. Paul spoke, when he saw how the sects of the Pharisees

Saducia anmodlice his ehton, he tilode hie betweox him to tosceadanne, & ðus cwæð : Hwæt do ge, broðor, doð esnlice. Hu, ne eom ic eower gefera, & eom Fariseisc swæ same swæ ge? & forðæm min mon eht þe ic bodige ymb ðone tohopan deadra monna æristes. Forðæm he cwæð ða word, forðæm ða Saducie andsacedon ðære æriste æfter deaðe, & ða Fariseos geliefdon ðære æriste, swæ swæ ða halgan gewritu bodiað. Swæ he tosced ðara ehtera anmodnesse þe hiene ær woldon fordon, & Paulus com gesund ðanon. Eac sint to manianne ða þe on ðæm bioð abisgode ðæt hie sibbe tiliað, ðæt hie ærest tiligen to gecyðonne ðæm ungesceadwisum modum hu sio lufu bion scyle ðære inweardlican sibbe, ðylæs him æfter firste sio uterre sib derige; forðon, ðonne ðonne hie geðenceað ða ryhtan lufe, ðæt hie eac geðencen ðæt hie ne weorðen beswicene mid ðære uterran lufe, & ðonne hie ongietað ða godcundan sibbe, ðætte sio eorðlice sib hie ne geteo to wyrsan. Ond eft ðonne sume yfele men swæ gerade bioð ðæt hie ne magon godum monnum derigean, ðeah hie willen, ðonne is betre ðeah ðæt mon eorðlice sibbe betweox ðæm fæstnige, oððæt hie mægen ongietan ða uplican sibbe ; ðætte hie ðurh ða menniscan sibbe mægen astigan to ðære godcundan sibbe, ðeah hio him ðonne [giet] fior sie, forðæm ðæt yfel hiora unrihtwisnesse hie hæfð ðonne git ahirde, ðætte hie ðonne gemanðwærige sio lufu & sio geferræden hiora nihstena, & hie to betran gebrenge.

---

and Sadducees unanimously persecuted him, trying to set them at variance, and spoke thus : "What ye do, brothers, do manfully. What, am I not your companion, and a Pharisee as ye are? And I am persecuted because I preach about the hope of the resurrection of the dead." He spoke thus because the Sadducees denied the resurrection after death, and the Pharisees believed in it, as the holy Scriptures tell. So he disturbed the unanimity of his persecutors, who before wished to destroy him, and escaped unhurt. Those who busy themselves with promoting peace are also to be admonished first to try and show the unwise minds what the love of inner peace ought to be, lest

Saducia anmodlice his ehtan, he tiolode hie betwux him to toscadanne,
& ðus cwæð: Hwæt do ge, broður, doð esnlice. Hu, ne eom ic eower
gefera, & eom Fariscisc swa same swa ge? Ond forðæm mín monn
eft ðe ic bodige ymb ðone tohopan deadra monna ærestes. Forðæm
5 he cwæð ða word, forðæm ða Saducie antsacodon ðære æriste [æfter
deaðe, & ða Farisseos geliefdon ðære æriste], swa swa ða halgan
gewritu bodigað. Swa he tosced ðara ehtera anmodnesse ðe hine ær
woldon fordon, & Paulus com gesund ðonon. Eac sint to manianne
ða ðe on ðam beoð abisgode ðæt hie sibbe tiligað, ðæt hie ærest
10 tilgen to kyðanne ðæm ungesceadwisum modum hu sio lufu beon scyle
ðære inweardlican sibbe, ðylæs him æfter firste sio uterre sib derige;
forðon, ðonne ðonne hie geðencað ða ryhtan lufe, ðæt hie eac geðencen
ðæt hie ne weorðen beswicene mid ðære uterran lufe, & ðonne hie
óngitað ða godcundan sibbe, ðætte sio eorðlice sib hi ne geteo to
15 wirsan. Ond eft ðonne sume yfele menn swa gerade beoð ðæt hie
ne magon godum monnum derian, ðeah hie willen, ðonne is betere
ðeah ðæt mon eorðlice sibbe betwux ðæm fæstnige, oððæt hie mægen
ongietan ða uplican sibbe; ðætte hie ðurh ða menniscan sibbe mægen
astigan to ðære godcundan sibbe, ðeah hio him ðonne giet feorr sie,
20 forðæm ðæt yfel hiera unryhtwisnesse hie hæfð ðonne giet ahierde, ðætte
hie ðonne gemonnðwærige sio lufu & sio geferræden hiora niehstena,
& hie to beteran gebrenge.

---

the outer peace injure them after a time; that, when they think of
righteous love, they may also take care not to be deceived by the outer
love, and when they understand the divine peace, the earthly peace
may not deteriorate them. And again, when any bad men are so
circumstanced as not to be able to injure the good, although they de-
sire it, it is better to confirm earthly peace between them, until they
can appreciate sublime peace; that through human peace they may
ascend to divine peace, although it is yet far from them, because the
evil of their unrighteousness still hardens them, that love and the
society of their neighbours may humanise and reform them.

XLVIII. Ðætte on oðre wisan sint to manianne ða þe ða halgan æ
ryhtlice ongietan ne cunnon; on oðre wisan ða þe hie
ryhtlice ongietað, & ðeah for eaðmodnesse swugiað ðæt
hie hie ne bodiað.

On oðre wisan sint to manianne ða þe ða halgan æ ryhtlice ongietan
ne cunnon; on oðre þa þe hie ryhtlice ongietan cunnon, & ðeah for
eaðmodnesse swugiað ðæt hie hie ne bodiað. Ða sint to manianne þe
þa æ ryhtlice ne ongietað, ðætte hie geðencen ðætte hie ðone hal-
wyndan drync ðæs æðelan wines ne gehwierfen him selfum to attre,
& ðæt isen ðæt hie men mid lacnian sculdon, ðæt hie mid ðæm hie
selfe to feore ne gewundigen, ðylæs hie mid ðy tole ðæt hale lic
gewierden þe hie sceoldon mid ðæt unhale awegaceorfan. Eac hie
sint to manianne ðæt hie geðencen ðæt ða halgan gewritu sint us to
leohtfatum gesealde, ðæt we mægen gesion hwæt we don scylen on
ðisse niht, ðæt is ðis andwearde lif, swæ swæ ðæt liohtfæt lieht on
niht urum eagum, ðætte ða gewritu on dæg liehten urum mode. Ac
ðonne hwa ne con ða ryhtlice ongietan, ðonne bið him ðæt lioht
aðiestrod. Ne gehwierfde hiene næfre ðæt unryhtwise ingeðonc to
ðæm won andgiete, gif he ær nære aðunden on ofermettum. Ac ðonne
hie wenað ðæt hie selfe wisran sien ðonne oðre, ðonne forhycgeað hie
ðæt hie folgien oðrum monnum æfter betran ondgiete, & wilniað ðæt
hie gegitsien & gelicetten æt ðæm ungetydum folce wisdomes naman.
Higiað ðonne ealle mægene ðæt hie ðæt gedwellen ðæt oðre menn

---

XLVIII. That those who cannot rightly understand the holy law
are to be admonished in one way; in another those
who understand it rightly, and yet for humility refrain
from preaching it.

Those who cannot rightly understand the holy law are to be admon-
ished in one way; in another those who can understand it rightly, and yet
from humility refrain from preaching it. Those who do not understand
the law rightly are to be admonished not to turn the salutary draught
of noble wine into poison for themselves, and not to wound themselves
mortally with the lancet with which they should cure men, lest they
destroy the sound flesh with the instrument that should cut away the

XLVIII. Ðætte on oðre wisan sint to manianne ða ðe ða halgan aé
ryhtlice óngietan ne cunnon; on oðre wisan ða ðe hie
ryhtlice ongietað, & ðeah for eaðmodnesse swugiað ðæt
hi hi ne bodigeað.

5 On oðre wisan sint to manigenne ða ðe ða halgan aé ryhtlice ongietan
ne cunnon; on oðre ða ðe hie ryhtlice ongietan cunnon, & ðeah for
eaðmodnesse swigiað ðæt hie hie ne bodiað. Ða sint to maniene ðe
ða aé ryhtlice ne ongietað, ðætte hie geðencen ðætte hie ðone hal-
wendan drync ðæs æðelan wines ne gehwyrfen him selfum to attre,
10 & isen ðæt hie menn mid lacnian sculdon, ðæt hie mid ðæm hie
selfe to feore ne gewundigen, ðylæs hie mid ðy tole ðæt hale lic
gewierden ðe hie sceoldon mid ðæt unhale awegaceorfan. Eac hie
sint to manigenne ðæt hie geðencen ðæt ða halgan gewritu sint ús to
leohtfatum gesald, ðæt we mægen geseon hwæt we dón scylen on
15 ðisse niht, ðæt is ðis andwearde lif, swa swa ðæt leohtfǽt lieht on
nieht urum eagum, ðætte ða gewritu on dæg liehten urum mode. Ac
ðonne hwa ne cann ða ryhtlice ongietan, ðonne bið him ðæt leoht
aðiestrod. Ne gehwyrfde hine næfre ðæt unryhtwise ingeðonc to
ðæm wón andgiete, gif he ær nære on ofermettum aðunden. Ac ðonne
20 hie wenað ðæt hie wisran sien selfe ðonne oðre, ðonne forhyggeað hie
ðæt hie folgien oðrum monnum æfter bettran andgiete, & wilniað ðæt
hie gegitsien & gelicetten æt ðæm ungetydum folce wisdomes naman.
Higiað ðonne ealle mægene ðæt hie ðæt gedwellen ðæt oðre menn

---

unsound. They are also to be admonished to consider that the holy
Scriptures are given us as lanterns, that we may see what we are to do
in this night, that is, this present life, as the lantern gives light to our
eyes at night, that the Scriptures may enlighten our mind by day.
But when a man cannot appreciate it properly, his light is obscured.
The unrighteous mind would never have perverted him to the per-
verse understanding, had he not been previously inflated with pride.
But when they think that they are themselves wiser than others, they
do not care to follow other men after better understanding, but wish
to gain by greed and hypocrisy the name of wisdom from the untaught
multitude. They strive, then, with all their might to obscure that
which others have rightly and sagaciously understood, and try to

ryhtlice & gesceadwislice ongieten habbaðˍ, & hiora agen unryht willað mid ðy getrymman. Be ðæm wæs swiðe wel gecweden ðurh Amos ðone witgan, he cwæð: Hie snidon ða Galatiscan wif þe bearneacne wæron, & woldon mid ðy geryman hiora landgemæru. Ðæt folc wæs gehaten Galað on Ebreisc, ðæt is on Englisc gewitnesse heap, forðæm eall sio gesamnung ðære halgan ciricean ðurh ondetnesse hielt ða gewitnesse ðære soðfæstnesse. Ðy is swiðe ryhte getacnod ðurh Galaðes noman sio halge gesomnung, forðæmþe ealle ða geleaffullan bodigeað be Gode ðætte soð is. Ðonne getacniað ða eacniendan wif ða saula þe ða gebodu ongietað, & hie mid godcundlicre lufan underfoð: gif ðæt underfangne ondgiet to ryhtre tide bið forðbroht, ðonne bið hit mid ðy ðurhtogenan weorce gedon, swelce hit sie geboren. Ðæt is ðonne ðæt mon his mearce bræde, ðæt mon his hligsan & his noman mærsige. Ac ðonne mon snið ða bearneacan wif on Galað hiora mearce mid to ryman [hrymanne], ðonne ða gedwolmen mid wore lare ofsleað ðæt mod geleaffulra monna, ðonne ðonne hit furðum ryht andgit underfangen hæfð, & him hwæthwugu sio soðfæstnes on geeacnod bið, ærðæmþe hit fullboren sie, & willað mid ðy gedon ðæt hie mon hlige wisdomes, mid ðy þe hie ofsniðen mid ðy seaxe hefiglices gedwolan ða unborenan bearn, þe ðonne furðum bioð mid wordum geeacnode on geleaffulra mode; ac hie wilniað mid ðy ðæt hie mon herige, & cweðe ðæt hie sien wise lareowas. Ac gif we wilnien ðæt hie ðæs wós geswicen, ðonne sculon we hie ealra ðinga ærest & geornost læran ðæt hie ne wilnigen leasgilpes, forðæm, gif se wyrtruma ðære upahæfenesse ærest wierð forcorfen, ðonne bið hit sona

---

confirm their own unrighteousness thereby. Of which was very well spoken through the prophet Amos; he said: "They cut open the pregnant women of Gilead, to strengthen their boundaries." The people was called in Hebrew Gilead, which is in English "the heap of testimony," because the whole assembly of the holy church preserves the testimony of truth through confession. Therefore the holy assembly is very rightly signified by the name of Gilead, because all believers proclaim about God what is true. The pregnant women signify the souls which understand the commands, and receive them with divine love: if the received understanding is brought forth at the proper time, its birth is as if it were caused by the accomplished

ryhtlice & gesceadwislice ongieten habbað, & hira agen unryht willað
mid ðy getrymman. Be ðæm wæs swiðe wel gecweden ðurh Amos
ðone witgan, he cwæð: Hie sindon ða Galatis[can] wif ðe bearne[a]-
cene wæron, & woldon mid ðy getryman hira landgemæru. Ðæt folc
5 wæs gehaten Galað on Ebrisc, ðæt is on Englisc gewitnesse heap,
forðæm eal sio gesomnung ðære halgan ciricean ðurh ondetnesse hielt
ða gewitnesse ðære soðfæsðnesse. Ðy is swiðe ryhte getacnod ðurh
Galates naman sio halige gesomnung, forðæmðe ealle ða geleaffullan
bodiað be Gode ðæt soð is. Ðonne getacniað ða [ge]eacniendan wif ða
10 saule ðe ða gebodu angietað, & hie mid godcundlicre lufan underfoð:
gif ðæt underfangne andgit to ryhtre tide bið forðbroht, ðonne bið
hit mid ðy ðurhtogenan weorce gedón, swelce hit sie geboren. Ðæt is
ðonne ðæt mon his mearce bræde, ðæt mon his hlisan & his naman
mærsige. Ac ðonne mon snið ða bearneacnan wif ón Galað hira
15 mearce mid to rymanne, ðonne ða gedwolmenn mid wore lare ofsleað
ðæt mod geleaffullra monna, ðonne ðonne hit furðum ryht andgiet
underfangen hæfð, & him hwæthwugu sio soðfæsðnes on geeacnod
bið, ærðæmðe hit fullboren sie, & willað mid ðy gedón ðæt hie mon
hlige wisdomes, mid ðy ðe hie ofsniðen mid ðy seaxe hefiglices
20 gedwolan ða unborenan bearn, ðe ðonne furðum beoð mid wordum
geeacnode on geleaffullra mode; ac hie wilniað mid ðy ðæt hie mon
herige, & cweðe ðæt hie sin wise lareowas. Ac gif we wilnigen ðæt
hie ðæs wós geswicen, ðonne sculon we hie ealra ðinga ærest &
georgost læran ðæt hie ne wilnigen leasgielpes, forðæm, gif se wyrt-
25 truma ðære úpahafenisse ærest wyrð forcorfen, ðonne bið hit sona

---

work. Extending one's boundaries is proclaiming one's name and
fame. Men cut open the pregnant women in Gilead to increase their
territories, when heretics with perverse doctrine slay the minds of
believers, when they have received a right understanding, and truth is
partially begot on them, before it is completely born, and wish so to
get a reputation for wisdom by cutting out with the knife of grievous
error the unborn children, who are begot with words in the minds of
the faithful; but they wish to be praised for it, and accounted wise
teachers. But if we wish them to cease from evil, we must teach
them first and most zealously of all things, not to desire false glory,
because if the root of pride is first cut away, it is evident that the

swutol ðæt ða twigu forseariað ðære unryhtan lare. Eac hie sint to
manianne ðætte hie ðurh hiora gedwolan & ðurh hiora ungeðwærnesse
ða Godes æ, þe us forbiet deoflum to offrianne, ðæt hie þa ilcan æ
ne gehwierfen to diofulgilde. Be ðæm Dryhten siofiende cwæð ðurh
Ossei ðone witgan, he cwæð : Ic him sealde hwæte & win & ele &
gold & sylofr ic him sealde genoh, & ðæt hie worhton to diofolgieldum
Bále hiora gode. Ac ðonne we underfoð ðone hwæte æt Gode, ðonne
we ongietað inweardlice ða æ, & onwrioð þa diglan cwidas, swelce we
nimen ðone clænan hwæte, & weorpen ðæt ceaf onweg. And ðonne
us selð God his win, ðonne he us oferdrencð mid ðære lare dioplices
ondgietes. And ðonne he us selð his oele, ðonne he us his be-
bodu openlicor gecyð, & mid ðæm ure lif liðelice & getæslice
fereð. And ðonne he us selð micel siolfor, ðonne he us selð mycele
getyngnesse & wlitige spræce ymbe soðfæstnesse to cyðonne. Ðonne
he us gewelegað mid golde, ðonne he ure heortan onliht & gebirht
mid ðæm sciman healices ondgietes. Ðis is eall ryhtwisra monna
offrung Gode, ac hit brengað eall ða gedwolmen Bále, midðæmþe hie
hiora hieremonna mod gedwellað, & eall hiera ondgiet forhwerfað mid
hiora wó lare. Ðonne he doð ðone hwæte & ðæt win & ðone oele
& ðæt silofr to diofolgieldum, ðonne hie ða gesibsumnesse & ða ge-
sceadwisnesse to gedwolan & to ungeðwærnesse gehwierfað. Forðæm
hie sint to manianne ðæt hie geornlice geðencen, ðonne hie mid for-
hwerfde mode ðære sibbe bebod gehwerfað to ungeðwærnesse, ðæt hie
ðonne hie selfe ofsleað from lifes wordum mid ryhtum Godes dome.
Ongean ðæt sint to manianne ða þe ða word ðære halgan æ ryhtlice

---

twigs of unrighteous doctrine will soon wither. They are also to be
admonished with their errors and discord not to pervert the law of
God, which forbids us to sacrifice to devils, to idolatry. Of which the
Lord spoke sadly through the prophet Hosea, saying : "I gave them
wheat and wine and oil and gold and silver ; I gave them enough, and
they made it into idols for their god Baal." We receive the wheat
from God, when we inwardly understand the law, and reveal the ob-
scure sayings, as if we took the pure wheat, and threw away the chaff.
And God gives us his wine, when he intoxicates us with the doctrine of
deep understanding. And he gives us his oil, when he proclaims to us
his commands more openly, and therewith leads on our life gently
and softly. And he gives us much silver, when he gives us great

swutol ðæt ða twigu forseariað ðære unryhtan lare. Eac hie sint to
manigenne ðætte hie ðurh hiera gedwolan & ðurh hiera ungeðwærnesse
ða Godes ǽ, ðe us forbiet diofulum to offrianne, ðæt hie ða ilcan ǽ
ne gehwierfen to diofulgielde. Be ðæm Dryhten siofigende cwæð ðurh
5 Ossei ðone witgan, he cwæð: Ic him sealde hwǽte & win & [o]ele &
gold & siolfor; ic him sealde genog, & ðæt hie worhton to diofulgiel-
dum Bale hiera gode. Ac ðonne we underfóð ðone hwǽte æt Gode,
ðon*ne* we ongietað inweardlice ða ǽ, & onwreoð ða dieglan cwidas,
swelce we nimen ðone clǽnan hwǽte, & weorpen ðæt ceaf onweg. &
10 ðonne us selð God his wín, ðonne he us oferdrencð mid ðære lare
dioplices andgites. & ðonne he us selð his ele, ðon*ne* he us [his
bebodu] openlicor gecyð, & mid ðæm [ure lif] liðelice & getæslice
fereð. & ðonne he us seleð micel siolfor, ðonne he us selð micle
getyngnesse & wlitige spræce ymb soðfæsðnesse to cyðanne. Donne
15 he us gewelegað [mid golde], ðonne he ure heortan onlieht & gebierht
mid ðæm sciman healices angietes. Ðis is eall ryhtwisra monna
offrung Gode, ac hit bringað eal ða gedwolmen Bale, midðæmðe hie
[hiora] hieremonna mód gedwellað, & eall hiera andgit forhwirfað mid
hiera wore lare. Donne hie doð ðone hwǽte & ðæt wín & ðone ele
20 & ðæt siolfor to diofulgieldum, ðonne hie ða gesibsumnesse & gescead-
wisnesse to gedwolan & to ungeðwærnesse gehwyrfað. Forðæm hie
sint to manigenne ðæt hie geornlice geðencen, ðonne hie mid for-
hwirfede mode ðære sibbe bebod gehwierfað to ungeðwærnesse, ðæt hie
ðonne hie selfe ofsleað from lifes wordu*m* mid ryhtum Godes dome.
25 Ongean ðæt sint to manigenne ða ðe ða word ðære halgan ǽ ryh(t)lice

---

eloquence and fair speech to preach the truth. He enriches us with
gold, when he illuminates and brightens our hearts with the splendour
of lofty understanding. All this is the offering of righteous men to
God, but heretics bring it all to Baal, because they seduce the minds
of their subjects, and pervert their whole understanding with their
perverse doctrine. They make the wheat and wine, oil and silver, into
idolatry, when they pervert peace and wisdom to error and discord.
Therefore they are to be warned to consider carefully, that when they
with perverted mind turn the commandments of peace into discord,
they kill themselves with the words of life by the righteous judgment
of God. On the other hand, those who are able to understand the
words of the holy law properly, and yet will not humbly teach them,

ongietan cunnon, & hie swæðeah eaðmodlice nyllað læran, hie sint
to manianne ðæt hie hie selfe ongieten on ðæm halgum gewritum,
ærðæmþe hie oðre læren, ðylæs hie eahtigen oðerra monna dæda, &
forgieten hie selfe, & ðonne hie eall ða halgan gewritu ryhtlice on-
gieten hæbben, ðæt hie ne forgieten hwæt be ðæm upahæfenum
gecweden is, hit is gecweden : Dysig bið se læce & untyd þe wilnað
ðæt he oðerne mannan gelacnige, & nat ðæt he self bið gewundod.
Forðæm sint to manianne ða þe eaðmodlice nyllað læran Godes word,
ðætte ðonne ðonne hie ða untruman lacnian willað, ðætte hie ær gescea-
wien ðæt ator hiora agenra medtrymnesse on him selfum, ðylæs hie hie
selfe acwellen, ðær ðær hie ða oðre lacniað. Ac him mon sceal manian
ðæt hie geðencen ðætte hie hie selfe ne geunðwærien ðæm wordum þe
hie lærað mid ðy ðæt hie oðer don, oðer hie læren. Ac gehieren
hwæt awriten is on ðæm ærendgewrite *sancte* Petres, hit is awriten:
Swæ hwa swæ spræce, spræce he Godes worde, swelce ða word na his
ne sien, ac Godes. Gif hit ðonne Godes word bioð, næs his, forhwy
sceal hwa ðonne beon ahæfen on ðæm, swelce hit his agnu word sien ?
Ac hie scoldon gehieran ðone cwide þe *sanctus* Paulus cwæð to Corin-
theum, he cwæð : Swæ swæ of Gode beforan Gode we spreoað on
Criste. Se ðonne sprich of Gode beforan Gode, se þe ongit ðæt he ða
word ðære lare from Gode onfeng, & ðurh ða wilnað Gode to licianne,
nealles monnum. Hie sculon gehieran ðone cwide þe awriten is on
Salomonnes bocum, hit is awriten ðætte God onscunige ælcne ofer-
modne mon. Se ðonne þe mid Godes wordum his agenne gilp secð,
he wile reafian ðone þe hie him sealde his anwaldes ; & ne ondræt him

---

are to be admonished to understand themselves in the holy Scriptures
before they teach others, lest they observe the deeds of others, and
forget themselves, and when they have properly understood all the
holy Scriptures, not to forget what is said of the proud ; it is said :
" Foolish and unskilful is the physician who desires to cure another,
and knows not that he himself is wounded." Therefore, those who
will not humbly teach the words of God, are to be admonished, when
they wish to cure the sick, first to look to the poison of their own
diseases in themselves, lest they themselves die while curing the others.
They are to be admonished to consider, that they are not themselves
to cause discord with the words they teach, by doing one thing and
teaching another. But let them hear what is written in the letter

ongietan cunnon, & hie swaðeah eaðmodlice nyllað læran, hie sint
to manigenne ðæt hie hie selfe ongieten on ðæm halgum gewritum,
ærðæmðe hie oðre læren, ðylæs hie eahtigen oðer(ra) monna dæda, &
forgieten hie selfe, & ðonne hie eal ða halgan gewritu ryhtlice ongiten
5 hæbben, ðæt hie ne forgiten hwæt bi ðæm úpahæfenum gecweden
is, hit is gecweden: Dysig bið se læce & untyd ðe wilnað ðæt he
oðerne mon gelacnige, & nat ðæt he self bið gewundad. Forðæm
sint to monigenne ða ðe eaðmodlice nyllað læran Godes word, ðætte
ðonne ðonne hie ða untruman lacnian willað, ðætte [hie] ær gescea-
10 wigen ðæt ater hiera agenra mettrymnessa on him selfum, ðylæs hie
selfe acwelen, ðær ðær hie ða oðre lacniað. Ac hie mon sceal manian
ðæt hie geðencen ðætte hie selfe ne geunðwærigen ðæm wordum ðe
hie lærað mid ðy ðæt hie oðer don, oðer hie lærað. Ac gehieren
hwæt awriten is on ðæm ærendgewrite *sancte* Petres, hit is awriten:
15 Swa hwa swa sprece, sprece he Godes worde, swelce ða word no his
ne sien, ac Godes. Gif hit ðonne Godes word bioð, næs his, forhwy
sceal hwa ðonne bion ahæfen on ðæm, swelce hit his agenu word sien?
Ac hie scoldon gehieran ðone cuide [ðe] *sanctus* Paulus cwæð to Co-
rintheum, he cwæð: Sua sua of Gode beforan Gode we sprecað on
20 Criste. Se ðonne spricð of Gode beforan Gode, se ðe ongiet ðæt he
ða word ðære lare from Gode onfeng, & ðurh ða wilnað Gode to lici-
ganne, nalles mannum. Hie sculon gehieran ðone cuide ðe awriten is
on Salomonnes bocum, hit is awriten ðætte God anscunige ælcne ofer-
modne man. Se ðonne ðe mid Godes wordum his agene gielp secð,
25 he wile reafian ðone ðe hie him sealde his anwaldes; & ne ondræt him

---

of St. Peter; it is written: "Whoever speaks, let him speak with the
word of God, as if the words were not his, but God's." If, then, they
are God's words, not his, why shall any one be proud on account of
them, as if they were his own words? But they should hear what
St. Paul said to the Corinthians; he said: "As if from God before
God we speak in Christ." He speaks from God before God, who
understands that he has received the words of instruction from
God, and through them desires to please God, not men. They shall
hear the words written in Solomon's books; it is written that God
abominates all proud men. He who seeks his own glory with God's
words, wishes to deprive him who gave them to him of his authority;
and is not afraid of subordinating God to himself, although God gave

no, ðeah he dô God behindan hiene, ðeah þe him God gefe ðæt ðæt ðær mon hereð. Eac hie sculon gehieran hwæt to ðæm lareowum gecweden is ðurh Salomon, hit is gecweden : Drinc ðæt wæter of ðinum agnum mere, & ðætte of ðinum agnum pytte aflowe, & læt ðine willas irnan wide, & todæl hie, læd hie giond ðin land, & gegierwe ðæt hie irnen bi herestrætum, & hafa hie ðeah ðe anum, ðylæs elðiodige hie ne dælen wið ðe. Ðonne drincð se lareow ðæt wæter of his agnum mere, ðonne he gehwierfð ærest to his agnum ingeðonce to hladanne ðæt wæter, ðæt is to wyrceanne ðæt [ðæt] he lærð. Ðonne he drincð of ðæm wielme his agnes pyttes, ðonne he bið self geðwæned & wel gedrenced mid his agnum wordum. Swiðe wel wæs ðios spræc mid ðy geieced þe Salomon cwæð : Læt forð ðine wyllas, & todæl ðin wætru æfter herestrætum. Ðæt is ðætte se lareow sceal ærest self drincan of ðæm wille his agenre lare, & siððan geotan mid his lare ðæt ilce wæter on his hieremonna mod. Ðæt is ðonne ðæt mon his wætru utlæte, ðæt se lareow mid ðy cræfte his lareowdomes utane on oðre menn geote, oððæt hie innan gelærede weorðen. Ðæt is ðonne ðæt mon his wætru todæle æfter kyninga herestrætum, ðæt mon ða godcundan spræce ðære menglo ðæs folces todæle gemetlice ælcum be his andefene. Ac forðonþe oft sio wilnung ðæs idlan gilpes gegripð ðæt mod ðæs lareowes, ðonne he ongiet ðæt ða Godes word monegum men liciað þe ðurh his muð bioð gesprecen, forðæm wæs gecweden ðæt ðæt we ær sædon ðurh Salomon ðone snottran, he cwæð : Ðeah ðu ðin wætru todæle, hafa hie ðeah ðe self, & ne sele elðiodegum hiora nowuht. He mænde þa awierdan gastas. Bi ðæm spræc Dauid swiðe

---

him what men praise. They shall also hear what is said to teachers through Solomon; it is said : "Drink the water from thine own cistern, and that which flows from thine own well, and let thy springs flow widely, and divide them, lead them over thy lands, and make them flow along the highroads, and yet keep them to thyself, lest strangers share them with thee." The teacher drinks the water from his own cistern, when he turns first to his own mind to draw the water, that is, to do what he teaches. He drinks from the flow of his own well, when he is himself softened and well watered with his own words. To these words were very well added what Solomon said : "Send forth thy streams, and disperse thy waters along the highroads." That is, that the teacher is first to drink of the spring of his own doctrine,

no, ðeah ðe he do God behindan hine, ðeah ðe him God geafe ðæt ðæt ðær mon hereð. Eac hie sculon gehieran hwæt to ðæm lareowum gecweden is ðurh Salomon, hit is gecweden: Drinc ðæt wæter of ðinum agenum mere, & ðætte of ðinum agnum pytte aflowe, & læt
5 ðine willas iernan wide, & todæl hie, læd hie gind ðin lond, & gegier ðæt hie iernen bi herestrætum, & hafa hie ðeah ðe anum, ðylæs elðiodige hie dælen wið ðe. Ðonne drincð se lareow ðæt wæter of h(i)s agnum mere, ðonne he gehwirfð æresð to his agnum ingeðonce to hladanne ðæt wæter, ðæt is to wyrceanne ðæt ðæt he lærð. Ðonne
10 he drincð of ðæm wielme his agnes pyttes, ðonne he bið self geðwæned & wel gedreuced mid his agnum wordum. Swiðe we[l] wæs ðios spræc mid ðy geieced ðe Salomon cwæð: Læt forð ðine willas, & todæl ðin wætru æfter herestrætum. Ðæt is ðætte se lareow ærest sceal self drincan of ðæm wille his agenre lare, & siððan geotan mid his lare ðæt
15 ilce wæter on his hieremonna mod. Ðæt is ðonne ðæt mon his wætru utlæte, ðæt se lareow mid ðy cræfte his lareowdomes utane on oðre menn giote, oððæt hie innan gelærede weorðen. Ðæt is ðonne ðæt mon his wætru todæle æfter cyninga herestrætum, ðæt mon ða godcundan spræce ðære menigo ðæs folces todæle gemetlice ælcum be his
20 andefne. Ac forðonðe oft sio wilnung ðæs idlan gielpes gegripð ðæt mod ðæs lareowes, ðonne he ongiet ðæt ða Godes word manegum menn liciað ðe ðurh his muð beoð gesprecen, forðæm wæs gecweden ðæt ðæt we ær sædon ðurh Salomon ðone snotran, he cwæð: Ðeah ðu ðin wætru todæle, hafa hie ðeah ðe self, & ne sele elðiodigum hira
25 nawuht. He mænde ða awiergedan gæstas. Bi ðæm spræc Dauid

---

and then with his instruction to pour the same water over the minds of his subjects. Sending out one's waters means, that the teacher is to water other men outwardly with the art of his instruction, until they become learned inwardly. Dispersing one's waters along the king's highways means, that we are to disperse the divine words among the multitude of the people suitably, to each according to his capacity. But since often the desire of vainglory seizes on the mind of the teacher, when he sees that the words of God which are spoken through his mouth please many, that was said which we have quoted above, through the wise Solomon, who said: "Although thou disperse thy waters, yet keep them for thyself, and give nothing of them to strangers." He meant the accursed spirits. Of whom

cuðlice on salmum, swæ he hit oft acunnad hæfde, he cwæð : Elðiodige arison wið me, & wunnon wið me, swiðe stronge wæron ða þe min ehton. We cwædon ær ðæt Salomon cwæde ðæt mon scolde his wætru todælan, & ðeah him self eall habban. Swelce he openlice cwæde : Iow is micel ðearf ðæt ge swæ ætfeolen ut ðære lare, swæ swæ ge eow innan ne geðieden to ðæm awierdum gæstum ðurh upahefenesse eowres modes, ðylæs ge ðurh ða ðenunga ðara Godes worda to iow forlæten iowre fiend, ðylæs iow ðonan awuht gemænes weorðe. Ðonne we doð ægðer, ge we ða wætru todælað æfter kyninga herestrætum, ge eac us selfe habbað, ðonne [ðonne] we swiðe wide uttogeotað ða lare, & swæ-ðeah ðurh ða ne wilnigeað woruldgilpes.

XLVIV. Ðætte on oðre wisan sint to manianne ða þe medomlice cunnon læran, & ðeah for miclum ege & for micelre eaðmodnesse forwandiað ; & on oðre wisan ða þe ðonne git to ðæm gewintrede ne bioð ne geðigene, & ðeah for hrædhydignesse bioð to gegripene.

On oðre wisan sint to manian [manienne] ða þe medomlice læran magon, & ðeah for micelre eaðmodnesse him ondrædað ; on oðre ða ða þe unmedome bioð to ðære lare oððe for gioguðe oððe for unwisdome, & ðeah for hiora fortruwodnesse & for hiora hrædwilnesse bioð to [ge]-scofene. Ða ðonne sint to manianne þe nytwyrðlice læran meahton, & ðeah for ungemetlicre eaðmodnesse hit onscuniað, hie sint to manianne ðæt hie be ðæm læssan ðingum ongieten hu swiðe hie gesyngiað on

---

David spoke very positively in the Psalms, as he had often experienced, saying : "Strangers arose against me, and fought against me, and my persecutors were very strong." We said above, that Solomon said that a man ought to disperse his waters, and yet keep them all for himself. As if he had openly said : "It is very necessary that ye so apply yourselves outwardly to instruction as not to associate inwardly with the accursed spirits through pride of spirit, lest through the ministration of God's word ye allow your enemies access to yourselves ; lest ye have anything in common." But we do both ; we disperse the waters along the king's highways, and also keep them for ourselves, when we disperse instruction very widely, and yet through it desire not worldly glory.

swiðe cuðlice on psalmum, swa he hit oft acunnad hæfde, he cwæð: Elðiodige arison wið me, & wunnon wið me, & swiðe stronge wæron ða ðe min ehton. We cwædon ær ðæt Salomon cwæde ðæt mon sceolde his wætru todælan, & ðeah him self eall habban. Swelce he openlice
5 cwæde: Eow is micel ðearf ðæt ge swa ætfeolen út ðære lare, swa swa ge eow innan ne geðieden to ðæm awiergedum gæstum ðurh úpahafenesse eowres modes, ðylæs ge ðurh ða ðenunga ðara Godes worda to eow forlæten eowre fiend, ðylæs eow ðonon awuht gemænes weorðe. Ac ðonne we doð ægðer, ge we ða wætru todælað æfter kyninga herestræ-
10 tum, ge eac us selfe habbað, ðonne ðonne we swiðe wide úttogeotað ða lare, & suaðeah ðurh ða ne wilniað woruldgielpes.

XLVIV. Ðætte on oðre wisa sint to manianne ða ðe medomlice cunnon læran, & ðeah for mi(c)lum ege & for micelre eaðmodnesse forwandiað; & on oðre wisan ða ðe ðonne
15 giet to ðæm gewintrede ne beoð ne geðiegene, & ðeah for hrædhydignesse bioð to gegripene.

On oðre wisan sint to maniane ða ðe medomlice læran magon, & ðeah for micelre eaðmodnesse him ondrædað; on oðre ða ða ðe u(n)medome bioð to ðære lare oððe for gioguðe oððe for unwisdome, &
20 ðeah for hira fortruwodnesse & for hira hrædwilnesse beoð to gescofene. Ða ðonne sint to manigenne ðe nyttweorðlice læran meahton, & ðeah for úngemetlicere eaðmodnesse hit onscuniað, hi sint to manigenne ðæt hie be ðæm læssan ðingum ongieten hu suiðe hie gesyngiað

XLIX. That those who are capable of teaching properly, and yet from great fear and humility refuse, are to be admonished in one way; and in another those who are not yet old or experienced enough for it, and yet from hasty zeal undertake it.

Those who are capable of teaching properly, and yet from great humility are afraid, are to be admonished in one way; in another those who are unfit for teaching either from youth or want of wisdom, and yet are impelled by their presumption and hasty zeal. Those who could teach usefully, and yet from immoderate humility avoid it, are to be admonished to understand from the lesser how much they

ðæm maran. Hwæt, hie witon, gif hiora niehstan friend weorðað wædlan, & hie fioh habbað, & his ðonne him oftioð, ðæt hie bioð ðonne fultemend to hiora wædle. Hwy ne magon hie ðonne geðencean, gif hie on ðæm gesyngiað, hu micle swiður hie gesyngiað, ðonne hie oftioð ðære lare ðæm synfullum broðrum, swelce hie gehyden lifes læcedom, & his forwiernen ðæm cwelendum modum? Be ðæm cwæð Salomon: Hu nyt við se forholena cræft oððe ðæt forhydde gold? Oððe gif hwelc folc við mid hungre geswenced, & hwa his hwæte gehyt & oðhielt, hu ne wilt he ðonne hiora deaðes? Be ðisum magon ongietan ða lareowas hwelces wites hie wierðe bioð, ðonne hie lætað ða sawla acwel[l]an for hungre hiora worda, & hie nyllað hie fedan mid ðæm hlafe ðære gife þe hie onfengun. Bi ðæm wæs swiðe wel gecweden ðurh Salomon: Se þe his hwæte hyt, hiene wiergð ðæt folc. Ðæt is ðonne ðæt mon his hwæte ahyde, ðæt se lareow ahyde ða word ðære halgan lare. Forðæm he for ðære anre scylde ðære swigan við awierged & fordemed from ðæm folce, forðæm he manigne gelæran meahte, gif he wolde. Hwæt we magon geðencean, gif hwelc god læce við þe wel can wunda sniðan, & ðonne gesihð ðæt his hwæm ðearf við, & ðonne for his slæwðe agiemeleasað & forwirnð ðæt he his helpe, ðonne wille we cweðan ðæt he sie genoh ryhtlice his broður deaðes scyldig for his agenre slæwðe. Nu ðonne, nu ða licumlican læceas ðus scyldige gereahte sint, nu is to ongietonne æt hu micelre scylde ða bioð befangne ða þe ongietað ða wunda on ðæm modum, & agiemeleasiað ðæt hie hie lacnigen, & mid hiora wordum sniðen. Be ðæm wæs swiðe wel gecweden ðurh Ieremias ðone witgan, he cwæð: Awyrged

---

sin in the greater. Surely they know that if their nearest friends are reduced to poverty, and they have money, and withhold it from them, they promote their poverty. Why do they not consider, if they sin in that, how much more they sin when they withhold instruction from their sinful brothers, as if they hid the medicine of life, and withheld it from the dying? Of which Solomon spoke: "Of what use is the concealed art or the hidden gold?" Or, if a nation is afflicted with famine, and any one hides and withholds his wheat, does he not desire their death? From this the teachers can understand what punishment they are worthy of, when they let souls starve for want of their words, and will not feed them with the bread of the gift they have received. Of which was very well spoken through Solomon: "He

on ðæm maran. Hwæt, hie witon, gif hiera niehstan friend weorðað
wædlan, & hie feoh habbað, & his ðonne him oftioð, ðæt hie beoð
ðonne fultemend to hiera wædle. Hwy ne magon hie ðonne geðen-
cean, gif hie on ðæm gesyngiað, hu micle swiður hie gesyngiað, ðonne
5 hie oftioð ðære lare ðæm synfullum broðrum, swelce hie gehyden lifes
læcedóm, & his forwirnen ðæm cwelendum monnum? Be ðæm cwæð
Salomon: Hu nytt bið se forholena cræft oððe ðæt forhyd[d]e gold?
Oððe gif hwelc folc bið mid hungre geswenced, & hwa his hwæte
gehyt & oðhielt, hu ne wilt he ðonne hiera deaðes? Be ðissum magon
10 ongietan ða lareowas hwelces wites hi wyrðe bioð, ðonne hie lætað
ða sawla acwellan for hungre hira worda, & hie nyllað hie fedan
mid ðæm hlafe ðære giefe ðe hie onfengon. Bi ðæm wæs swiðe wel
gecweden ðurh Salomon: Se ðe his hwæte hytt, hine wier[gð] ðæt folc.
Ðæt is ðonne ðæt mon his hwæte ahyde, ðæt se lareow gehyde ða word
15 ðære halegan lare. Forðæm he for ðære anre scylde ðære swigan bið
awierged & fordemed from ðæm folce, forðæm he manig[ne ge]læran
mealite, gif he wolde. Hwæt we magon geðencean, gif hwelc gód læce
bið ðe wel cann wunda sniðan, & ðonne gesihð ðæt his hwam ðearf
bið, & ðonne for his slæwðe agiemeleasað & forwirnð ðæt he his helpe,
20 ðonne wille we cweðan ðæt he sie genog ryhtlice his broðor deaðes
scyldig for his agenre slæwðe. Nu ðonne, nu ða lichomlican læcas
ðus scyldige gerehte sint, nu is to óngietanne æt hu micelre scylde ða
beoð befangne ða ðe ongietað ða wunda on ðæm modum, & agiemelea-
siað ðæt hi hi lacnigen, & mid hiera wordum sniðen. Be ðæm wæs
25 swiðe wel gecweden ðurh Ieremias ðone witgan, he cwæð: Awierged

---

who hides his wheat is cursed by the people." Hiding the wheat is
when the teacher hides the words of holy doctrine. He is accursed
and condemned by the people for the one sin of silence, because he
could have taught many, if he would. We can consider, that if a
good physician, who well knows how to cut wounds, sees that some
one has need of him, and from sloth is neglectful and withholds his
help, we will say that he is very rightly guilty of his brother's death,
because of his own sloth. If, then, the physicians of the body are
thus held guilty, we must consider how greatly they sin who under-
stand the wounds of the mind, and neglect to treat and cut them with
their words. Of which was very well spoken through the prophet
Jeremiah; he said: "Accursed is the man who keeps his sword from

bið se mon se þe wyrnð his sweorde blodes. Ðæt is ðonne ðæt mon forwerne his sweorde blodes, ðæt hwa forwirne his lare ðæt he mid ðære ne ofslea ðæs flæsces lustas. Eft cwæð Moyses be ðæm ilcan: Min sweord itt flæsc. Gehieren eac ða þe oninnan him gediglað & gehydað ða godcundan lare ðone egeslican Godes cwide þe to him gecweden is, forðæm ðæt se ege ðone oðerne ege utadrife, ðæt is ðonne se cwide hu mon ðæt fioh befæste ðæm cipemen þe he sceolde forðsellan to wæstme, & ða forðyþe he forwandode ðæt he swæ ne dyde, ða ageaf he hit to unðances, & his eac hæfde micelne dem. Eac hie sculon gehieran ðæt[te] sanctus Paulus geliefde ðæt he swæ micle unscyldigra wære his nihstena blodes swæ he læs wandode ðæt he hiera unðeawas ofsloge. Hie magon gehieran be ðæm cwide þe he cwæð, he cwæð: Hwæt ge sint ealle mine gewitan ðæt ic eom clæne & unscyldig nu git to dæg eowres ælces blodes, forðæm ic næfre ne forwandode ðæt ic iow ne gecyðde eall Godes geðeaht. Eac hie sculon gehieran hu sanctus Iohannes wæs gemanod mid ðæs engles stemne, ða ða he cwæð to him: Se þe gehiere ðæt hiene mon clipige, clipige he eac oðerne, & cweðe, cum. Ðæt is, se þe ongiete ðæt he sie geclypged mid godcundre stemne, ðætte he eac clggende & lærende oðre ðider tio & laðige ðider he getogen bið, ðylæs he finde ða duru betynede ongean hiene, ðonne he cume, gif he cume idelhende to, & ða mid him ne brenge, þe he ðider laðian sceolde. Hie scoldon gehieran hu Essaias se witga hreowsiende hiene selfne tælde, ða he wæs onæled mid ðy upcundan liohte, he cwæð: Wa me ðæs ic swugode! Eac hie sculon gehieran ðætte ðurh Salomon is gehaten ðæm monnum þe lust-

---

blood." Keeping one's sword from blood is withholding one's instruction, and not slaying with it the lusts of the flesh. Again, Moses spoke of the same: "My sword shall eat flesh." Let those also who conceal and hide within themselves the divine doctrine, hear the awful words of God which are addressed to them, that the one fear may drive out the other, telling how the money was committed to the merchant to be lent out at interest, and when he neglected to do so he got no thanks for it, and suffered great injury from it. They should also hear that St. Paul believed that he was so much the more guiltless of his neighbour's blood the less he hesitated to slay their vices. They can hear it in the words he spoke, saying: " Ye are all my witnesses that I am pure and guiltless of the blood of each of you up to this

bið se mann se ðe wirnð his sweorde blodes. Ðæt is ðonne ðæt mann forwierne his sweorde blodes, ðæt hwa forwirne his lare ðæt he mid ðære ne ofslea ðæs flæsces lustas. Eft cwæð Moyses be ðæm ilcan: Min sweord itt flæsc. Gehieren eac ða ðe oninnan him gediglað & gehydað ða godcundan lare ðone egeslican Godes cwide ðe to him gecweden is, forðæm ðæt se ege ðone oðerne ege útadrife, ðæt is ðon*ne* se cwide hu mon ðæt feoh befæste ðæm ciepemen ðe he scolde forðsellan to wæstme, & ða forðyðe he forwandode ðæt he swa ne dyde, ða ageaf he hit to unðances, & his eac hæfde micelne dem. Eac hi sculon gehiran ðætte *sanctus* Paulus geliefde ðæt he swa micele unscyldigra wære his niehstena blodes swa he læs wandade ðæt he hira unðeawas ofsloge. Hi magon gehieran be ðæm cuide ðe he cwæð, he cwæð: Hwæt ge sint ealle mine gewietan ðæt ic eom clæne & unscildig nu giet to dæg eowres ælces blodes, forðæm ic næfre ne forwandode ðæt ic eow ne gecyðde eall Godes geðeaht. Eac hi sculon gehieran hu *sanctus* Iohannes wæs gemanod mid ðæs engles stemne, ða ða he cwæð to him: Se ðe gehire ðæt hine mon clipige, clipie he eac oðerne, & cweðe, cum. Ðæt is, se ðe ongiete ðæt he sie gecieged mid godcundre stemne, ðætte he eac cigende & lærende oðre ðider tio & laðige ðider he getogen bið, ðylæs he finde ða duru betynede ongean hine, ðonne he cume, gif he cume idelhende to, & ða mid him ne brenge, ðe he ðider laðian scolde. Hie scoldon gehieran hu Essaias se witga hreowsigende hine selfne tælde, ða he wæs [on]æled mid ðy úpcundan leohte, he cwæð: Waa me ðæs ic swigode! Eac hie sculon gehieran ðætte ðurh Salomon is gehaten ðæm monnum ðe lust-

---

day, because I never neglected to reveal to you all the counsel of God." They ought also to hear how St. John was admonished by the voice of the angel, saying to him: "He who hears one calling to him, let him call another also, and say 'Come.'" That is, that he who perceives that he is called with the divine voice, is also to draw and invite others to where he is drawn, by calling and teaching them, lest he find the door shut against him when he comes, if he comes empty-handed, and does not bring with him those he ought to invite thither. They ought to hear how the prophet Isaiah repented and blamed himself, when he was inspired with the sublime light, saying: "Woe is me that I was silent!" They ought also to hear what is promised through Solomon to the men who cheerfully and actively

lice & unslawlice læraþ ðæt ðæt hie ðonne cunnon, ðæt is ðæt him scyle bion hiora wisdom geieced & gemanigfaldod. Salomon cwæð: Ðæs monnes saul þe wel spricð hio bið amæst, & swæ hwa swæ oðerne ðrencð, he wirð self oferdruncen. Swæ eac se þe ut wel lærð mid his wordum, he onfehð innan ðæs ingeðonces fætnesse, ðæt is wisdom. Swæ eac se þe ne wiernð ðæs wines his lare ða mod mid to oferdrencanne þe hiene gehieran willað, he bið eac oferdrenced & wel afedd mid ðæm drynce mislicra & manigfaldra gifa. Hwæt we hierdon ðæt Dauid brohte Gode to lacum ðæt ðæt he ða lare ne hæl þe him God geaf. Ðæt he cyðða, þa he cwæð: Dryhten, ðu wast ðæt ic ne wirne mine welora, & ðine ryhtwisnesse ic ne digle on minre heortan; ðine hælo & ðine ryhtwisnesse ic sæcge. Gehieraþ hwæt on Cantica Canticorum is awriten ðæt se brydguma sceolde sprecan to ðære bryde, he cwæð: Hlyst hider, ðu þe eardast on friondes ortgearde, & gedoo ðæt ic mæge gehieran ðine stemne.

[*End of Cotton, No. I.*]

teach what they can, that is, that their wisdom shall be increased and multiplied. Solomon said: "The soul of the man who speaks well shall be fattened, and whoever makes another drunk shall himself be intoxicated." So also, he who externally teaches well with his words, shall receive internally fatness of mind, that is, wisdom. So also, he who does not withhold the wine of his instruction to intoxicate the minds who wish to hear him, shall also be intoxicated and well fed with draughts of various and manifold gifts. We have heard how David brought as an offering to God his not having hid the doctrine given him by God. He made it known, when he said: "Lord, thou knowest that I do not withhold my lips, and do not conceal thy righteousness in my heart; I speak out thy salvation and righteousness."

lice & unslawlice læraðð ðæt ðæt hie ðonne cunnon, ðæt is ðæt him
scylen hiera wisdom bion geieced & gemanigfalðod. Salomon cuæð:
Ðæs mon[n]es sawl ðe wel spricð hio bið amæst, ond swa hwa swa
oðerne drencð, he wirð self oferdruncen. Swa eac se ðe út wel lærð mid
5 his wordum, he onfehð innan ðæs inngeðonces fætnesse, ðæt is wisdóm.
Swa eac se ðe ne wirnð ðæs wines his lare ða mod mid to oferdren-
can[n]e ðe hine gehieran willað, he bið eac oferdrenced & wel aféd
mid ðæm drence mislicra & monigfaldra giefa. Hwæt we hirdon ðætte
Dauid brohte Gode to lacum ðæt ðæt he ða lare ne hæl ðe him God
10 geaf. Ðæt he cyðde, ða he cwæð: Dryhten, ðu wast ðæt ic ne wyrne
minra welera, & ðine ryhtwisnes[se] ic ne diegle on minre heortan;
ðine hælo & ðine ryhtwisnesse ic secgge. Gehierað hwæt on Cantica
Canticorum is awriten ðæt se brydguma scolde sprecan to ðære bryde,
he cwæð: Hlyst hider, ðu ðe eardasð on freondes orcgearde, & gedoo
15 ðæt ic mæge gehiran ðine stemne. Ðæt is sio halige gesomnung
Godes folces, ðæt eardað on æppeltunum, ðonne hie wel begað hira
plantan & hiera impan, oð hie fulweaxne beoð. Ðæt bið ðonne ðæt
mon his stemne gehiere, ðonne ða gecorenan menn giornfulle bioð his
worda to gehlystanne. & ðonne wilnað se brydguma, ðæt is Crist,
20 ðæt he gehire ða stemne ðære bryde, ðæt is Cristenra monna gesom-
nung, ðonne he ðurh gesce[a]dwisra & him gecorenra monna mod him
to clipað, & hie lærð ðurh hiora muð. Eac hie sculon gehieran hwæt
Moyses dyde, ða he ongeat ðæt God wæs ðæm folce ierre, he bebead
ðæt menn namen hiora sweord Godes andan mid to wrecanne, & cwæð
25 ðæt ða scolden bion synderlice Godes ðegnas, ða ðe unwandiende ðara

---

Hear also what is written in the Song of Songs, how the bridegroom
spoke to the bride: "Listen here, thou who dwellest in a friend's
orchard, make me able to hear thy voice." That is, the holy assembly
of God's people, which lives in orchards, when they carefully tend their
plants and shoots till they are full-grown. Hearing his voice is when
the elect are eager to listen to his words. And the Bridegroom, that
is Christ, desires to hear the voice of the bride, that is the assembly
of Christians, when he calls to them through the minds of wise men,
who are chosen by him, and teaches them through their mouth. They
ought also to hear what Moses did, when he saw that God was angry
with the people; he bade men to take their sword to avenge God's
anger, and said that those who unhesitatingly slew the sins of the guilty

should be specially God's servants. He said: "Let him who is God's servant, come hither to me, and put his sword on his hip, and pass from gate to gate through the midst of the city, and let every man slay his brother and his friend and his neighbour." Putting one's sword on one's hip is preferring the zeal of instruction to the lusts of the flesh, and taking care to subdue and conquer unlawful lusts and doctrines, when one desires to teach holiness. Running from one gate to another is running with reproof from one vice to another, through which death can enter into a man's soul. Running through the middle of the city is being so impartial towards Christian people in the reproving of their sins as neither to flatter any man nor care for any man's flattery. As to which it was very rightly said, that they were to slay their brothers and friends and neighbours. A man slays his brother and his friend and his neighbour, when no relationship makes him hesitate to punish the sins of the guilty. If he is called the servant of God who is inspired by the zeal of divine love to slay vices, does not he absolutely refuse to be God's servant, who refuses to rebuke as much as he can the vices of worldly men? On the other hand, those who have neither age nor wisdom enough to be able or know how to teach, and yet hasten to undertake it, are to be warned not to block up for themselves the way of reformation, which might in time come to them, when they assume so hastily the burden of so arduous a ministration. But when they prematurely assume what they neither can nor know how to manage, they have cause to fear losing what in due time they might have attained, that is, wisdom, which they prematurely desire and display, but which very rightly proves their destruction. They can consider that young birds, if they try to fly before their wings are fully developed, are made to descend by the desire which before exalted them, till they perish. They are also to be admonished to consider that, if a big, heavy roof is placed on a new wall before it is dry and firm, not a hall, but a ruin is built. They are also to be admonished to consider, that those women who bring forth the children they have conceived before they are properly formed, fill, not houses, but tombs. Therefore Christ himself, who could easily have strengthened whom he wished,

scyldegena gyltas ofslogen. He cwæð: Se ðe Godes ðegn sie, ga hider
to me, & do his sweord to his hype, & gáð from geate to geate ðurh
midde ða ceastre, & ofslea ælc mon his broður & his freond & his
nihstan. Ðæt is ðonne ðæt mon his sweord doo ofer his hype, ðæt
5 mon ða geornfulnesse his lare læte furður ðonne his flæsces lustas, &
ðæs gieme ðæt he un[a]liefede lustas & lara atemige & oferwinne,
ðonne he wilnað ðæt he haligdom lære. Ðæt is ðonne ðæt mon ierne
from geate to oðrum, ðæt he ierne ðreatigende from ðara unðeawa
ælcum to oðrum, ðe deað mæge ingán on ðæs monnes mód. Ðæt is
10 ðonne ðæt mon ierne ðurh mid[d]e ða ceastre, ðætte mon sua emn sie
betweox cristenum folce on ðære ðreaunga hiera scylda ðæt he nauðer
ne nanum men ne olicce, ne he nanes monnes oleccunga ne rec[c]e.
Be ðæm wæs swiðe ryht[lice] gecweden ðæt mon scolde ofslean his
broður & his freond & his niehstan. Ðonne mon ofslihð his broður
15 & [his] friond & his niehstan, ðonne he for nanre sibbe ne wandað
ðæt he ða gyltas ne wrece on scy[l]degum monnum. Nu se is ðonne
gehaten Godes ðegn se ðe mid ðæm andan onæled bið godcundre lufan
unðeawas to ofsleanne, hu, ne wiðsæcð se ðonne eallunga Godes ðegn
to bionne, se ðe wiðsæcð ðæt he ne ðreage swa he swiðusð mæge
20 woruldmonna unðeawas? Ongean ðæt sint to manianne ða ðe nabbað
nawðer ne ildo ne wisdóm to ðon ðæt hie mægen oððe cunnen læran,
& hi ðeah forhradiað ðæt hie hit ongiennað, ðylæs hie himselfum
fordikigen ðone weg ðære bote, ðe him on fierste becuman meahte,
ðonne hi him to tioð ða byrðenne swa micelre ðenunge swa hrædlice.
25 Ac ðonne hie him ær tide to tioð ðæt hi ne magon ne ne cunnon, ðonne
is him to ondrædanne ðæt him weorðe to lore ðæt hie to ryhtre tide
gefolgian meahton, ðæt is se wisdom, ðe hie ær tide wilniað & eowiað,
ac he him wyrð ðonne swiðe ryhtlice to lore. Hwæt hie magon ge-
ðencean ðæt fugla briddas, gif hie ær wilniað to fleoganne, ær hira
30 feðra fulwe[a]xene sin, ðætte sio wilnung hie geniðrað ðe hi ær úpa-
hefð, oð hie forweorðað. Eac hie sint to manigenne ðæt hie geðencen,
gif mon on niwne we[a]ll unadrugodne & unastiðodne micelne hróf &
hefigne onsett, ðonne ne timbreð he no healle ac hryre. Eac [hi] sint
to manigenne ðæt hi geðencen ðætte ða wif ðe ða geeacnodan bearn
35 cennað ðe ðonne git fulborene ne bioð, ne fyllað hie nó mid ðæm hus
ac byrgenna. For ðissum ðingum wæs ðætte Crist self, ðe swiðe

gave an example to teachers, to prevent the unlearned from teaching: when he had taught his disciples the art of teaching, he yet said: "Sit yet within the city, until ye are fully prepared with spiritual power." We sit within the city when we shut ourselves up behind the bars of our mind, lest from loquacity we wander too far. But afterwards, when we are fully prepared with the divine power, then we have come forth from the city, that is, from our own mind, to teach others. Of this same, Solomon spoke to young men: "Thou, young man, be not ready to call out and advise, not even in thine own affairs, and even when asked twice, wait with the answer until thou knowest that thy speech has both beginning and end." Therefore our Redeemer, though in heaven he is creator and teacher of angels, would not be a teacher of men on earth until he was thirty years old, because he wished to instil into presumptuous men the reverence of salutary fear; although he himself could not sin, he would not proclaim the gift of perfect life until he was himself of complete age. It is written in the Gospel, that our Saviour, when he was twelve years old, stayed behind his mother and relations in the city of Jerusalem. And afterwards, when his relations sought him, they found him in the midst of the wisest doctors in Jerusalem, listening to their words, and asking about their doctrines. We must vigilantly consider that our Saviour, when he was twelve years old, was found sitting in the midst of the teachers, asking, not teaching; because he wished to make it an example that the unlearned might not presume to teach, since he wished to be disciple and to be taught, the same who formerly taught those who taught him then with the power of divine authority. And again, Paul said to his disciple: "Command this, and teach, and let no man despise thy youth." We must know that adolescence is often called youth in the holy Scriptures. Which we can understand more clearly if we quote one of Solomon's sayings among the rest; he said: "Rejoice, young man, in thy youth." If he did not consider it all one, he would not have called the young man both young man and youth.

hrædlice meahte getrymian ðone ðe he wolde, sealde bisene ðæm
lareowum to ðæm ðæt ða unlæredan ne scoldon læran : siððan he his
cnihtas gelæred hæfde ðone cræft ðæs lareowdomes, he cwæð swaðeah:
Sittað eow nu giet innan ceastre, oððæt ge weorðen fullgearowode mid
5 ðæm gæsðlican cræfte. Ðonne we sittað innan ceastre, ðonne we ús
betynað binnan ðæm locum ures modes, ðylæs we for dolspræce to
widgangule weorðen. Ac eft ðonne we fullgearowode weorðað mid
ðæm godcundan cræfte, ðonne bio we of ðære ceastre út afærene, ðæt
is of úrum agnum ingeðonce, oðre men to læranne. Be ðys ilcan cwæð
10 Salomon to iongum monnum : Ðu gionga, bio ðe úniðe to clipianne
& to læranne, ge furðum ðina agna spræca, & ðeah ðe mon tuwa
frigne, gebid ðu mid ðære andsware, oð ðu wite ðæt ðin spræc hæbbe
ægðer ge ord ge ende. For ðissum ilcan ðingum wæs ðætte ure Aliesend,
ðeah he on hefenum sie Scieppend & engla lareow, nolde he ðeah on
15 eorðan bion monna lareow, ær he wæs ðritiges geara eald, forðæmðe
he wolde ðæm fortruwodum monnum andrysno halwendes eges on
gebrengean ; ðeah ðe he self gegyltan ne meahte, nolde he ðeah ær
bodian ða giefe ðæs fulfremedan lifes, ærðæmðe he self wære fulfre-
medre ielde. Hit is awriten on ðæm godspelle ðætte ure Hælend, ða
20 he wæs twelfwintre, wurde beæftan his meder & his mægum innan
ðære ceastre Hierusalem. Ac eft, ða his mægas hine sohton, ða fundon
hie hiene tomiddes ðara wietena ðe ðær wisoste wæron in Hierusalem,
hlystende hiora worda, & frinende hiora lara. Ðonne is ús [ðæt]
swiðe wocorlice to geðenceanne ðætte ure Hælend, ða ða he twelf-
25 wintre wæs, ða wæs he gemét sittende tomiddes ðara lareowa frig-
nende, nalles lærende ; forðæm he us wolde ðæt to bisene dón ðætte
ða únlæredan ne dorsten læran, nu he ðonne wolde cniht bion, & wolde
ðæt hiene mon lærde, se ilca se ðe ða ær lærde ðe hine ða lærdon mid
ðæm cræfte ðæs godcundan anwaldes. Ond eft Paulus cwæð to his
30 cnihte : Bebiod ðis & lære, & ne forsio nan mon ðine gioguðe. We scu-
lon wietan ðætte oft bið on halgum gewrietum genemned mid feorwe
to giuguðhade. Ðæt we magon sweotolor ongietan, gif we Salomones
cuida sumne herongemong eowiað, he cwæð : Bliðsa, cniht, on ðinum
gioguðhade. Gif he hit ðonne ne tiohchode eall tó anum, ðonne ne
35 nemde he ðone cniht ægðer ge cniht ge giong mán.

L. That those who desire worldly honour, and possess it prosperously, are to be admonished in one way; in another those who desire worldly honour, and when they have desired it, continue in it with great hardship and misfortune.

In one way are to be admonished those who prosperously attain all their worldly desires; in another way those who desire the joys and wealth of this world, and yet are kept from them by adverse misfortunes. Those who always attain what they desire in this world are to be admonished not to neglect, when they have attained it all, to seek him who helps them to it all; lest they love this exile more than their own country, and fix their affections on what is lent them here; and lest the comforts and pleasures of their journey seduce them, so that they forget whither they are bound; and lest, for the fair moon that they see by night, they despise the brightness of day and of the sun. They are also to be admonished not to believe that the pleasures and comforts which happen to them in this world are the rewards intended for them by God, but are the consolation of the miseries; while the rewards of the good we do are in the eternal life. Therefore we must fortify our minds against the flatteries of this world, lest we love them with our whole heart, and subject ourselves to them entirely. But he who does not overcome the prosperity he has here with prudence of mind, and love of the better life, makes of the flatteries of this transitory world his own eternal death. Therefore the prophet Ezekiel rebuked the people of Israel, and said that they would be destroyed and vanquished with prosperity, as the Idumæans were, because they rejoiced too much in the prosperity of this world. But the Lord rebuked them through the prophet, saying: "They made my land their inheritance with joy, and with all their heart and mind." From these words we can understand that they were very severely blamed, not because they rejoiced, but because they rejoiced with all their heart and mind. Of which Solomon said: "The folly of the young kills them, and the prosperity of fools destroys them." Of the same St. Paul spoke: "Let those who have be as if they had nothing, and

L. Ðætte on oðre wisan sint to manianne ða ðe woroldare wilniað,
& hie ðonne orsorglice habbað; & on oðre ða ðe woroldare
wilniað, & ðonne hie gewilnode habbað, hie ðonne mid micelre
earfoðnesse & mid micle broce ón wuniað.

5 On oðre wisan sint to manianne ða ðe eall orsorglice begitað ðisse
worulde, ðæt ðæt hie wilniað; on oðre wisan ða ðe ðisses andweardan
middan*geardes* wilna & welena wilniað, & swaðeah mid sumum wiðer-
weardum brocum hiora him bið færwirned. Ða ðonne sint to mani-
enne ðe simle habbað ðisse worulde ðæt ðæt hie wilniað ðæt hie ne
10 agiemeleasien, ðonne hi hit eall hæbben, ðæt hie ne secen ðone ðe him
to eallum gefultemað, ðylæs hie lufigen ðás elðiodignesse ofer hiora
ægenne eðel, & hior[a] mod eal ahon on ðæt ðe him her gelæned bið,
& ðylæs hie gedwelle sio gehydnes & ða getæsu ðe hie on ðæm wege
habbað, ðæt hie forgieten hwider hie scylen, & ðylæs hie for ðæm
15 fægeran mónan ðe hi on niht gesioð forhycgen ðæs dæges bierhto &
ðære sunnan. Eac hi sint to monienne ðætte hie nó ne geliefen ðætte
ða willan & ða getæsu ðe him on ðisse worulde becumað, ðætte ðæt
sien ða lean ðe him God getiohchod hæfð, ac bið ðissa iermða frofor, &
ða lean bioð on ðæm ecean life ðæs ðe we to góde doð. Forðy we
20 sculon ure mód getrymman wið ðisses middan*geardes* oliecunga, ðylæs
we hie mid ealle mode lufigen, & us mid ealle hiere underðieden. Ac
se se ðe ðas orsorgnesse ðe he her hæfð ne forswið mid ðære gescead-
wisnesse his ingeðonces & mid ðære lufan ðæs beteran lifes, ðonne
gehwierf(ð) he ða olecunga ðisse gewitendan worulde him to ecum
25 deaðe. For ðissum ðingum wæs ðætte Ezechiel se witga ðreade
Israhela folc, & cwæð ðæt hie wolden weorðan forlorene & oferwun-
nene mid orsorgnesse, swa swa Idumeas wæron, forðæm hi to swiðe
bliðsodon on ðisses middan*geardes* orsorgnesse. Ac Dryhten hie
ðreade ðurh ðone witgan, ða he cwæð: Hie dydon min land him
30 selfum to ierfelonde mid gefean & mid ealre heortan & mid ealle mode.
Be ðæm wordum we mægon gehieran ðæt hie wæron swiðe suiðlice
getælde, næs nó forðæmðe hie fægnodan, ac forðæmðe hie mid ealre
heortan & mid ealle mode fægnodan. Be ðæm cwæð Salomon:
Giongra monna dolscipe hi ofslihð, & dysigra monna orsorgness hi
35 fordeð. Be ðæm ilcan cwæð *sanctus* Paulus: Sien ða hæbbendan

those who enjoy this world as if they enjoyed it not." That we may so love this outward and earthly support, as not to avert our minds from the desire and zeal of divine love, lest that which is lent to us in this present exile as a support and mercy cause us mourning and exile from eternal life; that we may not rejoice as if we were glad of these transitory things, when we see, while among them, how poor we are in eternal things. Of the same Solomon spoke in the book of Song of Songs concerning the holy assembly, saying: "The Lord's left hand is under my head, and his right hand embraces me." He said that God's left hand was under his head. That signifies prosperity of this present life. The inner love of sublime life presses the hand. The right hand embraces him, when he holds him in such a desire that he loves the eternal life with all devotion. Again, it was said through the wise Solomon that in his right hand was long life, and in his left wealth and honour. When he compared wealth and honour with the left hand, he taught us how to love each. Again, of the same the Psalmist spoke: "May thy right hand save me." He did not say "thy left hand," but "thy right." He thus showed that he did not mean this present life, but sought the salvation of eternal life. Of the same is again written in Exodus, the book of Moses; it is written: "Thy right hand, O Lord, has crushed thy foes." Those who are God's enemies, though they prosper on the left, are crushed with the right hand; that is, that this present life often exalts the wicked, but the coming of eternal bliss casts them down. Therefore those who live prosperously in this world are to be admonished to consider carefully that the prosperity of this present life is sometimes lent, that through it they may be led to a better life, sometimes that their confusion may be the greater in eternity. Why else was the land of Canaan promised to the people of Israel, but because the untaught people would not believe in the promise of a distant land after a time, unless he who promised them the greater land gave them a near one at once? And also that they might the more firmly and certainly believe in the eternal things, whenever he promised them to them; lest he should attract them to the gift

swelce hie nowiht hæbben, & ða ðe ðisses middang*eardes* notigað
swelce hi his nó ne notigen. Ðætte we swa lufigen ðisne uterran &
ðisne eorðlican fultum ðætte we forðæm from ðære wilnunga & from
ðære geornfulnesse ðære godcundan lufan ure mód ne awenden, ðylæs
5 us weorðe to wope & to elðiodignesse ðæs ecean lifes ðæt ðæt us on
ðisse elðiodignesse to fultume & to are gelæned is; ðætte we ne
fægnigen, swelce we gesælige sien for ðissum gewitendan ðingum,
ðonne ðonne we betweox ðæm ongieten hu earme we bioð ðara ecena
ðinga. Be ðissu*m* ilcan cwæð Salomon on Cantica Canticorum ðære
10 béc be ðære halgan gesomnunge, he cwæð : Dryhtnes winestre hand
is under minum heafde, & his swiðre hand me beclipð. Sio winestre
hand Godes he cwæð wære under his heafde. Ðæt tacnað orsorgnesse
ðisses andweardan lifes. Ða hand ðonne geðrycð sio incunde lufu
ðæs uplican lifes. Sio swiðre hand hine ðonne beclipð, ðonne ðon(n)e
15 he hine gehielt on ðæm willan ðæt he mid ealre estfulnesse lufað ðæt
ece lif. Eft wæs gecueden ðurh Salomon ðone snottran ðætte on his
swiðran handa wære lang lif, & on his winestran wære wela & wyrð-
mynt. Ða he lærde hu we ægðer lufian sceolden, ða he mæt ðone
welan & ðone wyrðmynd to ðære winestran handa. Eft be ðæm ilcan
20 cwæð se psalmsceop : Gehæle me ðin sio swiðre. Ne cwæð he nó ðin
sio winestre hond, ac ðin sio swiðre. Mid ðæm he gecy(ð)de ðæt he
ne mænde ðis andwearde lif, ac ðæs ecean lifes hælo he sohte. Be
ðæm ilcan is eft awriten on Exodo, ðæt is Moyses bóc, hit is awriten :
Ðin swiðre hand, Dryhten, gebræc ðine feond. Ða ðonne ðe Godes
25 fiond bioð, ðeah hi on ðære winstran handa bion geðigene, hi beoð
mid ðære swiðran tobrocene, ðæt is ðætte oft ðis andwearde lif úpa-
hefeð ða yfelan, ac se tocyme ðære ecan eadignesse hie geniðrað. Ðy
sint to manienne ða ðe on ðisse worulde orsorglice libbað, ðæt hie
geornlice ongieten ðætte sio orsorgnes ðisses andweardan lifes hwilum
30 við to ðæm gelæned ðæt hie sien ðurh ða to beteran life getogene,
hwilum to ðæm ðæt hie sien ðy swiður on ecnesse gesciende. For-
hwa*m* wæs elles Canonea land Israhe(la) folce gehaten, buton forðæmðe
ðæt ungetyde folc nolde geliefan ðeah him mon feorr land on fierste
gehete, gif him sona ne sealde sum on neawest se him ðæt mare
35 gehett ? Ond eac forðæm ðætte hie ðy fæsðlicor & ðy úntweogend-
licor gelifden ðara ecena ðinga, swa hwanne swa him ða gehete, ðylæs

with the promises and hope alone, but also with the gift he drew them to the hope. That also the Psalmist proclaimed very openly, saying: "He gave them kingdoms of other races, and they possessed the wealth of many nations, that they might preserve righteousness and seek his law." But when the human mind responds not to God's kindness with good works, he is very justly degraded with that wherewith he is thought to be honoured. Of which was again spoken through the Psalmist: "Thou didst humiliate them when they exalted themselves." So, when useless men will not requite the divine gift with righteous works, but try to destroy themselves altogether here with the pride of abundant wealth and prosperity, what outwardly exalts them, inwardly makes them fall. About this same it was also said of the rich man, of whom it was said that he suffered in hell; it was said: "Thou hast received all thy good here in the world." The evil man receives a portion of good in this world, that he may hereafter receive the more evil in the future life, if here he would not for the good turn to God. Those, on the contrary, who desire the joys and wealth of this world, and yet are debarred from them, and afflicted in this world by adversity, are to be admonished to consider carefully with how great favour the Creator and Ruler of all creation watches over them, when he does not leave them to their own desires; as the physician, when he has no hope of the patient, and thinks that he cannot help him, allows him to do and take whatever he likes; but him whom he thinks he can help, he debars from very many of his desires. We even debar our children from playing with our money, those same children to whom we hereafter intend to leave our lands and estates and inheritance altogether, and make our heirs. So let those who are humbled by the adversities of this present world, learn from this example to rejoice and hope in the eternal inheritance: if God had not resolved to save them in eternity, he would not have bridled them with such severe reproof of his instruction. Those who desire these transitory things, and yet are debarred from them by misfortune and adversity, are also to be admonished to consider carefully that righteous men are often exalted with transitory authority, till

hi mid ðæm gehatum & mid ðæm tohopan anum hi spone to ðære
giefe, ac eac mid ðære giefe he hi teah on ðone tohopan. Ðæt eac
gecyðde se psalmsceop swiðe openlice, ða he cwæ(ð): He him sealde
ricu oðerra kynrena, & manigra folca gestreones hie wieoldon, to ðon
5 ðæt hi his ryhtwisnesse geheolden, & his ǽ sohten. Ac ðonne ðæt
mennisce mód Godes glædmodnesse mid godum weorcum ne geand-
sworað, ðonne bið he swiðe ryhtlice mid ðæm gehined ðe mon wenð
ðæt mid gearod sie. Be ðæm wæs eft gecweden ðurh ðone salmsceop:
Ðu hie geniðrades, ða hi hi selfe úpahofon. Swa, ðon*ne* ðonne unnyttan
10 men ða godcundan gife nyllað leanian mid ryhtum weorcum, ac willað
hi selfe her mid ealle fordon mid ðære fortruwunga ðæs toflowendan
welan & orsorgnesse, & ðonon ðe hi utan bioð ahæfene, ðanon hie
bioð innan afeallene. Be ðys ilcan wæs eac gecweden be ðæm wele-
gan ðe gesæd ís ðætte on hel(l)e ðrowude, hit wæs gecweden: Ðu
15 ónfenge ðin god eal her ón worulde. Forðæm anfehð se yfla auht
goodes on ðisse worulde ðæt he eft ðy maran yfles on ðæm toweardan
life, gif he her nolde for ðæm goode to Gode gecierran. Angean ðæt
sint to man[i]genne ða ðe ðises mid[d]angeardes wilna & we[o]lena
wilniað, & him swaðeah sum wiðerweardnes his fo[r]wiernð, & hi
20 geswencð on ðisse worulde, ða sint to manienne ðæt hie geornlice
geðencen mid hu micelre giefe ofer him wacað se Scippend & se
Stihtere ealra gesceafta, ðonne he hi nyle lætan to hiera agnum
wilnungum; swa swa se læce, ðonne he ðæm siocan ne truwað, &
wenð ðæt his gehelpan ne mæge, ðonne alief(ð) he him eal ðæt ðæt
25 hine lysð to dónne & to ðycganne, ac ðæs ðe he wenð ðæt he
gehelpan mæge, ðæm he forwiernð swiðe fe[o]la ðæs ðe he wilnað.
Hwæt we eac wiernað urum cildum urra peninga mid to plegianne,
ðæm ilcum ðe we eft tiochiað urne eard & urne eðel & ure ierfe eall æt-
somne tó te forlætanne, & hie tiochiað us to ierfeweardum to habbanne.
30 Ac nimen him nú be ðisse bisene gefean & tohopan ðære ecan ierfe-
weardnesse, ða ðe sio wiðerweardnes ðisses andweardan lifes geeaðmet:
ac gif hi God næfde on ecnesse getiochod to gehælanne, ðonne ne
gebridlode he hi nó mid swa swiðlicre ðreaunga his lare. Eac sint
to manigenne ða ðe ðissa hwilendlicra ðinga wilniað, & him ðeah sum
35 broc & sumu wiðerweardnes hiera forwiernð, ðætte hie geornfullice
geðencen ðætte oft ryhtwise menn mid ðys hwilendlican anwealde

through their authority they are caught by sins as in a snare; as we said above in this same book of David, God's favourite, that he was a better man when a subject than when king. When he was a subject, he met his enemy, and yet for the fear of God and love of righteousness, he durst not slay him. But afterwards, when king, by the advice and encouragement of his own lust, he slew and circumvented his faithful officer. Who, then, can desire possessions or authority or honour without danger, since he who desired them not fell into such danger? Who can be saved from such things without great difficulty and danger, if he whom God himself chose for king fell into such a sin when king? They are also to be admonished to consider how it is written about Solomon, how, after being so wise, he fell, even until he began to sacrifice to idols. It is not said that he had any adversity in this world before he fell; but when wisdom was entirely granted to him, he forgot himself, and the science and discipline he had learnt, so that he would not have any trouble with it, either less or more.

LI. That those who are bound in marriage are to be admonished in one way, in another those who are free from those ties.

Those who are bound in marriage are to be admonished in one way, in another those who are free from those ties. Those who are bound by those ties are to be admonished, when they mutually think how to please one another, each of them to try so to please the other in their union, as not to displease their Creator; and so to perform earthly works, as not to neglect desiring those of God; and so to rejoice in present good, as to dread seriously eternal evils; and so also to lament the evils of this world, as yet to fix their entire hope on eternal good; and when they perceive how fleeting are their present works, and how lasting is that which they desire, to let no worldly evil break their spirit, nor any good deceive them, but let the joy of heavenly good fortify them against affliction; and, again, to let the expectation of coming evil at the future judgment alarm them

weorðað upahæfene, oð hie ðurh ðone anwald weorðað mid synnum gefangne, sua sua mid sume grine, swa swa [we] ær herbiufan sædon on ðisse ilcan béc bi Dauide ðæm Godes dirlinge ðæt he wære ryhtwisra ða ða he ðeng wæs ðonne he wære siððan he kyning wæs. Ða
5 ða he ðegn wæs, he met[t]e his feond, & ðeah for Godes ege & for ryhtwisnesse lufum he hine ne dorste ofslean. Ac eft siððan he kyning wæs, for lare & for tiehtinge his agenes firenlustes he ofslog & besirede his getreowne ðegn. Hwa mæg ðonne æhta oððe anwaldes oððe weorðscipes wilnian butan plio, nu se swelc plioh ðærón gefór,
10 se ðe his nó ne wilnode? Hwa mæg ðonne for ðyllecum bion gehealden butan miclum gesuince & miclum plio, nú se on ðæm rice on swelce synne befioll, se ðe God self to ðæm rice geceas? Eac hie sint to manigenne ðæt hie geðencen hu hit awriten is be Salamonne, hu he æfter swa miclum wisdome afioll, emne oððæt he dioflum ongan
15 gieldan. Nis hit nó gesæd ðæt he ænig wuht wiðerweardes on ðys middan*earde* hæfde, ærðæmðe he afeol; ac siððan him se wisdom to forlæten wæs eallunga he forgét hine selfne & ða lare & ðone ðiodscipe ðe he geliornode, swa ðæt he his nan geswinc habban nolde ne læsse ne mare.

20 LI. Lætte on oðre wisan sint to manianne ða ðe beoð gebundne mid synrædenne, on oðre wisan ða ðe freo bioð ðara benda.

On oðre wisan sint to manienne ða ðe mid synnrædenne bioð gebundene, on oðre ða ðe ðara benda bioð fr[i]o. Ða sint to manigenne ðe mid ðæm gebundene bioð, ðonne ðon*ne* hie betwuh him
25 ðenceað hu hiera ægðer oðres willan dón scyle, ðæt hira swa tilige ægðer oðrum to licianne on hiera gesinscipe, ðæt hi ne mislicien hiera Scippende, & ðæt hie swa wyrcen ðisses middan*geardes* weorc ðæt hie ne forlæten to wilnianne ðara ðe Godes sien, & swa gefeon ðissa andweardena góda ðæt hi him eac geornlice ondræden ða ecan yflu,
30 & swa eac ðara yfela ðisse worulde hiofen ðæt hi huru hiora tohopan anwealgne gefæstnigen to ðæm ecum godum, & ðon*ne* hie ongieten hu gewitendlic ðis anwearde bið ðæt ðæt hie her doð, & hu ðurhwunienede ðæt bið ðæt hi wilniað, ðætte ðon*ne* nawðer ne nan yfel ðis[ses] middan*geardes* hiora mód ne gebrece ne nan gód hie ne
35 beswice, ac se gefea ðara hefonlicena góda hi gehierde wið ðæm

in their prosperity; because the mind of the Christian consorts, which is both firm and infirm, and cannot fully despise these transitory things, can yet associate with the eternal with its aspirations, although it still lies in the lusts of the flesh, by fortifying and filling itself with lofty hope. And although he have with him something of earthly and human habits on the road—the road is this present life—he must not relinquish the hope of attaining to God for his good will; and yet let him not accomplish altogether the desire of the body, lest he altogether fall from that whence he ought to derive his most certain hopes. Of which Paul treated very well in few words in his Letter to the Corinthians, saying: "Let these who have wives be as if they had none, and those who weep as if they wept not, and those who rejoice as if they rejoiced not." He has a wife as if he had none, who has her for bodily solace, and yet for the enjoyment and love does not turn from better works. He also has a wife as if he had none, who understands that all these pleasant things are transitory, and yet for necessity takes care of his flesh, and however with great desire of the spirit yearns for the eternal joy. A man weeps and yet does not weep, when he bewails the miseries of this world, and yet knows that he shall be comforted, and rejoice in eternal joy. And, again, a man rejoices and yet does not rejoice, when he exalts his mind from these earthly to heavenly things, and yet does not relinquish the fear of falling from the lofty to the lower things. About which St. Paul discoursed very well immediately after, saying: "The face of this world shall pass away." As if he had openly said: "Ye must not at all love this world too much, because, although ye love it, it cannot always last: ye fix your affections on it in vain, because it will elude you, although ye love it as if it were lasting." The married are to be admonished, although they be sometimes displeased at something in one another, to tolerate it patiently; and let each of them pray for the other, that through it they may be saved, because it is written: "Bear your burdens in common among yourselves, then will ye fulfil God's law." Love is God's law; the law and love bring

brocum, & eft se wena ðara toweardena yfela on ðæm toweardan dóme hie geegesige on ðære orsorgnesse; forðæm ðæt mód ðara cristenra gesamhiwena, ðætte bið ægðer ge trum ge untrum & ne mæg fullice forsion ðas hwilendlican ðing, he mæg ðeah hine formengan to ðæm
5 ecum mid his willan, ðeah he ðonne giet on ðæs flæsces lustfulnesse licge, mid ðæm ðæt he hine getrymige & gefylle mid ðæm úplican tohopan. Ond ðeah he hæbbe hwæt eorðlices & mennisclices him on gewunan on ðýs wege—se weg ís ðis andwearde lif—ne forlæte he ðeah ðone tohopan ðæt he becume (to) Gode for his godan willan, &
10 swaðeah ne fulga he eallunga ðæs lichoman wilnunga, ðylæs he eallunga afealle ðonon ðe he fæsðlicost tohopia[n] scolde. Ymb ðæt reahte Paulus swiðe wel mid feaum wordum on his ærendgewrite to Corinctheum, he cuæð: Ða ðe wif hæbben, sicn ða swelce hie nan hæbben, & ða ðe wepen, sien ða swelce hi nó ne wepen, & ða ðe fægnigen, sien ða swelce
15 hi nó ne fægnigen. Se ðonne hæfð wíf swelce he nan næbbe, se ðe hit hæfð for licumlicre frofre, & ðeah for ðæm bryce & for ðære lufe hine né awent from bettrum weorcum. Se hæfð eac wif swelce he nan næbbe, se ðe óngiet ðætte eal ðas andweardan ðing bioð gewitendlicu, & ðeah for niedðearfe hæf[ð] giemenne his flæsces, & hwæðre mid micelre
20 wilnunga his gæstes giernð ðæs ecan gefean. Ðæt is ðonne ðæt mon wepe, & ne wepe, ðæt mon ða iermðo ðisses middan*eardes* wepe, & swaðeah wite ðæt he sceal bion afref(r)ed, & blissian on ðæm ecum gefean. & eft ís ðæt mon blissige & ne blissige ðæt mon ahebbe his mod of ðissum eorðlican to ðæm hefonlican, & ðeah ne forlæte ðæt he him ne
25 óndræde ðæt he afealle of ðæm uplican to ðæm niðerlican. Ymb ðæt [swiðe wel] ðærryhte æfter rehte *sanctus* Paulus, ða he cwæð: Ðyses middan*eardes* ansien ofergæð. Swelce he openlice cwæde: Ne sculon ge nó eallunga to swiðe lufian ðisne middan*eard*, forðam, ðeah ge hine lufigen, he eow ne mæg ealneg standan; on idelniss[e] ge fæst-
30 niað eower mód on him, forðæmðe he eow flihð, ðeah ge hine lufigen swelce he wunigende sie. To manigenne sint ða gesomhiwan, ðeah hira hwæðrum hwæthwugu hwilum mislicige on oðrum, ðæt hie ðæt geðyldelice forberen; & gebidde hira ægðer for oðer ðæt hie mægen ðurh ðæt weorðan gehælede, forðæm hit awriten is: Berað eowre
35 byrðenna gemænelice betwux iow, ðonne gefylle ge Godes ǽ. Sio lufu ðonne is Godes ǽ: sio ǽ & sio lufu us briengað monig (g)ód

us much good from Christ, and bear patiently with our evil. We imitate Christ, and also carry out the imitation, when we cheerfully give to others what God gives us, and patiently bear with their evil. The married, and also every one else, are to be admonished not to think less of what other men bear with and tolerate in them, than of what they bear with in others; because he can much the more easily endure the injuries done to him by others, if he will remember those he does to others. The married are also to be admonished to remember that they are not associated for any other purpose than the procreation of children. Therefore they ought to consider that, if they associate too often and too immoderately, they are not in lawful union, if they make a habit of it; but, because they defile their lawful union with unlawful intercourse, it is very necessary that they efface the sin with frequent prayer. Therefore the skilful physician of the heavenly medicine, that is St. Paul, both taught the sound and showed the unsound a remedy, saying: "It is good for a man to be without a wife." And again he said: "It is good for men that each have his own wife, and each wife her husband, lest they commit fornication." He did both; he both inspired with fear those who committed fornication, and gave permission to those who could not forego it, that those who could not stand, if they had to fall, might fall on the soft bed of marriage, not on the hard earth of fornication. And, again, he said to the weak: "Let the husband give his wife her due in their union, and in like manner the wife to her husband." But after he had given some fitting leave to the married to do their will, he said: "I do not say what I said before, commanding, but advising and permitting." He spoke very much as if it were a sin, when he said he would allow and permit it. The sin is the sooner healed because it is not unlawful; but, although lawful, it is not to be committed too often. Which Lot signified for us very well in himself, when he fled from the burning city of Sodom, and came to Zoar, when he durst not hastily withdraw from the city up into the mountains. When he fled from the burning city of Sodom, he showed that we are to flee from the unlawful heat of our bodies. The height of the mountains signifies

from Criste, & ure yfelu geðyldelice forbierð. Ac ðonne we onhyrigað
Criste, & eac ða ónhyri[n]ge gefyllað, ðonne we lustlice sellað oðrum
ðæt ðæt us God selð, & geðyldelice forberað hiora yfelu. Ða gesin-
hiwan mon sceal manian, & eac gehwelcne mon, ðæt hie nó læs ne ne
5 geðencen hwæt oðre men him forberað & geðafiað, ðonne hie geðenceað
hwæt hi oðrum monnum forberað; forðæmðe he mæg micle ðy ieð
adreogan ða tionan ðe him oðre men doð, gif he wile gemunan ða ðe he
oðrum monnum deð. Eac sint to manigenne ða gesinhiwan ðæt hi ge-
munen ðæt hie for nanum oðrum ðingum ne bioð gesomnode, buton
10 forðæm ðæt hie sculon bearna strienan. Forðæm hi sculon geðencean,
gif hie to oftrædlice & to ungemetlice hie gemengað on ðæm hæmede,
ðæt hie ne bioð nó on ryhtum gesinscipe, gif hie ðæt on gewunan hab-
bað, ac forðæmðe hie gewemmað ðone aliefedan gesinscipe mid ðære un-
liefedan gemengnesse, him is micel nie(d)ðearf ðæt hie mid oftrædlicum
15 gebedum ða scylde adiligien. Forðæm wæs ðæt se getyda læce ðæs
hefonlican læcedomes, ðæt wæs *sanctus* Paulus, ægðer ge ða halan lærde
ge ðam unhalum læcedóm eowde, ða he cwæð: Gód bið men ðæt he sie
butan wife. & eft he cwæð: Gód bið mannum ðæt ælc hæbbe his
agen wíf, & ælc wíf hire ceorl, ðylæs hi on unryht hæmen. Ægðer he
20 dyde, ge he egesode ða ðe on unryht hæmdon, ge he liefde ðæm ðe
hit forberan ne meahton, forðæm ðætte ða ðe gestondan ne meahton,
gif hi afealla[n] scolden, ðæt hi afeollen on ðæt hnesce bedd ðæs
gesinscipes, næs on ða heardan eorðan ðæs unryhthæmdes. & eft he
cwæð to ðæm untrumum: Agife se wer his wife hire ryht on hira
25 gesinscipe, & swa same ðæt wif ðæm were. Ac æfterðæmðe he hwelce-
hwugu gerisenlice leafe dyde ðæm gesinhiwon hira willan to frem-
manne, he cwæð: Ne cweðo ic nó ðæt ðæt ic ær cwæð bebeodende,
ac lærende & geðafigende. Ða he spræc gelicost ðæm ðe hit hwelc-
hwugu syn wære, ða he cwæð ðæt he hit forgiefan wolde & geðafian.
30 Forðæm bið sio scyld ðy hraðor gehæled, forðæmðe hio ne bið un-
liefedo, ac ðeah hio aliefedu sie, ne sceal hi mon to ungemetlice begán.
Ðæt us getacnode Loth swiðe wel on him selfum, ða he fleah ða
biernendan ceastre Sodoman, & com to Segor, ða ne dorste he nawuht
hrædlice út of ðære ceastre faran up ón ða muntas. Midðæmðe he
35 fleah ða birnendan Sodoman, he getacnode ðæt we sculon fleon ðone
unliefedan bryne ures lichoman. Sio heanes ðonne ðara munta ge-

the purity of continence. Those dwell, as it were, up in the mountains, who are yoked in marriage, and yet have no intercourse except when they wish to beget children. They stand up in the mountain, when the flesh seeks nothing from the other but progeny. Standing on the mountain is when the flesh is not carnally united to the other. But there are many who abstain from fornication, and yet do not associate with their own consorts as properly as they ought to do. Lot departed from Sodom to Zoar, and yet did not quickly ascend the mountains. So, when a man relinquishes the worst life, without however being able yet to attain to the best, nor preserve the continence of high union, it is like Zoar standing midway between the mountains and the marshes where Sodom was. Zoar saved Lot, when a fugitive. So does the Zoar of the most excellent life: those who flee to it it saves. But when the married associate with excessive incontinence, when they avoid the fall of sin, they can yet be saved very easily by forgiveness and prayer, as Lot found the little city, and protected himself therein against the fire. The life of the married, though its power of withstanding worldly desires is nothing very wonderful, can yet be free from the apprehension of any punishments. Therefore Lot said to the angel: "Here is a little city very near, wherein I can preserve my life. It is a little one, and yet I can live in it." He said it was very near, and yet enough to secure his preservation. So is the life of the married. It is not far separated from this world, nor yet at all alienated from eternal salvation; because they are excused in their dealings with one another with frequent prayers for one another, as if they were shut up in a little city. Of which was very rightly spoken through the angel to Lot: "I will now receive thy prayer, and at thy request I will not destroy the city thou intercedest for." So is the life of the married. It is not condemned before God, if prayers follow. About the same prayers St. Paul admonished, speaking thus: "Let neither of you deprive the other against his or her will without consent, when either of you wish to pray, but keep yourselves free for prayers." On the other hand, those who are not bound with

tacnað ða clænnesse ðære forhæfdnesse. Ða ðonne bioð swelce hi eardigen upp on ðæm munte ða ðe bioð gesponnene to gesinscipe, & ðeah ne bioð na gemengde buton ðonne hi wilniað bearn to gestrienanne. Ðonne hie stondað up on ðæm munte, ðonne ðæt flæsc
5 nauht elles ne secð to ðæm oðrum buton tudor. Ðæt is ðæt mon stonde on ðæm munte ðæt ðæt flæsc ne sie flæsclice to ðæm oðrum gefæsðnod. Ac monige bioð ðara ðe hie gehealdað wið unryhthæmed, & swaðeah his agenra ryhthiwena ne brycð swa swa he mid ryhte sceolde. Loth for ût of Sodoman to Segor, & ðeah ne com he nauht
10 hraðe onuppan ðæm muntum. Swa, ðonne ðonne mon forlæt ðæt wyrreste lîf, & ne mæg ðeah ðonne gît cuman to ðæm betstan, ne ða forhæfdnesse gehealdan ðæs hean gesinscipes, ðonne bið ðæt swa swa Segor stod on midwege betweox ðæm muntum & ðæm merscum ðe Sodoma on wæs. Sîo Segor gehælde Loth fleondne. Swa deð sio
15 Segor ðæs medemestan lifes: ða ðe hire to befleoð hio gehealð. Ac ðonne ða gesinhiwan hi gemengað ðurh ungemetlice unforhæfdnesse, ðær [ðær] hi ðone fiell fleoð ðære synne, ðonne magon hie ðeah weorðan gehælede suiðe ieðelice ður[h] forgiefnesse & ðurh gebedu, swa swa Loth funde ða lytlan ceastre, & hine ðæron wið [ðæt] fyr
20 gescilde. Ðæt lîf ðara gesinhiwena, ðeah hit ful wundorlic ne sie on mægenum weoruldwilnungum to wiðstondanne, hit mæg ðeah bion orsorglic ælcra wita. Forðæm cwæð Loth to ðæm engle: Her is an lytele burg swiðe neah, ðær ic mæg min feorh on generian. Hio is an lytel, & ðeah ic mæg ðæron libban. He cwæð ðæt hio wære swiðe
25 neah, & ðeah genoh fæst on his hælo. Swa is ðæt lif ðara gesinhiwena. Nis hit naht feor ascaden from ðisse worulde, ne eac noht fremde ðære ecan hælo, forðæm for ðære dæde ðe h[i]e doð betwuh him hi beoð gefriðode mid oftrædlicum gebedum betw[u]h him, swelce hie sien on sumere lytelre byrig belocene. Be ðæm wæs swiðe ryhte
30 gecweden ðurh ðone engel to Lothe: Ðinre bene ic wille nû onfón, & for ðinre bede ic ne toweorpe ða burg ðe ðu forespr[i]csð. Swa bið ðæt lîf ðara gesinhiwena. Ne bið hit nó fordemed beforan Gode, gif ðær gebedo æfter fylgeað. Ymb ða illcan gebedo *sanctus* Paulus manode, & ðus cwæð: Ne fornime incer nóðer oðer ofer will butan
35 geðafunge, ðæm timum ðe he hine wille gebiddan, ac geæmtigeað inc to gebedum. Ongean ðæt sint to manigenne ða ðe ne beoð gebundne

matrimony are to be admonished to keep the heavenly commands the more rightly, the less troubled they are with the cares of this world, because no yoke of carnal union inclines them to this world, nor does lawful union oppress them. It is very necessary, therefore, for them not to be oppressed by the unlawful burden of these earthly cares, that the last day, when it comes, may find them so much the more ready, the more disengaged they are; and that, when they are disengaged so as to be able to do better than others, and yet neglect it, they may not thereby merit a severer punishment than other men. They ought to hear what St. Paul said, when he exhorted men to the grace of serving God; yet he did not say so because he blamed marriage, but because he wished to expel from the minds of his subjects the cares which grow out of marriage. He said: "This I speak for your benefit, lest I catch you in any snare. I tell you what is most honourable for you to do, and how ye can most fully serve God with the least impediment." Because earthly troubles and cares grow out of marriage, the noble teacher of nations incited his subjects to a better life, lest they should be bound with earthly cares; because, when the servant of God lets himself be impeded by worldly cares, although he has avoided marriage, he has not escaped its burdens. The servants of God are also to be admonished not to think that they can associate with unmarried women without the injury of severe damnation, since Paul denounced the evil of fornication among so many accursed vices. He proclaimed what the sin is, when he said: "Neither fornicators, nor idolaters, nor the inconstant, who cannot cease from their fornication, nor thieves nor the avaricious, nor drunkards, nor swearers, nor robbers, shall possess the kingdom of God." And, again, he said: "Adulterers the Lord shall judge." Therefore they are to be admonished, if they cannot preserve salutary continence, and cannot endure the storms of temptation, to desire the harbour of wedlock; for it is written that it is better to marry than to burn, because they can marry without sin, unless they had previously renounced it. But he who promises more good than he previously did, makes the lesser good unlawful

mid ðæm gesinscipe, ða sint to manienne ðæt hie swa micle ryhtlecor
ða hefonlican bebodo healden swa hie orsorgran bioð ðisses middan-
geardes ymbhogena, forðæm hie nan gespann ðæs flæsclican gesinscipes
ne gebiegeð on ðisse worulde, ne se aliefeda gesinscipe hi ne gehefegað.
5 Ðonne is him micel ðearf ðætte sio unliefde byrðen ðissa eorðlicena
sorga hi ne geðrysce, ðætte hie swa micle gearran finde sé ytemesta
dæg, ðonne he cume, swa hi her æmtegran bioð ; & ðonne hi geæmet-
gade bioð ðæt hie magon bét don ðonne oðre menn, & hit swa ðeah
agiemeleasiað, ðæt hie ðonne ðurh ðæt ne geearnigen wyrse wite ðonne
10 oðre menn. Ac hi scoldon gehira[n] hwæt Paulus cwæð, ða ða he
sume men manode to ðære giefe Godes ðiowdomes ; ne cwæð he ðeah
nó ðæt ðæt he cwæð forðæmðe he gesinscipe tælde, ac forðæmðe he
wolde ða sorga awegadrifan ðisses middangeardes of his hieremonna
mode ða ðe bioð aweaxene of ðæm gesinscipe ; he cwæð : Ðis ic
15 cweðe for eowerre ðearfe, ðylæs ic eow mid ænige grine gefoo. Ic
eow secgge hwæt eow arwyrðlicost is to beganne, & hu ge fullecost
magon Gode ðiowian ðæt eow læst ðinga mierð. Forðæm óf ðæm
gesinscipe weaxað eorðlice ymbhogan & sorga, forðæm se æðela ðioda
lareow his hieremen to betran life spon, ðylæs hi mid eorðlicre sorge
20 wurden gebundne ; forðæm, ðonne se Godes ðiow on ðæt gemearr
ðære woruldsorga befehð, ðeah (h)e ðon*n*e hæbbe beflogen ðone gesin-
scipe, ðon*n*e næfð he no beflogen ða byrðenne. Eac sint to manienne
ða Godes ðiowas ðæt hie ne wenen ðæt hie butan [ðæm] demme
stranges domes hi gemengan mægen wið ða æmtegan wifmen, ða
25 Paulus ðæt yfel ðære forlegnesse swa manegum awiergdum leahtrum
loh. He gecyðde hwelc sio scyld bið, ða he cwæð : Nawðer ne ða
wohhæmendan, ne ða ðe diofulgieldum ðiowiað, ne ða unfæsðradan,
ðe ne magon hira unryhthæmdes geswican, ne ða ðiofas, ne ða giet-
seras, ne ða druncenwillnan, ne ða wiergendan, ne ða reaferas Godes
30 rice ne gesittað. & eft he cwæð : Ðæm wohhæmerum demeð Dryhten.
Forðæm hi sint to manigenne, gif hie ða halwendan forhæfdnesse
gehabban ne mægen, & ða scuras ðære costu[n]ga adreogan ne mægen,
ðæt hie wilnigen ðære hyðe ðæs gesinscipes ; forðæm hit is awriten
ðæt hit sie betere ðæt mon gehiewige ðonne he birne, forðæm butan
35 synne he mæg gehiwian, gif he hit ær ne forhét. Ac se ðe mare god
gehet ðonne h[e] ær dyde, he gedeð mid ðæm ðæt læsse gód unaliefed

that he formerly did. It is written in the Gospel that no man is to put his hand on the plough and look back. Still less is he who makes a vow to think he is ever the nearer to the kingdom of heaven, if he retract his vow. Therefore he who pledges himself to the greater good, and then relinquishes it, and turns to the lesser, is manifestly overcome by looking back.

LII. That those who have tried the sins of the flesh are to be admonished in one way, in another those who know nothing of them.

In one way are to be admonished those who perceive and know the sins of their bodies, in another those who know them not. Those who have tried the sins of their bodies are to be admonished at least to dread the sea after the shipwreck, and to shun the perdition which follows their danger, when they know it; that those who are mercifully preserved after committing sins, may not unwarily return to them and perish. Therefore it is said to the sinful soul, which will never cease from its sins: "Thou hast the countenance of an harlot, because thou hast no shame." Yet they are to be warned to be very careful, although they would not preserve their natural goodness entire, at least to mend it when broken. They have need to consider how great a multitude there is of the faithful, who both preserve themselves pure, and also turn others from their errors. But what will they say when the others stand in complete safety, while they will not reform after their evil deeds? Or what will they say, when the others bring both themselves, and others with their example, to the kingdom of heaven; while they, when God gives them a respite, and bears with their evil, will not even bring themselves? They are to be admonished to remember what good, that they could have done, they formerly relinquished, that they may at least avoid the present evil. Concerning which the Lord spoke to the wounded minds through the prophet Ezekiel, as if he spoke to the Jews, and reminded them of the sins they had committed, because he wished them to be ashamed of being afterwards impure in the other world; he said that they committed whoredom in Egypt in their youth: "There they

ðæt he ær dyde. Hit is awrieten on ðæm godspelle ðæt nan mon ne scyle dón his hond to ðære sylg, & hawian underbæc. Ne ðon ma se ðe gehat gehæt, ne wene he ðæt he sie a ðy near hefonrice, gif he hine from went ðæm gehatum. Forðæm se ðe hine selfne maran godes
5 behæt, & ðonne forlæt ða maran god, & went hine to ðæm læssum, ðonne bið hit swutol ðæt he bið fromlociende ferswiðed.

 LII. Ðætte on oðre wisan sint to manienne ða ðe gefandod habbað ðara flæsclicra synna, on oðre wisan ða ðe ðæs noht ne cunnon.

10 On oðre wisan sint to manienne ða ðe ongietað & witon hiera lichoman synna, on oðre [ða] ða ðe hie nyton. Ða sint to manienne ðe hiera lichoman synna onfunden habbað, ðæt hie huru æfter ðæm scipgebroce him ða sæ ondræden & ðæt forlor hira frecennesse, ðonne hie hit oncnawen, ðæt hi hit ónscunigen ; ðætte ða ða ðe mildheortlice bioð
15 gehealdne æfter hiora ðurhtogenum synnum, ðætte hi eft unwærlice to ne gecierren, & ðonne swelten. Forðæm is gecweden to ðære syngiendan sawle, ðe næfre hire synna geswican nyle: Ðu hæfst forlegisse andwlitan, forðæm ðe no ne sceamað. Ðeah hie sint to manienne ðæt hie geornlice giemen, ðeah hi ðæt gód hira gecynde gehal nolden ge-
20 [h]ealdan, ðæt hi hit huru tobrocen gebeten. Him is ðearf ðæt hie geðencen hu micel menigu ðæra getreowfulra bið, ðe ægðer ge hi selfe clæne gehealdað, ge eac oðre of hira gedwolan ahwierfað. Ac hwæt cweðað hi ðonne, ðonne ða oðre stondað ón anwalgre hælo, & hie nyllað æfter yfelre dæde gecierran? Oððe hwæt cweðað hí, ðonne ða
25 oðre briengað ægðer ge hie selfe ge eac oðre mid hiora bisenum to hefonrice; ond hie, ðonne him God ðone first alefð, & him hira yfel forbierð, nyllað furðum hie selfe briengan? Ac hie sint to manienne ðæt hie gemunen hwæt hi gódes ær forleton ðæs ðe hi dón meahton, ðæt hi huru ðonne forbugen ðæt andwearde yfel. Be ðæm cwæð
30 Dryhten to ðæm gewundedum modum ðurh Ezechiel ðone witgan, swelce he to Iudeum spræce, & he ðara gedonena scylda eft gemyndgade, forðæmðe he wolde ðæt hi sceamode ðæt hie eft on ðære oðerre worulde wæren únclæne, he cwæð ðæt hi hi forlægen on Egiptum on hira gioguðe ; hi wæron ðær forlegene, & ðær wæron gehnescode hiera

committed whoredom, there were their breasts softened, and the paps of their virginity bruised." Their breasts are softened in Egypt, when they submit to the shameful lusts of this world with the desire of their hearts. And again, the paps of their virginity are bruised in Egypt, when their natural sense is at first entire and uninjured for a time, until it is polluted by the oppression and laceration of unrighteous desires. Therefore those who have tried their sins are to be admonished to understand vigilantly with how great good will the Lord spreads out the lap of his mercy for those who turn to him after their sins. As he spoke through the prophet Jeremiah; he said: "If any woman leaves her husband and takes to her another, thinkest thou that he will ever care for her again, or that she will ever be able to return to him as pure as she was before? Behold, thou hast committed whoredom with many a lover, and yet I say: 'Return to me,' said the Lord." He pronounced the most righteous judgment on the whorish and repudiated woman, and yet proclaimed to us, that if we came to him after the fall of our sins, his mercy would be ready for us, not his justice. From these words we can understand that, since he spares us with such great mercy, that when we sin, and even after the sin will not turn to him, we sin again with great folly, since God's mercy towards the foolish is so great, that he is never tired of calling them to him, after they have sinned. Of the mercy after the invitation is very well spoken through the prophet Isaiah; it is said to the perverse man: "Thine eyes shall see him who commands thee, and thine ears shall hear behind thee." All mankind, when first created in Paradise, were inclined to God; and he admonished them in his presence, and granted them freedom of action, and directed them what they were to do with it, and what not to do. Then men still remained inclined to him. But they turned their backs to him, when they presumptuously despised his commands. And yet, although they despised him, he did not despise or forsake them: that he showed when he gave them a law, and invited them home with it, and often sent his angels to entice us home to him, and himself appeared in this mortal flesh. When he did all this, he stood turned towards us, and called after us, though we had turned away from him; and although he was

breost, & forbrocene ða dela hiora mægdenhades. On Egiptum beoð
hira breost gehnescod, ðonne hi ða scandlican lustas ðisses middan-
geardes mid hira modes willan underhnigað. Ond eft on Egiptum
bioð forbrocene ða wæstmas ðæra dela, ðonne ðæt gecyndelice gewitt
5 [ærest] sume hwile bið ón him selfun anwalg untosliten, oððæt hit bið
gewemmed midðæmðe hit cnyssað [on] unryhta wilnunga, & hit tote-
rað. Forðæm sint to manienne ða ðe hiera synna onfunden habbað,
ðætte hie mid wacore mode ongieten æfter hira misdædum mid hu
miclum godum willan Dryhten tobræt ðone greadan his mildheort-
10 nesse ongen ða ðe to him gecierrað. Swa swa he ðurh Ieremias ðone
witgan cwæð, he cwæð: Gif hwelc wif forlæt hiere ceorl, & nimð hire
oðerne, wenestu recce he hire æfre ma, oððe mæg hio æfre eft cuman
to him swa clænu swa hio ær wæs? Hwæt ðu ðonne eart fo(r)legen
wið manigne copenere, & swaðeah ic cweðe: Gecier eft (t)o me, cwæð
15 Dryhten. He gereahte ðone ryhtestan dóm be ðæm forlegenan & ðæm
aworpnan wife, & swaðeah us gecyðde, gif we æfter ðæm hryre urra
scylda to him gecierdon, ðæt us wære gearo his miltsung, næs ðæt
ryht. Of ðissum wordum we magon oncnawan, nu he us sparað mid
swa micelre mildheortnesse, ðonne we gesynngiað, & ðonne giet nyllað
20 æfter ðære scylde to him gecierran, ðæt we ðonne eft mid micle dysige
syngiað, nu sio Godes miltsung is swa micul ofer ða dysegan, ðæt
hie[ne] na ne aðriet ðæt he hi to him ne laðige, æfterðæmðe hie gesyn-
god habbað. Be ðære miltsunga æfter ðære laðunga is swiðe wel
gesæd ðurh Essaias ðone witgan; hit is gecweden to ðæm wiðer-
25 weardan men: Đin eag[an] weorðað gesionde ðinne bebiodend, & ðin
earan gehirað under bæc. Eall moncynn wæs to Gode gewend, ða ða
hi ærest gesceapene wæron on neorxna wonge; & he ða hie manode
andwearde, & him forgeaf ðæt hie moston stondan on frioum anwalde,
& him getæhte hwæt hi on ðæm don sceolden, hwæt ne scolden. Đa
30 giet stodon men to him gewende. Ac ða hie wendon hiera bæc to him,
ða hi ofermodgiende his gebod forhogdon. & ðeah, ðeah hi hine ofer-
hogden, ne forhogde he hi nó ne ne forlet: ðæt he gecyðde, ða ða he
him sealde ǽ, & hi mid ðære ham gelaðode, & oft sende his englas us
ham to spananne to him, & on ðissum deadlican flæsce he hine selfne
35 æteowde. Đa he ðis eal dyde, ða he stod æfter ús gewend, & cliopode
æfter us, ðeah we from him gewende wæren; & ðeah he oferhogod

despised, he invited us back to his favour. But as we have now said this of all men, so each man can apply it to himself individually, because every man who understands what he commands and forbids, stands, as it were, before him, before he sins. He still stands before him, when he does not despise him, but for fear of him refrains from sinning. But when he relinquishes his goodness and innocence, and chooses and commits unrighteousness, he turns his back to him. But yet God still follows him, and calls after him, when he admonishes him, after the sin is committed, and entices him to turn to him. He will not see the sins, and calls the departing one, and spreads out the lap of his mercy and consolation to those who return to him. We hear behind us the voice of the admonisher, when we turn to him, when he calls us even after we have sinned, and calls after us, although before we would not attend to his instruction. We ought to feel ashamed, when he calls after us, if we will not fear his justice, because we despise him with the more injustice and folly, the less he scorns still to entice us to him, after we have despised him. Those, on the contrary, who have not yet tried carnal sins, are to be admonished to dread the destructive fall so much the more than others the higher they stand than the others. They are to be warned to know that when they stand in their place more darts and arrows of their enemies assail them. Therefore they perceive that they are being attacked so much the more, the weaker they see themselves to be in their bodies. But if they withstand them, they will perceive so much the greater victory in themselves, the more difficult it was for them to hold out. But they are to be admonished to desire the rewards unceasingly, and to despise and suffer cheerfully the labour of the temptations they endure, and believe without doubt in the rewards; because, if they think of the endless joys which are to come to them after their labours, the temporary labours will seem to be the lighter. They should hear what is said through the prophet Isaiah; he said: "This says the Lord: 'To the eunuchs who observe my day of rest, and choose what I will, and preserve my friendship, I will give in my house, and within my walls, a dwelling and a better name than to my other sons or daughters.'" What else signify the eunuchs

wære, he us eft laðude to his hyldo. Ac swa swa we nu ði[s] reahton be eallum monnum, swa hit mæg æghwelc mon be him anum geðencean, forðæmðe æghwelc mon ðe his bebod & his forbod ongiet, he bið swelce he b[ef]oran him stonde, ærðæmðe he gesyngige. Ðonne giet
5 he stent befora[n] him, ðonne he hine ne forhygeð, ac for his ege forbierð ðæt he ne syngað. Ac ðonne he forlæt his godnesse & his unsceaðfulnesse, & gecist unryhtwisnesse, & ða gefremeð, ðonne went he his hrycg to him. Ac ðeah ðonne giet him fylgð God, & him æfter cliopað, ðonne he hine monað æfter ðære gedonan scylde, & hine
10 spænð ðæt he to him gecierre. Ða scylda he nyle gesion, & ðone fromweardan he ciegeð, & ðone greadan his arfæstnesse & his frofre he gebræt ongean ða ðe to him gecierrað. Ðonne we gehirað under bæc ðæs maniendes stemne, ðonne we to him gecierrað, ðonne ðonne he us ciegeð huru æfter urum scyldum, ðonne he us æfter cliopað, ðeah we
15 ær nolden æfter his lare. Hit is cȳn ðæt we ure scomigen, ðonne he us æfter cliopað, gif we us nyllað óndrædan his ryhtwisnesse, forðæm we hine mid swa micle maran unryhte & dysige oferhycgeað swa he læs forhogað ðæt he us ðonne giet to him spane, siððan we hiene oferhycggeað. Ongean ðæt sint to manigenne ða ðe ðonne giet unge-
20 fandod habbað flæsclicra scylda, ðætte hie swa micle swiðor ðone spild ðæs hryres him ondræden ðonne ða oðre swa hi ufor stondað ðonne ða oðre. Hi sint to manienne ðæt hi witen [swa] swa hie on hira stede gestondað swa him mare gescot & ma flana hiera feonda to cymð. Forðæm he ongit swa micle swiður him on feohtan swa he hine selfne
25 untrumran gefred on his lichoman. Ac gif he ðonne ðæm wiðstent, ðonne ongit he swa micle maran sige ón him selfum swa he unieð wiðstod. Ac hie sint to manienne ðæt hie unablinnendlice ðara leana wilnigen, & lustlice ðæt geswinc ðæra costunga ðe hi ðrowiað hi forsion & geðolien, & buton tweon hi geliefen ðara leana; forðæm, gif
30 hie geðenceað ðara gesælða ðe him ungeendode æfter ðæm geswincum becuman sculon, ðonne ðyncað him ðy leohtran ða geswinc ðe ofergan sculon. Hi sculon gehieran hwæt ðurh Essaias ðone witgan gecweden is, he cwæð: Ðis cwið Dryhten: Ða afyrdan, ða ðe behealdað minne ræstedæg, & geceosað ðæt ic wille, & minne freondscipe gehealðað, ic
35 him selle ón minum huse, & binnan minum wealle, wīc & beteran noman ðonne oðrum minum sunum oððe dohtrum. Hwæt elles getac-

but those who subdue the impulse of carnal lust, and cut away from themselves unrighteous works? To these men is proclaimed what a place they are to have before our father, as we said above, they are to have eternal mansions in the Father's house in preference to his own children. They shall hear what was said through St. John; he said: "These are they who have not been defiled with women, and have preserved their virginity; they shall follow the Lamb, wherever it goes." They shall sing the song which none else can sing but the 144,000. They will have to sing a special song with the Lamb in eternity before all believers, and rejoice in the purity of their flesh, so that the other elect may be able to hear the song, although they cannot sing it so, and that for the love they bear to them, and the honour they see that they have, they may rejoice, and be as glad as they, although they have not merited the same honour. Let those who have not tried carnal sins also hear what Truth of itself said about purity; it said: "All men do not receive this doctrine." With these words he showed that it is the highest excellence, because he said that all did not receive it, and also said that it was difficult to keep, and also showed how carefully they were to keep it when they had received it. Those who have not tried the sins of the body are also to be admonished to know that virginity is higher than marriage, and yet they are to be instructed not to exalt themselves above the others; but to rank the life of virginity above the others, and themselves below, and yet not to relinquish the life which they know to be better, and to beware of vainly exalting themselves. They are to be admonished to understand that the life of the married surpasses the life of virginity, when they undertake to practise both continence and humility over and above their vows, and the others do not even practise the duties of their own order. Of which was very well spoken through the prophet Isaiah to the city called Sidon, which stood by the sea; then said the prophet: "The sea tells thee to be ashamed of thyself, Sidon." As if the city were ashamed at the sea's voice. So this earthly life often fluctuates like the sea, and yet is often very estimable, and the other is very contemptible, which ought to be firmer and stronger. Often

niað ða afyrdan buton ða ða ðe ofðryscað ða styringe ðæs flæsclican lustes, & of him selfum aceorfað unryhtlico weorc? Ðæm monnum is gecyðed hwelce stowe hi moton habban beforan urum fæder, swa swa we ær cwædon, ðæt hie sceolden habban ece eardungstowe on ðæs
5 fæder huse furðor ðonne his ægnu bearn. Hi sculon gehieran hwæt ðurh sanctus Iohannes gecweden is, he cwæð: Ðæt sindan ða ða ðe mid wifum ne beoð besmitene, & hira mægeðhad habbað gehealdenne; ða folgiað ðæm lambe, swa hwær swa hit færð. Ða singað ðone sang ðe nan mon elles singan ne mæg, buton ðæt hun(d)teontig & feowertig
10 & feower ðusendo. Ðæm is sundorlic sang to singanne mid ðæm lambe on ecnesse beforan eallum geleaffullum, & to blissianne for hira flæsces clænnesse, ðætte ða oðre gecorenan ðone song gehiran mægen, ðeah ðe hine swa singan ne mægen, & for ðæm lufum ðe hi to him habbað, & for ðæm weorðscipe ðe hi gesioð ðæt hie habbað hi fægni-
15 gen, & emnswiðe [him] blissigen, ðeah hie ða geearnunga næbben ðæt hi ðone weorðscipe habban mægen. Gehieren eac ða ðe ungefandod habbað ðara flæsclicana scylda hwæt sio Soðfæsðnes ðurh hie selfe cwæð bi ðære clænnesse, he cwæð: Ne underfoð no ealle men ðas lare. Mid ðæm worde he cyðððe ðæt hit is se hiehsta cræft, forðæm he cwæð
20 ðæt hine ealle ne gefengen, & eac sæde ðæt he unieðe wære to gehealdenne, & eac cyðde hu wærlice hi hine healdan scolden, ðonne hie hine underfangen hæfden. Eac sint to manienne ða ðe ungefandod habbað ðæs lichoman scylda ðæt hie witen ðæt se mægðhad is hirra ðonne se gesiuscipe, & swaðeah hi sint to læranne ðæt hi hi ne ahebben ofer ða
25 oðre; ac læten ðæt lif ðæs mægðhades beforan ðæm oðrum, & hine selfne biæftan, & ne forlæte ðeah ðæt lif ðe he wat ðætte betere bið, & behealde hine selfne ðæt he hine ne ahebbe on idelnesse. Hi sint to manienne ðæt hi ongieten ðætte oft gebyreð ðætte ðæt lif ðara gesinhiwena oferstigð ðæt lif ðæs mægðhades, ðonne hi underfoð ægðer
30 ge forhæfdnesse ge eaðmodnesse furðor ðonne hie gehaten, & ða oðre ne begað furðum hira ægne endebyrdnesse. Be ðæm wæs swiðe wel gecweden ðurh Essaias ðone witgan to ðære byrig ðe Sidón hatte, sio stod bi ðære sæ; ðæ cwæð se witga: Ðios sæ cwið ðæt ðu ðin scamige, Sidón. Swelce sio burg ða wære ðurh ðæs sæs stemne to scame
35 geworden. Swa bið ðis eorðlice lif oft yðgiende swa swa sæ, & ðeah bið oft swiðe acorenlic, & ðæt oðer swiðe aworpenlic, ðætte fæstre bion

many return to God after committing the sins of the flesh, and then establish themselves so much the more firmly in good works the more sinful they perceive themselves to be. And often those who have preserved their bodies in purity, the less they perceive in themselves of what they need repent, think the more that the purity of their life will suffice them, when their minds are not inflamed with any admonition of repentance. Therefore the life which after its sins is inflamed with repentance, becomes often dearer to God than that which is pure and innocent from sloth and luxury. About which the voice of the Judge, that is Christ, spoke of Mary the harlot: "Very many sins are forgiven her, because she repented greatly." And again, he said: "There will be greater joy in heaven because of one who repents than over ninety-nine righteous men who need not repentance." We shall be able to understand it the more clearly and quickly by our own habits, if we will consider the judgment of our own mind. We know that we love the field which was formerly choked with thorns, and after the thorns are cut down, and the field ploughed, yields good fruit, more than that which stands in open land, and is barren or bears worthless or empty corn. Those who have not tried the sins of the flesh are also to be admonished not to think that because of their purity they are before the higher orders, for they do not know whether they are behind those who are of less rank, while they think that they ought to be before them; because in the judgment of the righteous Judge merit annuls rank and distinction. For who is there, who is wise and experienced enough to distinguish such things, who does not know that in the class of gems the carbuncle is more precious than the jacinth? And yet the colour of the blue jacinth is better than that of the pale carbuncle; because that which its rank and nature denies to the jacinth, the beauty of its brightness supplies, and, on the other hand, the carbuncle, although exalted by its nature and rank, is degraded by its colour. So there are among mankind many of better order and rank, who are worse, and of worse order and rank, better; so that often a man of lay order and garb surpasses those of monastic order by the goodness of his works and the righteousness of his life, while

scolde & trumlicre. Oft weorðað monige æfter ðæs lichoman scylde
to Gode gecerred, & hi ðonne swa micle fæsðlicor gestaðoliað on godum
weorcum swa hi hi selfe synnigran ongietað. & oft ða, ða ðe on clæn-
nesse hiora lichoman gehealdenne habbað, swa swa hi læsse ongietad
5 ón him selfum ðæs ðe him hreowan ðyrfe, swa swa hie swiður wenað
ðæt him genog sie ón hira lifes clænnesse, ðonne hira mod ne beoð
ónhæt mid nanre manunge ðære hreowsunga. Ðonon wyrð oft Gode
leofre ðæt lif ðætte æfter his synnum ónæled bið mid hreowsunga
ðonne ðæt clæne & ðæt únsceaðfulle for slæwðe & for orsorgnesse. Be
10 ðæm cwæð ðæs Deman stemn, ðæt is Christ, be Marian ðære forle-
gisse : Hire sint forgifena swiðe manega synna, forðæmðe hio swiðe
hreowsade. Ond ef[t] he cwæð : Mara gefea wyrð on hefonum for
anum hreowsiendum ðonne ofer nigon & hundnigontig ryhtwisra ðæra
ðe him nan ðearf ne bið hreowsunga. Ðæt we magon swutolor on-
15 gietan & hræðor bi úrum agnum gewunan, gif we willað ongietan ðone
dom ures agnes modes. Hwæt, we witon ðæt we ma lufiað ðone æcer
ðe ær wæs mid ðornum aswogen, & æfterðæmðe ða ðornas beoð ahea-
wene, & se æker bið ónered, bringð godne wæsðm ma we lufiað ðone
ðonne ðone ðe stent on clænum lande, & bið unwæsðmbære oððe un-
20 gefynde corn bringð oððe deaf. Eac sint to manienne ða ðe ungefan-
dod habbað ðissa flæsclicena scylda, ðæt hie ne wenen for hira clænnesse
ðæt hie sien beforan ðæm hirrum hadum, forðæmðe hi nyton ðeah hi
sin behindan ðæm ðe læssan hades bioð, & hie wenað ðæt hie beforan
bion scylen ; forðæmðe on ðæm dome ðæs ryhtwisan Deman ónwent
25 sio geearnung ðone had & ða geðyncðo. Hwa is nu ðæra ðe gesceadwis
sie, & to ðæm gleaw sie ðæt he swelces hwæt tocnawan cunne, ðætte
nyte ðætte ón gimma gecynde carbunculus bið dio[r]ra ðonne iacinc-
tus ? & swaðeah ðæt bleoh ðæs welhæwnan iacintes bið betera ðonne
ðæs blacan carbuncules ; forðæm ðæs ðe sio endebyrdnes & ðæt gecynd
30 forwiernð ðæm iacinte, se wlite his beorhtnesse hit eft geiecð, & eft,
ðeah ðe ðæt gecynd & sio endebyrdnes ðæs carbuncules hine upahebbe,
his blioh hine gescent. Swa bið on ðisse menniscan gecynde ma-
nige on beteran hade & on beteran endebyrdnesse wyrsan, & [on]
wyrsan hade & on wyrsan endebyrdnesse beteran ; swa ðætte [oft] on
35 læwedum hade & on læwedum girelan mid godum weorcum & mid
ryhte life man oferðihð ðone munuchad, & ða oðre, ðe ðone hierran

the others, who are of higher order, by not striving to follow morality and a meritorious life, degrade and defile their order.

LIII. *That those who bewail the sins they have committed are to be admonished in one way, in another those who bewail those they have meditated.*

Those who bewail the sins they have committed are to be admonished in one way, in another those who bewail those that they have meditated. Those are to be admonished who bewail the sins they have committed, to wash away the evil they have committed with perfect repentance, lest they be too tightly bound with the sins they have committed, and then delay too long unbinding themselves with repentance. Of which is written in the seventy-ninth Psalm: "God gave us to drink very moderately with tears," that every man's heart should be so much the oftener moistened by the tears of repentance, the oftener he remembered that it had been dried by God with his sins. They are also to be admonished to bring the sins they have committed indefatigably before their mind's eye, and when they have seen them, to prevent them being seen at the severe examination. Of which David spoke in the Psalms: "Turn, Lord, thine eyes from my sins." And a little before he said: "My misdeeds are always before me." As if he had said: "I pray thee not to look at my sins, because I myself look at them always." Of which the Lord also spoke through the prophet Isaiah: "I will not remember thy sins, but do thou remember them." Therefore they are to be admonished to think of each sin that they can remember, because when they repent of each one they repent of all. Of which is very well spoken through Jeremiah the prophet, when he recounted all the misdeeds of the Jews; he said: "Mine eyes let out the divisions of the waters." We let the divided waters out of our eyes, when we separately repent of separate sins: because we cannot always repent of all at once with equal contrition, but sometimes one, sometimes another, is painfully remembered; and when they are moved by the one, they are purified of them all. They are also to be admonished to believe and confidently trust that they will have forgiveness for their intended repentance, lest they be too excessively

had habbað, ðonne hi nyllað ðæm ðeawum & ðæm geearningum folgian, ðonne gewaniað hie ðone had & gewemmað.

LIII. Ðætte on oðre wisan sint to manianne ða ðe ða geworhtan [synna] wepað, ón oðre ða ðe ða geðohtan wepað.

On oðre wisan sint to manienne ða ðe hiera geworhtan synna wepað, on oðre ða ðe hira geðohtan wepað. Ða sint to manienne ðe hira geworhtan wepað, ðætte hie ða gedonan yfelu mid fullfremedre hreowsunga aðwean, ðylæs hi sin to swiðe gebundne mid ðæm ðurhtogenum scyldum, & ðonne to lange forelden ðæt hi hi ne anbinden mid ðære hreowsunge. Be ðæm is awriten on ðæm nigon & hundsiofantigoðan sealme: God us drencte swiðe gemetlice mid tearum, swa ðætte æghwelces mannes mód swa micle oftor wære geðwæned mid hreowsunge tearum swa swa he gemunde ðæt hit oftor wære adrugod from Gode on his synnum. Hi sint [eac] to manienne ðæt hi unaðrotenlice ða gedonan synna gelæden beforan hira modes eagan, & ðonne hi hi gesewene hæbben, gedón ðæt hie ne ðyrfen bion gesewene æt ðæm nearwan dome. Be ðæm cwæð Dauid on psalmum: Ahwyrf, Dryhten, ðin eagan from minum synnum. & lytle ær he cwæð: Mine misdæda bioð simle beforan me. Swelce he cwæde: Ic ðe bidde ðæt ðu nó ne locige on mine synna, forðæmðe ic self him ealneg on locige. Be ðæm eac cwæð Dryhten ðurh Essaias ðone witgan: Ðinra synna ne weorðe ic gemunende, ac gemun ðu hiora. Forðæm hie sint to manienne ðæt hi ælce synne geðencen ðæra ðe hi gemunan mægen, forðæm, ðonne hie for anre hwelcre hreowsiað, ðonne hreowsiað hie for ealle. Be ðæm is swiðe wel gecweden ðurh Ieremias ðone witgan, ða ða he ðæra Iudea misdæda ealle apinsode, he cwæð: Todælnessa ðara wætera útleton min eagan. Todældu wæteru we lætað ut of úrum eagum, ðonne we for synderlecum synnum synderleca hreowsunga doð: forðæmðe hie ne magon ealneg ealla on ane tid emnsare hreowan, ac hwilum án, hwilum oðru cymð sarlice to gemynde; & ðonne he wierð mid ðære anre onstyred, ðonne wyrð he eallra geclænsod. Eac hie sint to manienne ðæt hi gelefen & baldlice getruwien ðæt hi ða forgiefnesse habbað for ðære hreowsunga [ðe hi wilniað, ðylæs hi to ungemetlice

oppressed by repentance. The merciful Lord would never have caused or brought into his mind such repentance, if he wished afterwards to punish it with any severity. He proclaimed, very mercifully, that he would not judge them, when he made them to judge themselves before. Of which is written in the ninety-fourth Psalm; it is said: "Let us anticipate his judgment with confession." And again, it was said through St. Paul: "When we judged ourselves, God judged us not." But they are to be admonished so to hope for forgiveness as not in their security unwarily to become torpid. Because often the cunning devil, after deceiving the mind with the sin, when he sees that it is sad because of its sinful fall, allures it with pernicious flattery. This was signified by the example of the treatment of Dinah, the daughter of Jacob. It is written, that Dinah went out to see the women of the land. Then Shechem, the son of Hamor the Hebrew, who was prince of the land, saw her, and she pleased him, and he took her by force, and lay with her. And his heart was attached to the maiden, and as she was very sad, he soothed and enticed her to him. Dinah goes out to see the foreign women, when any man's mind leaves its own occupations, and busies itself with other men's affairs, which do not in the least concern it, and so goes wandering out of its order and station. Shechem, the prince of the land, forced the maiden Dinah, when he found her wandering about thus. So does the devil with the mind that he finds unprofitably occupied: he seduces it. Shechem's heart was attached to Dinah. So the devil, when he sees the mind with the same unrighteous desires as himself, and afterwards sees that it repents of them, brings before the eyes of the mind vain security and hope, to divert it from its beneficial sadness. About which was very rightly said, that Shechem gently soothed Dinah, after grieving her. So does the devil with the mind: sometimes he makes it think that what it does is no sin; sometimes he makes it think that, although it is a sin, others sin more gravely; sometimes it is over-confident of God's mercy; sometimes it thinks it has time enough to repent. And when the deceived mind thinks so, it is hindered from repenting inwardly, so that it obtains no good, because it repents of no evil.

sien gewægde mid ðære hreowsu(n)ga]. Ne gedyde næfre se mild-
heorta Dryhten, ne an his mode ne gebrohte swelce hreowsunga, gif he
hit æfter ðæm auht swiðe wrecan wolde. He gecyðde swiðe mild-
heortlice ðæt he him deman nolde, ða he gedyde ðæt hi him selfe ær
5 beforan demdan. Be ðæm is awriten on ðæm feower & hundnigonti-
goðan psalme, hit is gecweden: Wuton cuman ær his dome andettende.
& eft hit wæs gecweden ðurh *sanctus* Paulus: Ðær we us selfum
demden, ðonne ne dem(de) us nó God. & eft hi sint to manienne ðæt
hi swa hopigen to ðære forgiefnesse ðæt hie for ðære orsorgnesse to
10 únwærlice ne aslawien. Forðæm [oft] ðæt lytige dioful ðæt mód ðæt
he mid ðære synne ascrenceð, ðon*ne* he gesihð ðæt hit unrot bið for
ðæm hryre his synna, ðonne forspenð he hit mid ðære wolberendan
oliccunge. Ðæt wæs mid ðære biesene getacnod ðe Dinan gedon wæs
Iacobes dohtor. Hit is awriten ðæt Dina wære út gangende sceawian
15 ðæs londes wif. Ða hi ða geseah Sihhem, Emmores sunu ðæs ebrei-
scan, se wæs aldormon ðæs [londes], & ða gelicode hio him, & he hi
genam niedenga, & hire mid gehæmde. & ða wæs his mod gehæft mid
ðæm mædene, & he ða hi swa unrote oleccende to him geloccode.
Ðonne gæð Dine ut sceawian ða elðiodigan wif, ðon*ne* hwelces monnes
20 mód forlæt his ægne tilunga, & sorgað ymb oðerra monna wisan, ðe
[him] nauht to ne limpð, & færð swa wandriende from his hade & of
his endebyrdnesse. Sihhem, ðæs landes ealdorman, geniedde ðæt mæ-
den Dinan, ða he hie gemette swa wandrian. Swa deð se dioful ðæt
mod ðæt he gemet ón unnyttum sorgum: he hit awiert. Sihhemes
25 mod wæs ða gehæft to Dinan. Swa ðæt dioful, ðonne he gesihð ðæt
mod ón ðæm ilcan unryhtan willan ðe he bið, & ðonne eft gesihð ðæt
hit ðæs hreowsað, ðonne gebringð he beforan ðæs modes eagan idle
orsorgnesse & tohopan, forðæm ðæt he him oftio ðære nyttwyrðan un-
rotnesse. Be ðæm wæs swiðe ryhtlice gecweden ðætt[e] Sihhem Dinan
30 liðelice olehte, ða ða he hi geunrotsod hæfde. Swa deð ðæt dioful
ðæm mode: hwilum he gedeð ðæt him ðyncð ðæt hit nan scyld ne sie
ðæt ðæt he deð; hwilum he gedeð ðæt him ðyncð, ðeah hit scyld sie,
ðæt oðre men hefiglicor syngien; hwilum he fortruwað to swiðe Godes
mildheortnesse; hwilum him ðyncð ðæt he hæbbe fierst genogne tó
35 hreowsianne. & ðonne ðæt beswicene mod ymb ðyllic ðencð, ðonne
wyrð hit amierred from ðære incundan hreowe, to ðon ðæt hit nan

But it is so much the more deceived with punishments, the more it now rejoices in its evil ways. On the other hand, those are to be admonished who bewail the sins they have meditated, to take careful heed in the secret recesses of their mind, whether the thought comes to them from sudden pleasure or desire and consent, of sinning so. For it often happens that the mind is tempted by fleshly lusts, and yet the mind resists the fleshly lusts, so that the same lusts which afflict him in the secret recesses of his heart, will afflict him again, if he withstand them. Often also the mind is pursued by such deep temptation, and is so swallowed up by it, that it does not withstand it with any opposition, but submits, and yields to the temptation. When it is excited by pleasure, and has opportunity for such things, it quickly forsakes the works of the internal good desire, when it has opportunity for outer things. But when the just judgment of the severe Judge sees it, it is not regarded as a meditated, but as a committed sin. Because that which he had no opportunity of carrying out externally with works, he sanctioned internally, and accomplished with the work of complete inclination. We have learnt from our progenitor Adam, that from him it is our nature to accomplish all evil in three ways: through suggestion, delectation, and consent. Suggestion is caused by the devil; delectation by the body; consent is accomplished by the spirit. The waylayer, that is the devil, seduces him. Then the body subdues him by delectation, till the spirit is overcome by the delectation, so that it allows it. As the serpent in Paradise first suggested evil to Eve, and Eve allowed herself to be subdued by delectation, like the body. Then was Adam, like the spirit, overcome by the serpent's suggestion and Eve's delectation, so that he consented to the sin. By the suggestion we can recognise the sin, we are forced by the delectation, and bound by the consent. Those who repent the meditated sins, are to be admonished to consider carefully into which sins they have fallen, that they may be able to compensate it by repenting to the same degree as they perceive that they have sinned in thought, lest they repent so little the meditated sins, till they accomplish them. And yet we must admonish and awe them without reducing them to despair, lest they

god ne gemete, forðæm him nan yfel ne hriwð. Ac hit wyrð swa
micle swiður beswicen mid ðæm witum swa hit nu swiður gefihð on
his yfelum. Ongean ðæt sint to manienne ða ðe ða g[e]ðohtan synna
wepað, ðæt hie geornlice giemen on ðære degelnesse hira modes hwæ-
5 ðer him ðæt geðoht cume of færlicum luste, ðe of wilnunga & geða-
funga, ðæt hie swa [ge]syngeden. Forðæm hit oft gebyreð ðæt ðæt
mod wyrð gecostod of ðæs flæsces lustfulnesse, & ðeah ðæt mod wið-
stent ðæs flæsces lustfulnesse, swa ðætte se ilca lust ðe hine geunrotsað
on ðære degelnesse his modes hine eft gerotsat, gif he him wiðstent.
10 Oft eac folgað ðæm mode swa grundleaslicu costung, & hit swa for-
swilgð, ðæt hit mid nanre wiðerweardnesse hire ne wiðstent, ac geða-
figende folgað ðære costunga. Ðonne hit bið onstyred mid ðære
lustbærnesse, & hit onhagað to ðæm ðingum, ðonne forlæt hit hrædlice
ða weorc ðæs inneran godan willan, ðonne hit onhagað to ðæm uterran.
15 Ac ðonne ðæt gesihð se ryhta dóm ðæs ðearlwisan Deman, ðonne ne
bið hit nó swa swa geðoht syn, ac swa ðurhtogen. Forðæmðe ðæt
ðætte hine ne onhagode utane forð to brenganne mid weorcun, innane
he hit geðafode, & ðurhteah mid ðy weorce ðæs fulfremedan willan.
We habbað geascod from urum ærestan mæge Adame ðæt us is from
20 him gecynde ðæt we ælc yfel on ðrio wisan ðurhtion : ðurh gespan, &
ðurh lustfulnesse, & ðurh geðafunga. Ðæt gespan bið ðurh dioful.
Sio lustbærnes bið ðurh ðone lichoman. Sio geðafung bið ðurhtogen
ðurh ðone gæst. Se sætere, ðæt is se dioful, he hine spænð on wóh.
Se lichoma hine ðonne him underðied mid ðære lustfulnesse, oððæt se
25 gæst bið oferwunnen mid ðære lustfulnesse, ðæt he hit geðafað. Swa
swa sio nædre on neorxna wonge, ærest hio lærde Euan ón woh, & Eue
hi hire underðiod(d)e mid lustfulnesse, swa swa lichoma. Ða wæs
Adam, swa swa se gæst, ðurh gespan ðære næddran & ðurh Euan lust-
bærnesse oferswiðed, ðæt he geðafode ða synne. On ðæm gespane we
30 magon ongietan ða synne, & mid ðære lustfullnesse we bioð genedode,
& mid ðære geðafunge we bioð gebundne. Ac ða sint to manienne ða
ðe ða geðohtan synna hreowsiað ðæt hie geornfullice giemen ón hwelce
ðæra synna hie befeollen, forðæm ðæt hi mægen ongean ðæt be ðæm
ilcan gemete hreowsian ðe hi on hira [inn]geðonce ongieten ðæt hie
35 gesyngoden, ðylæs him to hwón hreowen ða geðohtan synna, oððæt hi
hi fulfremmen. & swaðeah we hi scylen manian & bregean ðæt we hi

do worse. For often the merciful Lord very quickly washes away the meditated sins, when he does not allow them to carry them out. By which they may know that they are quickly forgiven, when he does not allow them to attain to the deed for which he would be obliged to judge them more severely. Of which it is very well said through the Psalmist in the thirty-first Psalm; he said: "I will pronounce against myself my injustice, Lord, because thou hast forgiven the impiety of my heart." He had committed to God his sins, when he determined to confess to him. The prophet showed how easily the meditated sin can be forgiven, when he said that it was forgiven him as soon as he had resolved to confess it. He said that the same thing that he had determined to ask had been previously forgiven him. Since the sin was not carried out in practice, the repentance did not amount to suffering, but the meditated repentance wipes away the meditated sin from the mind.

LIV. That those who bewail the sins they have committed, and yet do not leave them off, are to be admonished in one way; in another way those who do not repent of them, and yet leave them off.

Those who bewail the sins they have committed, and yet do not leave them off, are to be admonished in one way; in another way those who leave them off, and yet do not repent of them. Those who bewail the sins they have done, and yet do not leave them off, are to be admonished to consider carefully that they strive in vain to purify themselves with mourning, when they defile themselves again by living unrighteously; as if they washed themselves with repentance to be able to make themselves dirty again. Therefore it is written that the dog will eat what he formerly vomited, and the sow wallow in her mire after being washed. The dog does not hesitate to vomit up the food that is heavy on his chest, and afterwards devours the same thing that he vomited because it burdened him, and so the same thing burdens him that formerly relieved him. So it is with those who repent of the evils they have done, when they cast out with repentance the evil with which the stomach of their mind was perniciously and oppressively crammed, and then resume

on ormodnesse ne gebringen, ðylæs hi wyrs dón. Forðæm oft se mild-
heortaa Dryhten swiðe hrædlice ða geðohtan synna awegaðwihð, ðonne
he him ne geðafað ðæt hi hi ðurhtion moten. Be ðæm he mæg witan
ðæt hi bioð hrædlice forgiefene, ðonne he him ne geðafað ðæt hi to
5 ðæm weorce becumen ðæt he him ðonne ðearlur deman scyle. Be ðæm
is swiðe we[l] gecweden ðurh ðone psalmsceop ón ðæm an & ðritigo-
ðán psalme, he cwæð: Ic wille secgan ongean me selfne min únryht,
Dryhten, forðæm ðu forgeafe ða arleasnesse minre heortan. Da he
hæfde befæst Gode his synna, ða he getiohchod æfde ðæt he him on-
10 dettan sceolde. Da cyðde se witga hu ieðelic bið to forgiefenne sio
geðohte synn, ða he cwæð ðæt hio him sona forgiefen wære swa he
geðoht hæfde ðæt he hi ondettan wolde. Ðæt ilce ðæt he getiohchod
hæfde to biddanne he cwæð ðæt him wære ær forgiefen. Forðæm sio
synn ne wearð ðurhtogen mid nanum weorce, forðæm ne com seo
15 hreowsung to nanre ðrowunge, ac sio geðohte hreowsung adrygð ða
geðohtan synne of ðæm mode.

LIV. Ðætte on oðre wisan sint to monianne ða ðe (ða) ðurhtogenan
synna wepað, & swaðeah ne forlætað; on oðre wisan ða ðe
hie nó ne hreowsiað, & hie ðeah forlætað.

20 On oðre wisan sint to manienne ða ðe ða gedonan synna wepað, &
hi ðeah ne forlætað; on oðre wisan ða ðe hi fo(r)lætað, & swaðeah nó
ne hreowsiað. Ða sint to manienne ðe ða gedonan synna wepað, & hi
swaðeah ne forlætað, ðæt hi geornlice ongieten ðæt hi ón idelnesse
tiliað hi selfe to clænsianne mid ðy wope, ðonne hi eft mid únryhte
25 life hie besmitað; swelce hi hi mid ðære hreowsunga to ðæm aðwean
ðæt hi hi mægen eft afylan. Be ðæm is awriten ðæt se hund wille
etan ðæt he ær aspaw, & sio sugu hi wi[l]le sylian ón hire sole æfter-
ðæmðe hio aðwægen bið. Hwæt, se hund wile aspiwan ðone mete ðe
hine hefegað on his breostum, & ðæt ilce ðæt he for hefignesse aspaw,
30 ðonne he hit eft frit, ðonne gehefegað hine ðæt ilce ðæt hine ær gelihte.
Swa bið ðæm ðe ða gedonan yfelu hreowsiað, ðonne hi ðæt yfel mid
ondetnesse him of aweorpað ðætte hira modes innað yfele & hefiglice
mid gefylled wæs, & ðonne eft fóð to ðæm ilcan & fætað in æfter ðære

and take in after repentance the same evil that they formerly threw up with confession and repentance. As the hog, although washed, if it returns to the mire, is dirtier than it was before, and the washing is of no avail, although it was washed before; so it is with him who bewails the sins he has done, and yet does not give them up: he subjects himself to severer guilt and punishment if he does not give them up. He despised the forgiveness he had obtained by repentance, by wallowing in the muddy water; and that which he cleaned with repentance he soiled again before the eyes of God. Therefore it is again written in the books of Solomon; it is written: "Repeat not thy words in thy prayer." Repeating one's words in one's prayer is making repentance again necessary after repentance. Therefore it is again said through the prophet Isaiah; he said: "Wash, that ye may be clean." He does not care whether he is clean or not, who after repentance will not conduct himself virtuously and purely: they are always washing and are never clean, although they are always weeping; they are always weeping, and after their weeping they bring on themselves the necessity of weeping again. Therefore it is said by a certain sage: "If a man takes in his hand anything unclean, and then washes, and takes hold of the same thing again, what avails him his previous washing?" He is washed clean who washes away his impurity with repentance. He handles the impurity again who sins after his repentance. Those who repent of the sins they have done, and yet do not give them up, are to be admonished to perceive that before the eyes of the hidden Judge they are like those men who behave very humbly before great men, and flatter them excessively as long as they are in their presence, and afterwards, when they are behind their backs, injure them and are as hostile to them as they can be. What is repenting of one's sins but showing God one's humility and fidelity and obedience? Or what is sinning after repentance but behaving with hostility and pride and disobedience to the same God whom he formerly flattered? As James the apostle said, saying: "Whoever desires too excessively to be a friend to this world is called God's enemy." Those who bewail the sins they have committed, without leaving them off, are

ondetnesse ðæt ilce yfel ðæt hi ær mid ðære ondetnesse & hreowsunga
[út]awurpun. Swa ðet swin, ðeah hit aðwægen sie, gif hit eft filð on
ðæt sol, ðonne bið hit fulre ðonne hit ær wæs, & ne forstent ðæt ðweal
nauht, ðeah hit ær aðwægen wære; swa bið ðæm ðe his gedonan
5 synna wepeð, & hi swaðeah ne forlæt: hefigran scylde & hefigran
witum he hine underðiet, gif he hit ne forlæt. Forðæm he forhogde
ða forgifnesse ðe he mid ðære hreowsunga begiten hæfde, forðæmðe he
wealwode ón ðæm gedrofum wætere; & ðæt ðæt he ær mid ðær[e]
hreowsunga geclænsode he beforan Godes eagum eft afýlde. Be ðæm
10 is eft awriten on Salomonnes bocum, hit is awriten: Ne eftga ðu ðin
word on ðinum gebede. Ðæt is ðonne ðæt mon eftgige his word on
his gebede, ðæt mon æfter his hreowsunga gewyrce ðæt he eft scyle
hreowsian. Be ðæm is eac gecweden ðurh Essaias ðone witgan, he
cwæð: Aðweað iow, ðæt ge sin clæne. Hwæt, se ðonne ne recð hwæ-
15 ðer he clæne sie, [ðe ne sie], se ðe æfter ðære hreowsunga hine ryht-
lice & clænlice nyle gehealdan: ealne weg hi hi ðweað, & ne beoð hie
næfre clæne, ðeah hi ealneg wepen; ealneg hi wepað, & æfter ðæm
wope hi gewyrceað ðæt hi moton eft wepan. Be ðæm is gecweden
ðurh sumne wisne mon: Gif hwa ón hand nimð hwæt únclænes, &
20 hine æfter ðæm að[w]ihð, & ðonne eft [fehð] on ðæt ilce ðæt he ær
feng, hwæt forstent him ðonne ðæt ærre ðweal? Se bið aðwægen of
únclænnesse, se ðe aðwihð mid hreowsunga his unclænnesse. Se ðonne
gehrinð eft ðære unclænnesse ðe syngað æfter his hreowsunga. Ac ða
sint to manienne ðe ða gedonan scylda hreowsiað, & hi ðeah ne forlæ-
25 tað, ðæt hi ongieten ðæt hie beoð beforan ðæs dieglan Deman eagum
gelice ðæm monnum ðe swiðe eaðmodlice onginnað beforon ricum
monnum, & him swiðe oleccað ða hwile ðe hi him beforan beoð, & eft,
ðonne hi him beæftan beoð, ðonne doð hi him to demme & to fiond-
scipe ðæt ðæt hi magon. Hwæt is ðæt, ðæt mon hreowsige his
30 synna, buton ðæt mon eowað Gode his eaðmodnesse & his treowa
& his hiersumnesse? Oððe hwæt is ðæt, ðæt mon æfter his hreow-
sunga syngige, buton ðæt, ðæt he deð feondscipe & ofermetto & un-
hiersumnesse ðæm ilcan Gode ðe he ær olehte? Swa swa Iacobus
sæde se apostol, ða he cwæð: Swa hwa swa wille bion ðisse weorlde
35 freond to ungemetlice, he bið gehaten Godes feond. Ða ðonne sint
to manienne ðe ða [ge]donan scylda wepað, & [hi] swaðeah ne forlæ-

to be admonished to understand that the repentance of wicked men is often very vain and useless, when they do not afterwards try either to do good or relinquish evil. So, also, the evil thoughts of the good are very often without sin, when they do not carry them out in works. So wondrously divine wisdom dispenses and measures according to the merits of each, that the wicked, amidst all their wickedness which they fully perpetrate, become presumptuous, and exalt themselves with pride for the little good that they meditate, and do not attempt to perform. And again, the good, when disturbed by bad thoughts, which they never wish to carry out, are humbled, and despise themselves because of the little evil, and lose not at all thereby their righteousness, but increase it with their humility. Therefore Balaam said, when he saw the encampments of the righteous Israelites : "Let my life become like that of these righteous men, and my end like theirs." But afterwards, when the compunction left him, he devised a very wicked counsel and plot against their life : he forgot his affection towards the Israelites because avarice seized on him. And St. Paul said that he saw a different habit and will in his members, opposed to the will of his spirit, which led him away captive in sinful habits. He said that it was in his members. Paul was tempted with the weakness of his spirit that he might perceive his sins, and be so much the stronger in good works. Why is the sinful man touched with repentance, and is none the more righteous ; or why is the righteous man tempted with evil thoughts, and yet is not defiled with the sin ; but because his good thoughts avail the sinful man nought, because he has not a ready and unhesitating desire of the deed, and again, his evil thoughts injure not the righteous man, because he has not a ready will to accomplish the perverse deed ? On the other hand, those who relinquish their sins without atoning for or repenting of them, are to be admonished not to think that, if they relinquish their sins, God will condone them, if they do not in any way atone for or repent of them. So the scribe, unless he erases what he wrote before, even if he never write anything more, that which he wrote before is still unerased. So, also, he who speaks of or treats another injuriously, even if he ceases, and never does it again, what he did is done and unatoned for, unless he gives satisfaction. But he must moderate his insolent words with humble

tað, ðætte hi óngiten ðætte oft bið swiðe idel & unnyt ðara yfelena manna hreowsung, ðonne hi æfter ðæm ne tiliað nauðer ne god to dónne ne yfel to forlætanne. Swa bið eac swiðe oft synleas yfel geðoht ðæm godum, ðon*ne* hi hit mid weorcum ne ðorhtioð. Swa wundorlice
5 hit todælð & gemetgað se godcunda wisdóm be hira ægðeres geearnungum, swa ðætte ða yflan betwix eallum hira yflum ðe hi fullice gefremmað hi fortruwiað, & hi on ofermet(t)o ahebbað for ðæm lytlan góde ðe hi geðenceað, & nó ne anginnað to wyrceanne. Ond eft, ða godan, ðonne hi beoð onstyrede mid ðæm yflum geðohtum ðe hi næfre nyllað
10 ðurhtion, ðonne beoð hi geeaðmedde, & fo[r]sioð hi selfe for ðæm lytlan yfele, & ne forleosað nauht ðurh ðæt hira ryhtwisnesse, ac hi hi geiecað mid ðære eaðmodnesse. Hwæt, Balam cwæð, ða he geseah ða wicstowa ðara ryhtwisena Israhela: Geweorðe min lif swelce ðissa ryhtwisena, & geweorðe min ende swelce hira. Ac eft, ða sio
15 anbryrdnes hine alet, ða funde he swiðe yfel geðeaht & searwa ymb hira lif: forðæm hine gehran sio gitsung, he forget ðone freondscipe wið Israhele. Hwæt, *sanctus* Paulus cwæð ðæt he gesawe, oðerne gewunan & oðerne willan ón his limum, & se wære feohtende wið ðæm willan his modes, & hine gehæftne lædde ón synne gewunan. Sio, he
20 cwæð, wære on his limum. Forðæm wæs *sanctus* Paulus gecostod mid his modes untrumnesse ðæt he óngeate his synna, & forðæm wære ðy strangra ón godum weorcum. Forhwy bið se synfulla onbryrd mid ðære hreowsunga, & ne bið nó ðy ryhtwisra; oððe forhwy bið se ryhtwisa gecostod mid yfle geðohte, & ne bið ðeah gewem(m)ed mid ðære
25 scylde; buton forðyðe ðæm synfullan nauht ne helpað his godan geðohtas, forðæmðe he næfð gearone willan úntweogendne to ðæm weorce, ne eft ðæm ryhtwisan ne deriað his yflan geðohtas, forðæmðe he næfð gearone willan ðæt woh to fulfremmanne? Ongean ðæt sint to manienne ða ðe hira synna forlætað, & hi ðeah ne betað ne ne
30 hreowsiað, ðæt hi ne wenen, ðeah hi hira synna forlæten, ðæt hi God him forlæte, gif hi hi mid nanum ðingum ne betað ne ne hreowsiað. Swa se writere, gif he ne dilegað ðæt he ær wrat, ðeah he næfre ma nauht ne write, ðæt bið ðeah úndilegod ðæt he ær wrat. & swa eac se ðe oðrum bismer cwið, oððe deð, ðeah he geswice, & [hit] næfre eft
35 ne do, ðeah hit bið gedon ðæt he dyde, & unðingad, gif he hit ne bet. Ac he sceal ða ofermodlican word mid eaðmodlicum wordum gemet-

words, if he wishes to be reconciled with the other. Do you think, if a man owes another something, that he can secure himself by not receiving anything more from him, without paying back what he received before? So it is with God and us, when we sin against him: even if we never do so again, unless we somehow atone for and repent of what we have done, we are not sure, unless we are displeased with what formerly pleased us, that it will be forgiven us, although we do no evil now in this world. We must not, however, on that account be too confident, if we do no good, because we often entertain very many unlawful thoughts. How can he, therefore, be confident, who himself knows that he sins? What satisfaction does God get from our punishment, or honour from our sufferings, but that he wishes to heal the wounds of our sins with a potent remedy, if he cannot with a mild one, that repentance may seem bitter to us, as sins formerly seemed sweet to us? And as we formerly inclined to what is unlawful, until we fell, so we must forego what is lawful, until we arise; that the mind which was occupied with unrighteous joy may be afterwards occupied with salutary and righteous repentance, so that the mind which was wounded by pride and insolence may be afterwards healed by humility and self-reproach. Therefore David said in the seventy-fourth Psalm: "I said to the unrighteous, 'behave not unrighteously,' and said to those who sinned, 'exalt not your horns too much.'" The sinful exalt their horns excessively, when they never try to humble themselves so as to see their unrighteousness and repent of it. Therefore it was again said in the fiftieth Psalm: "The Lord does not despise the afflicted and humbled hearts." Whoever, therefore, repents of his sins, and yet relinquishes them not, afflicts the heart, and yet scorns to humble it. And he who relinquishes his sins without repenting of them, humbles himself without afflicting his heart. Therefore St. Paul said in his Epistle to the Corinthians, saying: "Ye were formerly engaged in evil works, but ye are now purified and hallowed;" because every man is purer after repenting of his sins than he was before he sinned. Therefore St. Peter said, when he saw many men in despair because of their former evil deeds, saying: "Let each of you repent and be baptized." He first directed them to repent, and

gian, gif he wið ðone oðerne geðingian wile. Wenstu, gif hwa oðrum
hwæt gieldan sceal, hwæðer he hine mid ðy gehealdan mæge ðæt he
him nauht mare ón ne nime, ne ðæt ne gielde ðæt he ær nam? Swa
us bið æt Gode, ðonne we wið hine gesyngiað : ðeah we næbre eft swa
5 ne dón, gif we ðæt gedone mid nanum ðingum ne betað ne ne hreow-
siað, ne bio we no ðæs sicore, gif us ðæt ne mislicað ðæt us ær licode,
ðonne ne bið hit no us færgiefen, ðeah we nu nauht yfeles ne dón on
ðisse worulde. Ne sculon we ðeah forðy bion to orsorge, gif we nauht
to gode ne doð, forðæmðe swiðe fela unalefedes we oft geðenceað. Hu
10 mæg se ðonne bion orsorg se ðe him self wat ðæt he gesyngað? Hwelce
iðnesse hæfð God æt urum witum, oððe hwelcne weorðscipe hæfð he
æt urre ðrowunga, butan ðæt he wile gehælan ða wunde urra scylda
mid strangum læcedome, gif he ne mæg mid liðum, ðætte us biterige
sio hreowsung, swa swa us ær swetedon ða synna? & swa swa we
15 sigon ær on ðæt unaliefede, oððæt we afeollon, swa we sculon nu for-
beran ðæt aliefede, oððæt we arisen ; ðætte ðæt mod ðætte wæs abise-
gad mid unryhtre blisse si eft abisegad ón halwyndre & on ryhtlicre
hreowsunga, swa ðætte ðæt mod ðætte sio upahæfenes & ða ofermetto
gewundedon eft gehæle sio eaðmodnes & sio forsewennes his selfes.
20 Be ðæm cwæð Dauid on [ðæm] feower & [h]undsiofantigoðan psalme :
Ic cwæð to ðæm u(n)ryhtwisum, ne do ge unryhtwislice, & cwæð to
ðæm ðe ðær syngedon, ne he[b]be [ge] to úp eowre hornas. Ðonne
ahebbað ða synfullan swiðe úp hira hornas, ðonne hi hi næfre nyllað
geeaðmedan to ðæm ðæt hie ongieten hira unryhtwisnesse, & ða hreow-
25 sian. Be ðæm wæs eft gecweden ón ðæm fiftegoðan psalme : Ða ge-
drefedan heortan & ða geeaðmeddan ne forsihð hi næfre Dryhten. Swa
hwa ðonne swa his synna hreowsað, & hi swaðeah ne forlæt, se gedrefð
his heortan, & ðeah oferhygð ðæt he hi geeaðmede. Se ðonne, se ðe
his synna forlæt, & hi swaðeah ne hreowsað, se hine eaðmed, & nyle
30 ðeah his mod gedrefan. Be ðæm cwæð sanctus Paulus on his ærend-
gewrite to Corinctheum, he cwæð: Ge wæron ær on yflum weorcum,
ac ge sint nu geclænsode & gehalgode. Forðæmðe æghwelc man bið
æfter ðære hreowsunga his synna clænra ðonne he ær wæs, ær he ge-
syngade. Be ðæm cwæð sanctus Petrus, ða he geseah manige men
35 ormode for hira ærron yflun, he cwæð : Hreowsiað & weorðað geful-
wade eower ælc. Ærest he lærde ðæt hi hreowsodon, & siððan ðæt

then to be baptized; as if he had said: "First repent in your mind, and then, after a time, wash and purify yourselves with your tears." How can he feel secure from the punishment of his sins who now neglects to repent of them? How can he feel secure as to them, when the chief shepherd of the holy church has said that repentance should precede baptism? Baptism purifies a man from his sins, and is the most powerful means of extinguishing sins.

LV. That those who praise their unlawful deeds are to be admonished in one way; in another those who blame, and yet do them.

In one way are to be admonished those who praise what is unlawful, and also do it; in another those who blame, and yet do it. Those who both do and praise it are to be admonished to understand that they often sin more with words than deeds; because, when they do evil they do it for themselves alone, but when they praise it they teach it to all who hear it praised. Therefore they are to be admonished, when they simulate the desire of suppressing evil in themselves, not to presume to sow it in other men, but be satisfied with having done it themselves. And again, they are to be admonished, although they are not afraid of being evil, at least to be ashamed of men knowing what they are. For the concealed evil is often transitory, because, when the mind is ashamed of men knowing it, it can easily happen at some time or other that he is also ashamed of doing it. The more unblushingly every unrighteous man displays his wickedness, the more freely he perpetrates it, and the more lawful it seems to him. And the more lawful it seems to him, the deeper he plunges into it. Therefore it is written in the books of Isaiah: "They proclaimed their sins as the men of Sodom did, and did not conceal them." If the men of Sodom had concealed their sins, they would not have sinned without fear, but they entirely relinquished the bridle of fear, when they cared not whether it was day or night when they sinned. Therefore it is again written in Genesis that the shouting of the men of Sodom and Gomorrah was

hi wurden gefullwode, swelce he cwæde : Hreowsiað ærest ón eowrum
mode, & siððan [æfter] fierste aðweað eow, & geclænsiað mid eowrum
tearum. Hu mæg se bion orsorg ðære wrace his scylda, se ðe nu
agiemeleasað ðæt he hreowsige his synna? Hu mæg he hira bion
5 orsorg, nu se hiehsta hierde ðære halgan ciricean cwæð ðætte sio
hreowsung scolde bion ær ðæm fulwihte? Se fullwuht ðone mon ge-
clænsað from his synnum, & ealra ðinga swiðosð ða synna adwæscð.

LV. Ðætte on oðre wisan sint to monianne ða ðe ða unaliefedan
ðing, ða ðe hi doð, herigað; ón oðre ða ðe hi tælað, &
10   swaðeah doð.

On oðre wisan sint to manienne ða ðe ðæt unliefde herigað, &
ea[c] doð; on oðre ða ðe hit leað, & swaðeah doð. Ða sint to ma-
nienne, ða ðe ægðer ge hit doð ge hit herigað, ðæt hi óngieten ðæt hi
oft swiðor gensyngiað mid ðæm wordum ðonne hi dón mid ðæm
15 dædum; forðæm, ðonne hi yfel doð, ðonne doð hi ðæt him anum, ac
ðonne hi hit heriað, ðonne læráð hi hit ælcne ðara ðe hit gehierð
herian. Forðy hi sint to manienne, ðonne hi licettað ðæt hi willen
astyfecian ðæt yfel on him selfum, ðæt hi hit ðonne ne dyrren sæwan
on oðrum monnum; ac ðæt him ðynce genog ón ðæm ðæt hi hit selfe
20 dydon. Ond eft hi sint to manien(n)e, ðeah hi him nyllen ðæt on-
drædan ðæt hi yfele sien, ðæt hi huru scamige ðæt men witen hwelce
hi sin. Forðæm oft ðæt yfel ðæt forholen bið, hit bið fleonde, for-
ðæm, ðonne ðæt mod sceamað ðæt hit mon wite, ðonne mæg hit eaðe
gesælan æt sumum cierre ðæt hine eac scamige ðæt he hit wyrce.
25 Hwæt, ælc unryhtwis mon, swa he scamleaslicor his yfel cyð, swa he
freolicor hit ðurhtiehð, & hit him aliefedlicre ðyncð. Swa hit him
ðonne aliefedlicre ðyncð, swa he ðær diopor on gedyfð. Be ðæm is
awriten on Essaies bocum: Hi lærdon hira synna swa swa Sodome
dydon, & hi hi nanwuht ne hælon. Gif Sodome hira synna hælen,
30 ðonne ne syngodon hi na butan ege, ac hi forleton eallinga ðone
bridels ðæs eges, ða hi ne scrifon hwæðer hit wære ðe dæg ðe niht,
ðonne ðonne hi syngodon. Be ðæm is eft awriten on Genesis ðætte
swiðe wære gemanigfalðod Sodomwara hream & Gomorwara. Se

greatly multiplied. He calls who sins secretly; but he shouts who sins openly and recklessly. Those, on the other hand, who detest their sins without, however, relinquishing them, are to be admonished to consider cautiously how they are to clear themselves at the great judgment, when they will not clear themselves here by judging themselves, and punishing their own sins in themselves. What are they but hypocrites, when they blame what they will not relinquish? But they are to be admonished to understand that it is the secret judgment of God, that they are afterwards to have the more punishment the more accurately they know that they are doing wrong, and yet will not cease, or make any exertions to enable them to relinquish it. The more clearly they know it, the greater their ruin, because they received the light of understanding, and yet would not relinquish the darkness of the wicked deed, but neglected the understanding that God sent them as a help. The same understanding will afterwards give testimony of their wickedness at the judgment, and that which was sent them before to destroy their sins with will increase their punishments. But because they sin here without repenting of it, some punishment affects them here before the eternal punishments, that they may not be free or without care in the expectation of the greater punishment. But the more accurately they know here that they are doing evil, and yet will not relinquish it, the greater punishment they will receive there. Therefore Christ spoke in his Gospel: "The servant who knows his lord's will, and will not act according to his lord's will, is worthy of many punishments." Of the same also the Psalmist spoke in the fifty-fourth Psalm, saying: "They shall go living into hell." The living know and understand what is being done with them; the dead cannot know anything. They are called dead, and descend into hell, who do not know when they are doing wrong; but those who know, and yet do it, go living and conscious into hell.

LVI. *That those who are very quickly overcome by an unrighteous desire are to be admonished in one way; in another way those who consider it a long time before, and finally perpetrate it.*

Those who are overcome with sudden desire are to be admonished in one way; in another those who think over and consider it long, and

cliopað, se ðe dearninga syngað; ac se hremð, se ðe openlice & or-
sorglice syngað. Ongean ðæt sint to manienne ða ðe hira synna
onscuniað, & hi swaðeah ne forlætað, ðæt hi foreðonclice ongieten hu
hi hi willen beladian on ðæm miclan dome, ðonne hi hi nyllað her
5 beladian midðæmðæt hi him selfum demen, & hiora agna scylda on
him selfum wrecen. Hwæt bioð hi elles buton liceteras, ðonne hi
tælað ðæt ðæt hi nyllað forlætan? Ac hie sint to manienne ðæt hi
óngieten ðæt hit bið se degla Godes dóm ðæt hi eft ðy mare wite
hæbben ðe hi gere witon ðæt hi ón ðweorh doð, & ðeah nyllað geswi-
10 can, ne nanwuht ymb ðæt swincan ðæt hi hit mægen forlætan. Swa
hi hit ðonne swutolor witon, swa hi swiður forweorðað, forðæmðe hi
ónfengon ðæt leoht ðæs ondgietes, & ðeah noldon forlætan ða ðistro
ðæs wón weorces, ac ðæt andgiet ðæt him God sende to fultome hi
agimelessedon. Ðæt ilce andgit bið eft on gewitnesse hira yfela æt
15 ðæm dome, & geiecð hira witu ðætte him [ær] wæs onsended mid to
dielgianne hira synna. Ac forðæmðe hi her syngiað, & hit him no ne
hreowð, hi gehrinð her sumu wracu ær ðæm ecum witum ðæt hi ne
sien freo né orsorge on ðæm anbide ðæs maran wites. Ac swa micle
hi ónfoð ðær mare wite swa hi her gearor witon ðæt hi untela doð, &
20 [hit] ðeah nyllað forlætan. Be ðæm cwæð Crist on his godspelle: Se
ðegn, se ðe wát his hlafordes willan, & ðonne nyle wyrcean æfter his
hlafordes willan, he bið manigra wita wyrðe. Be ðæm ilcan cwæð eac
se salmscop on ðæm feower & fiftiogoðan psalme, he cwæð: Hi sculon
gan libbende ón helle. Ða ðe libbende bioð, hi witon & ongietað hwæt
25 ymb hi gedón bið; ða deadan ne magon nanwuht witan. Ða bioð
genemde deade, & ða stigað ón helle, ða ðe nyton hwonne hi untela
doð; ac ða ðe hit witon, & swaðeah doð, ða gað libbende & witende
on helle.

LVI. Ðætte on oðre wisan sint to monianne ða ðe swiðe hrædlice
30 bioð oferswiðde mid sumre unryhtgewilnung(e); on oðre
wisan ða ðe longe ær ymbðeahtigeað, & hit ðonne on lasð
ðurhtioð.

On oðre wisan sint to manienne ða ðe mid færlice luste bioð ofer-
swiðde, on oðre ða ðe lange ymbðenceað & ðeahtiað, & swa weorðað

are so deceived. Those who are deceived by sudden desire are to be admonished to understand that every day they are in the fight of this present life. But the mind which cannot see the arrow before it is wounded, requires to hold always with its hand the shield of the fear of God, and always to dread the unseen missiles of the treacherous foe, and cautiously protect himself within the fortress of his mind against nocturnal assaults, because they will always fight in darkness. But the mind which is not always careful to defend itself, is open in some quarter to be wounded; because the cunning foe wounds the mind so much the more easily the more bare he perceives it to be of the breastplate of caution. Therefore those who are overcome by sudden desire, are to be warned not to be too solicitous about earthly considerations, because they cannot understand with how many vices they are wounded, while they think too much of earthly things. Therefore Solomon said, that the man who was wounded while asleep says: "They wounded me without my feeling it; they dragged me without my knowing it; and as soon as I awoke I again desired wine." The mind is so wounded while asleep as not to feel it, when it is too heedless of its own wants. The mind which is saturated with vices cannot perceive future evils, and does not even know of those it does. It is dragged without feeling it, when it runs into unlawful vices, but yet does not awake so as again to run in with repentance. But it desires to awake, that it may again get drunk; because, although the mind is asleep over good works, it is yet awake to the concerns of this world, and voluntarily wishes to be drunk. So it happens that the mind sleeps over what it ought to be awake to, and is awake to what it ought to sleep over. Of the sleep of the mind was written before in the same book of Solomon; it was written, that it was as if the steersman slept in the middle of the sea, and lost the helm. The man is most like that steersman who takes no care of himself amidst the temptations of this world and the waves of vices. He does as the steersman who loses the helm, who relinquishes the care and zeal wherewith he ought to steer the soul and the body. He is very like the steersman who loses his helm on the sea, who relinquishes his provident sagacity among the troubles

beswicene. Đa ðonne sint to manienne ðe mid færlice luste bioð
beswicene, ðæt hi óngieten ðæt hi ælce dæg(e) beoð on ðæm gefeohte
ðisses andweardan lifes. Ac ðæt mod ðætte ne mæg gesion ða flane
ær hit sie gewundad, hit beðearf ðæt hit hæbbe simle ón honda ðone
5 scield Godes eges, & him symle ondræde ða diglan gescotu ðæs sweo-
colan feondes, & hine wærlice healde ón ðære byrg his modes wið niht-
licum gefeohtum, forðæmðe hi willað simle on ðistrum feohtan. Ac
ðæt mod ðætte næfð singale sorge hit self to behealdanne, ðonne bið
hit ón sume healfe open to wundianne; forðæm se lytega feond swa
10 micle ieðelicor ðæt mod gewundað swa he hit ongiet nacodre ðære
byrnan wærscipes. Forðy sint ða to manienne ða ðe mid hrædlice
luste bioð oferswiðde, ðæt hie to georne ne giemen ðissa eorðlicena
ymbhogena, forðæmðe hi ne magon ongietan mid hu ma(ne)gum un-
ðeawum hi beoð gewundode, ða hwile ðe hi to ungemetlice smeagað
15 ymb ðas eorðlecan ðing. Be ðæm sæde Salomon ðæt se mon sceolde
cweðan, se ðe wæs slæpende gewundad: Hi me wundedon, & ic hit ne
gefredde; hi ne drogon, & ic hit nyste; & sona swa ic anwoc, swa
wilnode ic eft wines. Swa bið ðæt mod slæpende gewundad swa hit
ne gefret, ðonne hit bið to gimeleas his agenra ðearfa. Ac ðæt mod
20 ðætte bið mid unðeawum oferdrenced, hit ne mæg ongietan ða to-
weardan yfelo, ne furðum ða nát ðe hit deð. Hit mon drægð swa hit
ne gefret, ðonne ðonne hit iernð on ða unaliefedan unðeawas, & hit
swaðeah ne ónwæcneð to ðon ðæt hit eft ón ierne mid hreowsunga.
Ac hit wilnað ðæt hit to ðon onwæcne ðæt hit mæge eft weorðan
25 oferdruncen; forðæm, ðeah ðæt mod slæpe godra weorca, hit wacað
hwæððre on ðæm ymbhogum ðisse worlde, & wilnað ðæt hit sie ofer-
druncen his agnes willan. Swa hit gebyreð ðæt ðæt mod slæpð ðæs
ðe hit wacian sceolde, & wacað ðæs ðe hit slapan scolde. Be ðæs
modes slæpe wæs [ær] awriten on ðære ilcan Salomonnes bec, hit wæs
30 awriten ðæt hit wære swelce se stiora slepe ón midre sæ, & forlure
ðæt stiorroður. Ðæm stiorere bið gelicost se mon ðe óngemong ðisses
middan*geardes* costungum & ongemong ðæm yðum unðeawa hine agi-
meleasað. Se deð swa se stiora ðe ðæt stiorroðor forlieð, se ðe forlæt
ðone ymbhogan & ða geornfulnesse ðe he mid stioran scolde ðære
35 sawle & ðæm lichoman. Se bið swiðe ónlic ðæm stioran ðe his stior-
roðor forliest ón sæ, se ðe forlæt ðone foreðonc his gesceadwisnesse

of this world. But if the steersman keeps his helm, he will come safely to land, sometimes, however, against wind and waves, sometimes with both. So does the mind, when it vigilantly steers the soul: some vices it passes over, some it sees beforehand, and passes round; that is, so that it laboriously repairs the sins it has done, and those it has not done providently avoids, as the steersman does: some of the waves he passes by with the ship, some it passes over. Concerning which is again spoken in the books of Solomon which we call the Song of Songs, about the stoutest champions of the lofty regions; it is said: "Let each of you have his sword by his thigh, because of nocturnal alarms." A man has his sword by his thigh, when he subdues his unlawful lusts with the words of holy doctrine. The night signifies the dark blindness of our frailty. Since no one can see by night how near any danger is to him, it is necessary for him to have his sword by his hip. So holy men must always stand ready for the fight with the cunning foe, fearing invisible dangers. Therefore it is again said in the book of Solomon which we call the Song of Songs; it is said: "Thy nose resembles the tower on Lebanon." That is, that we often smell with our noses what we are unable to see with our eyes. With the nose we distinguish and recognise good and bad odours. What is signified by the nose but the forethought and sagacity of good men? What signifies the high tower on Lebanon but the lofty forethought and the sagacity of good men? They must perceive temptations and attacks before they come, so that they may be able to stand the more firmly when they come. Since every army has the less strength when it comes, if its coming be known beforehand; because it sees those ready whom it thought to find unprepared. It would have made it easier for it, if it had previously expected them to be rather ready than unprepared, and then to have found them ready. Those, on the other hand, who meditate sinning beforehand, and deliberate about it, before they carry it out, are to be admonished to understand with provident sagacity that they will excite a severer judgment on themselves by deliberating on the evil here before they do it, and they will be struck by so much the severer sentence of the judgment the more firmly they are bound with the chains of evil deliberation. They would be much the sooner washed

ongemong ðæm bisegum ðisses middan*geardes*. Ac gif se stiora his
stiorroðor gehilt, ðonne cymð he orsorglice to lande, hwilum ðeah
óngean wind & ongean ða yða, hwilum mid ægðrum. Swa deð ðæt
mód, ðonne hit wacorlice stiereð ðære sawle: sume unðeawas hit
5 óf[er]trit, sume hit ær gesihð, & utan becierð; ðæt is ðæt hit ða
gedonan unðeawas swincende gebete, & ða ungedonan foreðoncelice
becierre, swa se stiora deð: sume ða yða he b[e]cerð mid ðy scipe,
sume hit oferstigð. Ymb ðæt is eft gecweden on ðæm Salomones
bocum ðe we hatað Cantica Canticorum be ðæm strengestan cempum
10 ðæs uplican eðles, hit is gecweden: Hæbbe eower ælc his sweord be
his ðeo for nihtlecum ege. Ðonne mon hæfð his sweord be his ðio,
ðonne mon temeð his unaliefde lustas mid ðæm wordum ðære halgan
lare. & sio niht getacnað ða ðistro ðære blindnesse urre tidernesse.
Forðæmðe nan mon ne mæg on niht gesion hu neah him hwelc fre-
15 cenes sie, him is ðearf ðæt he hæbbe his sweord be his hype. Swa
sculon ða halgan weras simle stondan gearuwe to gefeohte wið ðæm
lytegan fiend, forðæm hi him ondrædað ða frecenesse ðe hi ne gesioð.
Be ðæm is eft gecweden on ðære Salomones bec ðe we hatað Cantica
Canticorum, hit is gecweden: Ðin nosu ís swelce se torr on Libano.
20 Ðæt is ðæt we oft gestincað mid urum nosum ðæt we mid urum
eagum gesion ne magon. Mid ðæm nosum we tosceadað & tocnawað
gode stencas & yfele. Hwæt is elles getacnod ðurh ða nosu buton se
foreðonc & sio gesceadwisnes ðara godena manna? Hwæt elles getac-
nað se hea torr on Libano buton ðone hean foreðonc & ða gescead-
25 wisnesse ðara godena monna, ða sculon ongietan ða costunga & ðæt
gefeoht, ærðæmðe hit cume, ðæt hi mægen ðy fæstor gestondan, ðonne
hit cume? Forðæmðe ælc here hæfð ðy læssan cræft ðonne he cymð,
gif hine mon ær wát, ær he cume; forðæm he gesihð ða gearwe ðe he
wende ðæt he sceolde ungearwe findan. Him wære ðonne ieðre ðæt
30 he hira ær gearra wende ðonne he hira ungearra wende, & hi ðonne
gearuwe mette. Ongean ðæt sint to manienne ða ðe ær ðenceað to
syngianne, & ymbðeahtiað, ær hi hit ðurhtion, ðæt hi óngiten mid
foreðonclicre gesceadwisnesse ðæt hi ónælað ðearlran dóm wið him
mid ðæm ðæt hi her ymb ðæt yfel ðeahtiað, ær hi hit dón, & hi beoð
35 mid swa micle strengran cwide ðæs domes geslægene swa hi beoð
fæstor gebundne mid ðæm bende ðæs yflan geðeahtes. Micle hrædlicor

28

clean of their sins with repentance, if they sinned more from impulse and want of thought. But the oftener they deliberate about it, the later they will be so; because, unless the mind had previously altogether despised the eternal retribution, it would not have designed committing such a sin. So great a difference there is between the meditated sin, which is designed long, and that which is suddenly perpetrated; so that he who designs the sin, both sins, and also sometimes afterwards falls into despair. Therefore the Lord did not blame the two sins equally. This he showed, when he said through the prophet Jeremiah : " Beware of inflaming my anger with your designs, so that ye may not be able to quench it afterwards." He spoke again angrily on the same subject through the same prophet, saying : " I will punish you according to your designs." The Lord does not punish equally the designed sin and that which is suddenly perpetrated, because the designed sin is unlike all other sins. But that which is suddenly perpetrated sometimes arises from heedlessness, sometimes from weakness of mind or body. While that which is long designed always arises from evil thoughts. Therefore it was very rightly said through the Psalmist in the praise of the blessed man, in the first Psalm ; it is said that he did not sit in the pestilential chair. This was said because it is very usual for judges and men of rank to sit in chairs. He therefore sits in the chair of pestilence who deliberately does evil. And he also sits in the pestilential chair who can sagaciously distinguish good and evil, and yet prefers to do evil. He sits, as it were, in the chair of the perverse assembly, who exalts himself with the pride of such unrighteousness that he perpetrates every evil designedly. Because, as much as he who sits in the chair is higher in rank than those who stand round, so much is the sin which has been meditated long before, and then perpetrated, above that which has been suddenly thought of, and then perpetrated. Therefore, those who design for a long time are to be admonished to understand how much punishment they shall have more than the others, because now they will not be the companions of sinners, but their leaders.

hi wæren aðwægene ðæra scylda mid ðære hreowsunga, gif hi færlecor
syngoden únbeðohte. Ac hi beoð ðæs ðe lator ðe hi oftor ymbðeahtiað;
forðæm, gif ðæt mod eallunga ær ne forsawe ða ecan edlean, ðonne ne
gesirede hit nó ðæt hit ðurhtuge swelce synne. Swa micel toscead is
5 betwuh ðære beðohtan synne, ðe mon longe ymbsireð, & ðære ðe mon
færlice ðurhtiehð; swa ðætte se se ðe ða synne gesireð, ægðer ge
gesyngað, ge eac syððan hwilum on ormodnesse gewit. Forðæm ne
tælde Dryhten ða twa scylda gelice. Ðæt he cy(ð)de, ða he cwæð
ðurh Ieremias ðone witgan: Healdað eow ðæt ge ne ónælen min ierre
10 mid eowrum searwum, ðæt ge hit ne mægen eft adwæscan. Be ðæm
ilcan he cwæð eft ierrenga ðurh ðone ilcan witgan, he cwæð: Ic
wrice on eow æfter eowrum geðeahte. Ðy ne wricð Dryhten nó
gelice ða gesiredan synne & ða færlice ðurhtogenan, forðæm sio gesi-
rede syn bið ungelic eallum oðrum synnum. Ac sio ðe hrædlice
15 ðurhtogen bið, sio bið hwilum for giemeleste, hwilum for úntrymnesse
modes oððe lichoman. Sio ðonne ðe longe gesired bið, sio cymð symle
of yflum ingeðonce. Be ðæm wæs gecweden swiðe ryhte ðurh ðone
psalmscop on ðære heringe ðæs eadgan weres, & on ðæm forman
psalme, hit is gecweden ðæt he nó ne sæte on ðæm wólberendan setle.
20 Forðæm wæs ðis gecweden ðe hit is swiðe gewunelic ðætte dómeras
& rice menn ón setelum sitten. Se ðonne sít on woles setle, se ðe
yfel wyrcð mid geðeahte. & se sít eac ón wólberendum setle, se ðe
gesceadwislice tocnawan con gód & yfel, & ðeah geleornað ðæt he deð
ðæt yfel. Se sit, swelce he sitte on ðæm stole ðæs forhwierfdan ge-
25 motes, se ðe hine úpáhefeð ón [ða] ofermetto swelcre unryhtwisnesse
ðætte he fullfremme hwelc yfel huru ðurh geðeaht. Forðæm swa micle
swa se bið beforan ðe on ðæm stole sitt ðæm oðrum ðe ðær ymb
stondað, swæ bið sio sýn ðe longe ær geðoht bið, & ðonne ðurhtogen,
ofer ða ðe færlice geðoht bið, & ðonne ðurhtogen. Forðæm sint to
30 manianne ða ðe lange ymbsieriað ðæt hi ongieten hu micel wite hi
sculun habban beforan ðæm oðrum, forðæmðe hi nú nyllað bion ðara
synnfullena geferan, ac willað bion hira ealdormenn.

LVII. That those who repeatedly commit little sins are to be admonished in one way; in another way those who abstain from little sins, and yet sometimes fall into grievous ones.

In one way are to be admonished those who repeatedly sin, and yet on a small scale; in another those who guard against the lesser sins, and yet sometimes fall into great sins. They are to be warned, when they sin often, although on a small scale, to think more of the number than the greatness of the sins they commit; and if they scorn to dread their little sins when they see them, let them at least dread them when they count them. Very minute are the drops of the thin rain, but yet they make a very great flood and strong stream when they are collected together, because there are very many of them. By very small degrees and very imperceptibly penetrates the water into the leaky ship, and yet it strives to effect the same as the roaring wave does in the rough sea, unless it is previously baled out. Very small are the wounds on the scabby body, and yet, if the scab overspreads it entirely, the effect is the same as that of the great wound in the breast. Therefore it is written in the books of Solomon, that he who will not shun his little sins will glide into greater. And if he neglects to repent of the little sins, and sometimes avoid them, he will sooner or later fall into greater ones. They who often sin on a small scale are to be admonished to understand accurately that we often sin worse in little than in great sins, because the sooner we perceive them the sooner we begin to amend them; while we do not believe that the small ones are sins at all, but get used to them, and amend them with so much the greater difficulty. Whence it often happens that the mind begins by not fearing the little sins, and ends with not fearing the great ones. And it gets used to sins until it attains to a certain supremacy in sinning; and then, the more confidently it accustomed itself formerly to little sins, and the less it feared them, the less it shuns the great sins. Those, again, are to be admonished who abstain from small sins, and yet sometimes plunge into great ones, to accurately understand themselves, since their mind is very often elated, because they have so cautiously abstained from small sins. It is

LVII. Ðætte on oðre wisan sint to monienne ða ðe oftrædlice lytla scylda wyrceað; on oðre wisan ða ðe hi gehealdað wið ða lytlan scylda, & ðeah hwiltidum afellað on hefegum scyldum.

5 On oðre wisan sint to manienne ðá ðe oftrædlice syngiað, & ðeah lytlum scyldum; ón oðre wisan ða ðe hie wið ða læssan scylda bewareniað, & ðeah hwilum afeallað on micla scylda. Hi sint to manienne, ðonne hi oft syngiað, ðeah hi lytlum syngien, ðæt hie ma ðencen hu manega synna hi fremmað ðonne hi ðencen hu micla hi hie
10 gefremmen; & gif hi oferhycgen ðæt hi him ondræden hiora lytlan synna, ðonne ðonne hi hi gesioð, óndræden hi him huru, ðonne [hi] hi hrimað. Swiðe lytle beoð ða dropan ðæs smalan renes, ác hi wyrceað ðeah swiðe micel flod & swiðe strongne stream, ðonne hi gegaddrode beoð, forðonðe hira bið swiðe fela. Swiðe lytlum siceráð ðæt
15 wæter & swiðe degellice on ðæt hlece scip, & ðeah hit wilnað ðæs ilcan ðe sio hlude yð deð on ðære hreon sæ, buton hit mon ær utaweorpe. Swiðe lytle bioð ða wunda ón ðæm hreofan lice, & ðeah, gif sio hreofl hit eal ofergæð, hio gedeð ðæt ilce ðæt sio micle wund gedeð ón ðæm breostum. Be ðæm is awriten o(n) Salomonnes bocum
20 ðætte se, se ðe nylle onscunian his lytlan scylda, ðæt he wille gelisian to maran. & gif he agiemeleasað ðæt he ða lytlan hreowsige, & hwilum forcierre, he wile afeallan on ða miclan, ðeah hit late sie. Ac hi sint to manienne, ðonne hi oft syngiað lytlum, ðæt hie geornlice óngieten ðæt mon oft wyrs gesyngað on ðæm lytlum synnum ðonne on
25 ðæm miclum, forðæm hi mon onginð swa micle ær betan swa hie mon ær óngiet; ac ða lytlan mon ne gelefð to nanre synne, ac nimð hi to gewunan, & hi ðonne ðy earfoðlicor gebet. Ðonon cymð oft ðætte ðæt mod him ærest na ne ondræt ða lytlan scylda, ne, ðonne ón last, ða miclan. Ac hit gewunað to ðæm synnum oð hit becymð to sumum
30 ealdordome ðara scylda, & ðonne swa micle læs onscunað ða miclan swa hit ær orsorglicor gewunode to ðæm lytlum, & him ða læs óndred. Ongean ðæt sint to manienne ða ðe hi gehealdað wið ða lytlan scylda, & hwilum ðeah gedufað on ðæm miclum, hi sint to manienne ðæt hi geornlice hi selfe óngieten, forðæmðe hiora mod bið swiðe oft upa-
35 hæfen, forðæmðe hi hi habbað swa wærlice gehealden wið ða lytlan

necessary for them not to commit more grievous sins because of their confidence, that is, that through their elation they are not to fall into the pit of pride, lest they be swallowed up in the vortex of their elation. For often, when they outwardly subdue the little sins, they are internally puffed up with vainglory. And when the mind is internally subdued by pride, it very soon overflows and runs out, and appears in open evil. Therefore, those who abstain from the little sins, and yet sometimes plunge into the great ones, are to be admonished to avoid falling from the position which they think they occupy externally, lest their elation at their small amount of righteousness prove their road to a great sin according to the judgment and requital of the severe Judge. When they think that they have abstained from little sins by their own strength, they are very rightly forsaken by God, until they fall into greater sins; that, falling, they may understand that they did not stand of themselves, that the mind which was formerly elated at a small amount of good may be humbled to a great evil. They are to be admonished to understand that they often sin still worse by bewaring of little sins than they do with great ones; because they simulate innocence by bewaring of the little ones. But they do not exculpate themselves at all when they commit the great and open ones. It is an open evil in the sight of God to commit great sins, but it is the simulation of holiness in the sight of men to forego little and commit great sins. Therefore it was said in the Gospel, to the Pharisees that they blew away the fly and swallowed the camel. As if he openly said: "Ye avoid small evils, and devour the great." That is the same which was again blamed through the mouth of Truth, that is Christ; he said: "Ye tithe your mint and dill and cummin, and leave untithed what is more precious than your other possessions, and the commandments which are still greater in the law ye do not observe: that is, justice and mercy and faith." We must not hear without attention how he mentioned the least valuable plants that grow in gardens, and yet very fragrant. By the fragrance are signified hypocrites, who aspire to the reputation of sanctity, and yet do little good; and although they do not do too much good, they desire great reputation, and to be praised far and wide.

scylda. Ac him is ðearf ðæt hi for ðære orsorgnesse ne ðurhtion
hefigran scylda, ðæt is ðæt hi for hira upahæfennesse ne befeallen ón
ðone pytt ofermetta, ðylæs hi fo(r)swelge sio swelgend ðære upahæfe-
nesse. Forðæm oft, ðonne hi oferswiðað utane ða lytlan scylda, hi
5 aðindað innane ón idlum gilpe. & ðonne ðæt mod bið innan ofer-
swiðed mid ðæm ofermettum, hi toflowað swiðe hræðe út, & ætiewað
ón openum yfle. Forðæm sint to manienne ða ðe hi wið ða lytlan
scylda gehealdað, ond ðeah hwilum gedufað on ðæm miclum, hi sint
to manienne ðæt hi hi behealden ðæt hi innan ne afeallen ðonon ðe hi
10 wenað ðæt hi útan stonden, ðylæs sio úpahæfenes for ðære lytlan ryht-
wisnesse him weorðe to wege micelre scylde æfter ðæs ðearlwisan
Deman dome & edleane. Ac ðonne hi wenað ðæt hi of hira ægnum
mægene hi hæbben gehealden wið ða lytlan scylda, ðonne weorðað hi
swiðe ryhtlice forlætene from Gode, oððæt hi afeallað ón mara[n]
15 scylda; forðæm ðæt hi óngiten feallende ðæt hie ær hiora agnes
ðonces ne stodon, ðætte ðæt mod, ðe ær wæs úpahæfen for lytlum
góde, si ðonne gebiged to miclum yfele. Ac hi sint to manienne ðæt
hie óngieten ðæt hie oft gesyngiað giet wyrs ón ðæm ðæt [hi] hi ware-
niað wið ða lytlan scylda ðonne hi dón on miclum scyldum; forðæmðe
20 hi licettað hie únscyldge, ðonne hi hi wæreniað wið ða lytlan. Ac hi
hi ne ladiað nowiht, ðonne hi wyrcað ða miclan & ða openan. Ðæt is
open yfel beforan Gode ðæt mon ða miclan dó, ac ðæt is licettung
haligdomes for monnum ðæt mon ða lytlan forga, & ða miclan do. Be
ðæm wæs gecweden on ðæm godspelle to Fariseum ðæt hi wiðbleowen
25 ðære fleogan, & forswulgun ðone olfend. Swelce he openlice cwæde:
Ða lytlan yflu ge fleoð, & ða miclan ge fretað. Ðæt is ðæt ilce ðæt
eft wæs getæled ðurh ðone muð ðære Soðfæstnesse, ðæt is Crist, he
cwæð: Ge tiogoðiað eowre mintan & eowerne dile & eowerne kymen,
& lætað untiogoðad ðætte diorwyrðre is eowra oðra æhta, & ða bebodu
30 ðe giet maran sint on ðære æwe ge nó ne healdað: ðæt is ryht dóm
& mildheortnes & treowa. Nis us nawht recceleaslice to gehiranne
ðætte he nemde ða undiorestan wyrta ðe ón wyrttunum weaxe, & ðeah
swiðe welstincenda. Ðurh ðone stenc sint getacnode ða liceteras, ðe
willað habban ðone hlisan haligdomes, & don ðeah lytel godes; &
35 ðeah hi for micel god ne dón, hi wilniað ðæt hi micel ðyncen, & hi
mon widherge.

LVIII. That those who do not begin any good are to be admonished in one way; in another those who begin it, and do not accomplish it well.

In one way are to be admonished those who do not begin any good; in another those who begin it, and do not accomplish it. Those who do not begin any good are not to be taught what they are to do, before they are blamed for what they do; because they will not undertake the unknown that they hear, without hearing previously how mischievous that is which they know; because no man asks another to lift him, if he himself knows not that he has fallen; nor also does he who feels not the pain of his wound desire any physician. Therefore they are first to be told how vain and useless the objects of their affections are, and then they are to be told how useful that is that they have relinquished. First they must understand that they are to avoid what they love. Then they will afterwards be able to perceive that they are to love what they formerly avoided. They will undertake the unknown much better, if they perceive with certainty what there is in the known worthy of blame. They learn to seek the true good with full affection, when they perceive with full understanding that that was falsehood and vanity which they formerly held fast. Let them hear that this present good will soon be separated from all pleasure, and yet the sin which they perpetrate through the pleasure will permanently remain with punishment; and that they must now relinquish compulsorily that which they desire, and yet that which they now compulsorily relinquish will be reserved for their future punishment. Often, however, men are very salutarily terrified with those same objects which they formerly unprofitably loved; when the afflicted mind sees the deep perdition of its own fall, and he sees himself led astray into such danger and destruction, he steps back, and retires, and dreads what he formerly loved. He then learns to love what he formerly despised. Therefore it was said to Jeremiah the prophet, when sent to teach: "I have set thee to-day over kingdoms and nations, to pluck out, and destroy, and dissipate, and scatter, and build, and plant them." Because, unless he had previously destroyed the wrong, he could not have profitably constructed the right; because, unless he had previously plucked out of the minds of his subjects

LVIII. Ðætte on oðre wisan sint to monianne ða ðe nanwuht godes ne ónginnað; ón oðre wisan ða ðe hit onginnað, & wel ne geendiað.

On oðre wisan sint to manienne ða ðe nan god ne ónginnað; on
5 oðre ða ðe hit onginnað, & nó ne geendiað. Ða ðonne ðe nan god ne ónginnað, ne sint hi nó to lærenne hwæt hi dón scylen, ær him si belagen ðæt hi ðonne doð; forðæmðe hi nyllað underfon ðæt uncuðe ðæt hi gehirað, buton hi ær ongieten hu frecenlic ðæt is ðæt hi cunnon; forðæm nan mon ne bitt oðerne ðæt he hine rære, gif he self
10 nat ðæt he afeallen bið; ne eac se, se his wunde sár ne gefret, ne wilnað he nanes læces. Forðy him is ærest to cyðanne hu idel ðæt is ðæt hi lufiað & hu unnytt, & siððan him is to reccanne hu nyttwyrðe ðæt is ðæt [hi] forlæten habbað. Ærest hi sculon óngietan ðæt hi fleon ðæt ðæt hi lufiað. Ðonne magon hi sið ieðelice óngietan ðæt
15 ðæt is to lufianne ðæt hi ær flugon. Micle ðy bet hi underfoð ðæt uncuðe, gif hi on ðæm cuðan gewislice óngietað hwæt ðæron tælwyrðes bið. Ðonne hi leorniað mid fulre estfulnesse ða soðan gód tó secanne, ðonne hi mid fulle gesceade ongietað ðæt ðæt wæs leas & idelnes ðæt hi ær heoldon. Ac gehiren hi ðæt ðas andwearda[n] gód
20 bioð from ælcre lustfulnesse swiðe hrædlice gewitende, & swaðeah sio scyld ðe hi ðurh ða lustfullnesse ðurhtioð ungewitendlice bið ðurhwuniende mid wræce; & nu ðæt ðæt hie lyst hi sculon nede[n]ga forlætan, & ðeah ðæt hi nú nedenga forlætað him bið eft to wite gehealden. Oft ðeah weorðað men swiðe halwendlice afærde mid
25 ðæm ilcan ðingum ðe hi ær unnytlice lufedon: ðonne ðæt geslægene mod gesihð swa healicne dem his agnes hryres, & ongit hine selfne ón swelcre frecennesse & ón swelcne spild forlæd, ðonne wiðtremð he, & ónhupað, & óndræt him ðæt ðæt he ær lufode. Leornað ðonne to lufianne ðæt he ær forhogde. Be ðæm wæs gecweden to Ieremie
30 ðæm witgan, ða he wæs onsended to læranne, hit wæs gecweden: Ic hæbbe ðe nu todæg gesetne ofer rice & ofer ðioda ðæt ðu hi toluce & toweorpe & forspilde & tostence & getimbre & geplantige. Forðæm, buton he ðæt woh ær towurpe ne meahte he noht nytwyrðlice ðæt ryht getimbran; forðæm, buton he [of] his hieremonna mode ða

the thorns of vain affection, he would have unprofitably planted in them the words of holy instruction. Therefore also St. Peter pulled down what he reconstructed. That was when he would not teach the Jews anything about what they ought to do, but rebuked them for their former doings, speaking thus: "The Saviour of Nazareth, a man approved among you by virtues, and miracles, and prognostications, which God wrought through him among you, ye betrayed by the hands of unrighteous men, and deliberately slew and hung, as God knew in the beginning, and yet suffered it; the same God aroused him afterwards to release the captives in hell." Peter reproached them with the deed, because he wished them, after perceiving their cruelty, to become contrite and humble, that they might hear the holy doctrine with more advantage, after previously desiring to hear it. Then the Jews answered him, saying: "What can we do in the matter now, brother Peter?" Peter answered, saying: "First repent, and then be baptized." They would soon have despised the renovation and doctrine, had they not previously perceived the fall and destruction of their cruelty through his reproaches. Very similar was the case of St. Paul, when the light came to him from heaven and terrified him: he was not yet told what was right for him to do in future, but he was told of the wrong he had formerly done. When he was terrified, and fell on the ground, and asked, saying: "What art thou, Lord?" he was very soon answered with: "I am the Saviour of Nazareth, whom thou persecutest." And then said he: "Lord, what dost thou bid me do?" Then the Lord answered him: "Arise, and go to yonder city; they will tell thee there what to do." Behold now, how the Lord spoke from heaven to his persecutor, and rebuked him for the works he had formerly done. Before he told him how he was to conduct himself in future, the pride of Paul had fallen, and all the works it made him perform. And soon after the fall of his pride, he began to construct humility. When he desired instruction from God, the terrible persecutor fell, that the more heavily he fell the more strongly he might rise. So those who have done no good are first to be cast down by reproof from the hardness of their wickedness, that they may after a time be raised, and stand firm with righteous works; for we cut down tall trees in the wood to erect them afterwards in the building,

ðornas ðære idlan lufan ær úpatuge, unnyt he plantode ón hi ða word
ðære halgan lare. Forðæm wæs eac ðætte *sanctus* Petrus ærest
towearp ðæt ðæt he eft timbrede. Ðæt wæs ða ða he Iudeas nolde
nan wuht læran hwæt hi don scolden, ac him cidde, forðæmðe hi ær
5 dydon, & ðus cwæð: Ðone Nazareniscan Hælend ðæt wæs afandon
wér betwux eow on mægenum & tacnum & foretacnum, ðá worhte
Dryhten ðurh hine óngemang eow, ðone ge beswicon ðurh unryhtwisra
monna honda, & ofslogon & ahengon ðurh eower geðeaht, swa swa hit
God æt fruman wisse, & ðeah geðafode; se ilca God hine eft aweahte
10 tó ónliesanne ða gehæftan ón helle. Forðæm him ætwát Petrus ða
dæd ðe he walde, siððan hi óngeaten hiora wælhreownesse, ðæt hi
wæren gedrefde & geeaðmedde, & ðæs ðe nytweorðlicor gehierden ða
halgan lare, ðe hi ær wilnodon ðæt hi gehiran mosten. Ða andwyrdon
hin ða Iudeas, & cwædon: Hwæt magon we his nu don, broður
15 Petrus? Petrus andswarode, & cwæð: Doð ærest hreowsunga, &
weorðað siððan gefullwade. Ða edniwunge & ða lare hi swiðe hræd-
lice forsawen, ðær hi ær ne óngeten ðone hryre & ða toworpennesse
hira wælhreownesse ðurh his ðreaunga. Gelicost ðæm ðe *sancte*
Paule wæs, ða him ðæt leoht cóm of hefonum, & hine gebregde: næs
20 him nó ða giet to gecweden hwæt he mid ryhte ðonon forð don scolde,
ac him wæs gesæd hwæt he ær to unryhte dyde. Ac ða he swa
gebreged ón eorðan feoll, & ascode, & cwæð: Hwæt eart ðu, Dryhten?
ða wæs him swiðe hraðe geandwyrd: Ic eom se Nazanisca Hælend,
ðe ðu ehtst. & ða cwæð he: Dryhten, hwæt hætst ðu me don? Ða
25 ondwyrde him Dryhten: Arís, & gong to geonre byrg; ðe mon sægð
ðara hwæt ðu don scealt. Loca nu, hu Dryhten wæs sprecende óf
hefonum to his ehtere, & hine ðreade for his ærgedonan weorcum.
Ærðæmðe he him sæde hu he hine forðhealdan sceolde, ða wæs
gehroren sio upahæfenes Paules & eal ða weorc ðe he ðurh ða worhte.
30 & sona æfter ðæm hryre ðære upahæfennesse he ongan timbran eað-
modnesse. Ða ða he wilnode lare æt Gode, ða gefeoll se egeslica
ehtere to ðon ðæt he swa micle stranglicor arise swa he hefiglicor
afeoll. Swa sint to teweorpanne ærest ða ðe nan god [ær] ne dydon
ðurh ðreaunge of ðære heardnesse hiora yfelnesse, to ðæm ðæt hi sien
35 eft on firste arærde & gestonden on ryhtum weorce; forðæm we
ceorfað heah treowu on holte ðæt we hi eft uparæren on ðæm botle,

where we intend to build, although we cannot use them for the work too soon, because of their greenness before they are dry. But the drier they are while on the ground, the more confidently we can erect them. Those, on the other hand, who will never accomplish the good that they begin, are to be admonished to understand with careful consideration that when they relinquish of their own will and accord the good they had determined to do, they thereby cancel that which they formerly began; because, if that waxes not which they determine to do, that wanes which they formerly did. Every man's mind in this world has the nature of a ship. The ship sometimes tries to ascend against the current, but it cannot, unless impelled by the rowers, but must float with the current; it cannot remain still, unless held by an anchor or impelled forward by oars; otherwise it goes with the current. So does the relinquishing of good works. It opposes the good that we formerly did, unless we continue to toil and do good works up to the end. Therefore it was said through the wise Solomon; he said: "He who voluntarily from sloth relinquishes his good works, is most like him who destroys them." Therefore also it was said through John the evangelist to the bishop of the church called Sardis; he said: "Be watchful, and amend the works in thee which are mortal: I have not found thy works perfect in the sight of my God." He said that he had not found his works, that he had formerly done, perfect in the sight of God, because he had not done those which he should have done. So also, if we do not repair that which is mortal in us through sins, that dies which formerly lived in us through good works. They are also to be admonished to consider carefully that it is worse than ever to begin to travel on the road of truth, if one intends afterwards to turn back and traverse the same ground. Because, if we do not desire the former evils we did, nothing hinders us from accomplishing the good works which we now do. They should hear the sentence which is written in the epistle of St. Peter; it is written that it were better for them not to have known the road of truth, than to have turned back after knowing it. They should also hear the sentence written about them in the books called the Apocalypse; it is written that the angel said of the bishop to St. John: "Oh, would that he were either hot or cold. But since

ðær ðær we timbran willen, ðeah we hi for hrædlice to ðæm weorce
dón ne mægen for grennesse, ærðæmðe hi adrugien. Ac swa swa hi
swiður adrygde bioð on eorðan swa hi mon mæg orsorglicor upfegean.
Ongean ðæt sint to manienne ða ðe næbre nyllað fulfremman ðæt gód
5 ðæt hi onginnað, ðæt hi ongieten mid wærlice ymbeðonce ðætte, ðonne
ðonne hi forlætað hiora willes & hiora gewealdes ða gód ðe hi getioh-
chod æfdon to ðonne, ðæt hi ðonne mid ðy dilgiað ða ðe hi ær on-
gunnon; forðæm, gif ðæt ne wexð ðæt hie tiohhiað to donne, ðonne
wanað ðæt ðæt hi ær dydon. Ac ælces mannes mód on ðys middan-
10 *gearde* hæfð scipes ðeaw. Ðæt scip wile hwilum stigan óngean ðone
stream, ac hit ne mæg, buton ða rowend hit teon, ac hit sceal fleotan
mid ðy streame: ne mæg hit nó stille gestondan, buton hit ankor
gehæbbe, oððe mon mid roðrum óngean tio; elles hit gelent mid ðy
streame. Swa deð sio forlætnes ðæs godan weorces. Hio winð wið
15 ða gód ðe mon ær gedón hæfð, buton mon simle swi[n]cende &
wyrcende sie gód weorc oð ende. Be ðæm wæs gecweden ðurh Salo-
mon ðone snotran, he cwæð: Se ðe his willum for his slæwðe forlætt
his godan weorc, he bið gelicost ðæm men ðe his towirpð. Be ðæm
wæs eac gecweden ðurh Iohannis ðone godspellere to ðære ciricean
20 biscepe ðe Sardis hatte, he cwæð: Bio ðu wacor, & gebet ða weorc ðe
deadlicu sint in ðe: ne mette ic nó ðin weorc fullfremed beforan
minum Gode. Forðæm he cwæð ðæt he forðy ne funde his weorc
fulfremed beforan Gode, ða ðe he ær worhte, forðæmðe he ða ne
worhte, ða ðe he ða wyrcean sceolde. Swa eac, gif we ne gebetað ðæt
25 ón us deadbæres is ðurh synna, ðonne acwilð ðæt ðætte ón ús ær lifde
ðurh gód weorc. Eac hi sint to manienne ðæt hi geornlice geðencen
ðætte hit bið wyrse ðæt mon á ónginne faran ón soðfæstnesse weg, gif
mon eft wile óngeancierran, & ðæt ilce ón faran. Forðæm, gif us ne
lyst ðæra ærrena yfela ðe we ær worhton, ðonne ne gælð ús nan ðing
30 te fullfremmanne ða godan weorc ðe we nu wyrceað. Ac hi scoldon
gehiran ðone cwide ðe awriten is on ðæm ærendgewrite *sancte* Petres;
hit is awriten ðæt him wære betere ðæt hi nó soðfæstnesse weg ne
óngeaten, ðonne hi underbæc gecerden, siððan hi hine ongeaten. Eac
hi sculon gehiran ðone cwide ðe be him awriten is on ðæm bocum ðe
35 hatton Apocalipsin, hit is awriten ðæt se engel cwæde be ðæm biscepe
to *sancte* Iohanne: Eala, wære he auðer, oððe hat, oððe ceal[d]. Ac

he is neither hot nor cold, but lukewarm, although I swallow him, I shall vomit him out of my mouth." He is warm, and not lukewarm, who zealously begins good, and also completes it. But he is cold who does not begin any good. And as that which is cold begins to be lukewarm before it becomes quite warm, so also that which is warm becomes lukewarm before it is altogether cold. So also he who relinquishes the coldness of unbelief, and becomes of lukewarm faith, and will not overcome his lukewarmness, and get warm till he boils. Without doubt, he who continues too long and fixedly in lukewarm faith, despairs of ever being able to boil, until he becomes completely cold; and although he believes when he is cold that he can be warm, he despairs when he is lukewarm, if he remains too long in that condition. So also he who still remains in sin has not relinquished the faith and hope of his conversion; but he who, after his conversion, remains too long lukewarm, has his hope diminished which he entertained when he was sinful. Therefore God requires every man to be either hot or cold, lest he be vomited up because of his lukewarmness. He who is cold thinks to become warm, and he who is warm boils with virtues, lest he be tepid from lukewarmness, and therefore be vomited up. Because all water is less sweet to drink after being warm, if it cools again, than it was before it ever began to be made lukewarm.

> LIX. That in one way are to be admonished those who do evil secretly, and good openly; in another those who try to hide the good they do, and to a certain extent openly show that they wish men to think they are bad.

In one way are to be admonished those who do evil secretly, and good openly; in another those who hide the good they do, and do not care what men think of them. Those are to be admonished who do evil secretly, and good openly, to consider how quickly earthly fame passes away, and how firmly divine fame lasts. They are to be admonished to fix the eyes of their mind on the end of things, and see how human glory departs very quickly, and how the sublime and eternal Judge knows all secret sins, and is always ready to requite them.

forðonðe he is wlaco, & nis nauðer, ne hat, ne ceald, ðeah ic hine supe,
ic hine wille eft útaspiwan of minum muðe. Se ðon*ne* bið wearm,
nalles wlaco, ðe gód geornlice ónginð, & eac geendað. Ac se bið ceald
ðe nan gćd ne ónginð. Ac swa swa ðæt cealde ærest ónginð wlacian,
5 ær hit fulwearm weorðe, swa eac ðæt wearme wlacað, ær hit eallunga
acealdige. Swa eac se ðe forlæt ðone cele ungetreownesse, & wyrð
wlacra treowa, & nyle ðonne ðæt wlæce oferwinnan, & wearmian oð
he wealle. Butan tweon, se ðe to lange & to fæste wunað ón ðæm
wlacum treowum, he geórtreowð ðæt he æfre mæge ón welme weorðan,
10 oððæt he mid ealle acolað; & ðeah he ær truwige, ðonne he ceald bið,
ðæt he mæge wearm weorðan, he geortriewð, ðonne he wlacu bið, gif
he to longe on ðæm stent. Swa eac se ðe nu giet ón synnum is, næfð
he no forlæten ðone truwan & ðone tohopan his gehwearfnesse; ac
se, se ðe æfter his gehwerfnesse to lange wlæc bið, ðonne lytlað him
15 se tohopa ðe he hæfde, ða he synful wæs. Forðæm wilnað God to
ælcum men ðæt he sie oððe wearm oððe ceald, ðylæs he for wlæcnesse
sie útaspiwen. Forðæm se cealda ðencð to wearmianne, & se wearma
welð ón gódum cræftum, ðylæs he sie wealg for wlæcnesse, & forðæm
weorðe utaspiwen. Forðæm ælc wæter bið ðy unwerodre to drincanne,
20 æfterðæmðe hit wearm bið, gif hit eft acolað, ðon*ne* hit ær wære, ær
hit mon ó óngunne wleccan.

   LIX. Ðætte on oðre wisan sint to monianne ða ðe diegellice yfel
    doð, & gód openlice; & on oðre wisan ða ðe willað helan
    ðæt hi to gode doð, & of sumu*m* ðingu*m* openlice cyðað
25   ðæt hie willað ðæt men wenen ðæt hi yfle beon.

On oðre wisan sint to manienne ða ðe yfel degellice doð, & gód
openlice; on oðre wisan ða ðe ða god helað ðe hi doð, & ne reccað
hwæt him mon ymbe ræswe. Ða ðonne sint to manienne ða ðe yfel
degellice doð, & gód openlice, ðæt hi geðencen hu hrædlice se eorðlica
30 hlisa ofergǽð, & hu unanwendendlice se go[d]cunda ðurhwunað. Hi
sint to manienne ðæt hi ón ðara ðinga ende hiora modes eagan afæst-
nien, & gesion ðætte ðis mennisce lóf swiðe hrædlice gewít, & se úplica
Dema & se eca ða deglan scylda ealla wát, & simle bið gearo to ðæm

Secret evils have an eternal witness in the divine Judge. But the good they do publicly before men is almost, as it were, without testimony, because they have not eternal testimony. But they have eternal testimony of the evil they do secretly, when they withhold from men what they ought to say, and say what they ought to withhold. Of such men the Lord said, that they most resembled the sepulchres of dead men, which are often made very beautiful outside, and inside are very foully filled. So are they who show their goodness before men, and hide their badness inside themselves: they are hypocrites, and would like to please before the eyes of men externally without good works internally. They are to be warned not to despise the good deeds they do, but expect a greater reward for themselves than they expect. They despise them too much, if they do not expect for them a greater reward than earthly praise, and are content therewith. They sell for too small a price that with which they could buy the kingdom of heaven: they sell it for the praise of men. Of which the Lord said in his Gospel, that that was their reward. By doing good publicly, and evil secretly, they signify that men are to shun that which they do secretly, and love that which they do publicly: by their example they live for others, and die themselves. Those, on the other hand, who do good secretly, and yet in some actions pretend to do evil publicly, and do not care what men say of them, are to be admonished not to set a bad example to others with their dissimulation, although they themselves endeavoured not to lead others astray or injure them with their dissimulation, lest it be seen that they love themselves more than their neighbours, as if they themselves drank wine, and gave the others poison. When they set a bad example publicly, and do good secretly, they do not help their neighbours at all with the latter proceeding, and injure them with the former. Because, whoever hides his good works from the desire of avoiding vain ostentation, does not lead any after him to good works, when he will not set the example to others that he properly ought to set. He plants, as it were, trees, and cuts off the roots. Therefore Christ said in his Gospel: "Do your good works before men, that they may honour your Father who is in heaven." But yet a different sentence from this one is written in the same

edleanum. Ac ða dieglan yfel habbað ecne gewutan on ðæm godcundan Deman. Ac ða gód ðe hi openlice doð beforan monnum beoð fulneah swelce hi sien butan gewitnesse, forðæm hi næbbað ece gewitnesse. Ac hi habbað ece gewitnesse ðara yfela ðe hi diegellice doð,
5 ðonne hi he[o]lað from monnum ðæt hi secggan scoldon, & secgað ðæt hi he[o]lan scoldon. Be swelcum monnum cwæð Dryhten ðæt hi wæren gelicost deadra manna byrgennum, ða bioð utan oft swiðe wlitige geworhte, & bioð innan swiðe fúle gefylde. Swa bioð ða ðe hira gód eowiað beforum monnum, & hira yfel helað oninnan him selfum : hi
10 licettað, & woldon lician for manna eagum utane buton gódum weorcum innane. Ac hi sint to manienne ðæt hi ne forsion ða gód ðe hi doð, ac wenen him maran mede tó ðonne hi wenað. To swiðe hi hi forsioð, gif hi him maran mede to ne wenað ðonne eorðlices lofes, & him ðær genog ðyncð. Hi sel(l)að wið to lytlum weorðe ðæt ðæt hi meahton
15 hefonrice mid geby[c]ggan : sellað wið manna lofe. Be ðæm cwæð Dryhten ón his godspelle ðæt ðæt wære hira méd. Ac forðæmðe hi ðæt gód openlice doð, & ðæt yfel diegellice, hi tácniað mid ðæm ðæt men scylen ónscunian ðæt ðæt hie degellice doð, & lufian ðæt hi openlice doð : for ðære bisene hi libbað ðeah oðrum monnum, & cwelað
20 him selfum. Ongean ðæt sint to manienne ða ðe gód diegellice doð, & swaðeah on sumum weorcum gelicceteað ðæt hi openlice yfel dón, & ne reccað hwæt men be him sprecen, hi sint to manienne ðæt hi mid ðære licettunge oðrum monnum yfle bisene ne astellen, ðea(h) hi self teladon ðæt hi mid ðære licettunga oðre men ne dwellen ne him ne
25 derigen, ðylæs hit sie ongieten ðæt hie lufigen hi selfe swiður ðonne hiora niehstan, swelce hi hie selfe drencen mid wine, & ðæm oðrum sellen attor. Ac ðonne hi ða yflan bisne openlice doð, & ðæt gód degellice, ðonne ne helpað hi mid oðrum ðara nauht hira niehstum, mid oðrum hi him deriað. Forðæm swa hwa swa hilð his godan
30 weorc, forðæmðe he wile fleon idel gielp, ðonne ne læt he nanne oðerne æfter him on ða godan weorc, ðonne he nyle ða bisne oðrum eowian ðe he mid ryhte eowian sceal. He deð swelce he plantige treowu, & ceorfe of ða wyrtruman. Be ðæm cwæð Crist ón his godspelle : Doð eower godan weorc beforan mannum, ðæt hi mægen weorðian eowerne
35 Fæder ðe ón hefonum ís. Ac swaðeah is awriten on ðæm ilcan bocum ungelic cwide ðissum, ðæt is ðæt he cwæð : Behealdað eow ðæt ge ne

books; he said: "Beware of doing your righteousness before men, lest they praise you." But what kind of works can they be, which in one place we are forbidden to do before men, while in another we are taught to conceal them that we may not be praised, and display them that God may be praised, and others may take the same example? When God forbade us to perform our righteousness before men, he showed us why he forbade it, when he said, "lest they praise you." And again, when he bade us do it before men, he said immediately afterwards, "that they may honour your Father who is in heaven." With these two sentences he showed us why we are to hide our good works, and why we are to proclaim them; that every man, whatever good he wishes to do, may not do it merely to be praised, but rather for the sake of God. Therefore every good work is good, whether it be open or concealed. When a man does not seek his own glory thereby, but that of the lofty Father, although he does it openly, he conceals it by having the testimony of him whom he thinks to please that he did it for the sake of God, not for glory. But if it is done secretly, and he yet desires to be blamed, and afterwards praised on that account, though no man knows it, yet it is done before men, just as if it had been done with the cognizance of all those whose praise he desired in his mind. Therefore it is better, as we have said above, for every man to wipe away from the minds of others the unfavourable opinion of himself, as far as he can without sin, because, if he does not do so, by his example he makes all imbibe the sin who attribute to him any evil. Therefore it often happens that, when a man does not care how much evil is attributed to him, although he does not do any himself, he sins through those who follow his example. Therefore St. Paul said to his disciples, when he allowed some of them to partake of what he did not wish them all to partake of, lest the weak should imitate their example, and through that be disturbed by some temptation, which they would not afterwards be able to withstand; therefore he said: "See now that this your privilege be not a temptation to others." And again he said on the same subject: "Then will thy brother perish on thine account, for whom Christ formerly suffered. So when ye sin against your brothers, and slay their weak intellects, ye sin against God." Of the same Moses

dón eowre ryhtwisnesse beforan monnum, ðylæs hi eow herien. Ac
hwæt wile ðæt nu beon weorca ðæt us ón oðerre stowe forbiet ðæt we
hit befo[ran] mannum don, ón oðerre lærð buton ðæt we hit forðæm
helen, ðæt [us] mon ne herige, & forðy yppen ðæt mon God herige,
5 & oðre men ða ilcan bisne underfón? Ac ðær ðær us God forbead
ðæt we ure ryhtwisnesse beforan monnum dyden, he us gecyðde forhwy
he hit forbead, ða he cwæð, ðylæs hi eow herigen. Ond eft ða he us
het ðæt we hit beforan monnum dyden, ða cwæð he sona ðæræfter, to
ðon ðæt hi weorðigen eowerne Fæder ðe ón hefonum is. On ðæm
10 twæm wordum he us getacnode for hwelcum ðingum we sceolden ure
gódan weorc helan, & for hwelcum we hi sceoldon cyðan; for ðæm
ðætte ælc mon, swa hwæt swa he for gode don wolde, ðæt he hit ne
do for ðæm anum ðæt hine man herige, ac má for Gode. For ðæm
ðingum bið ælc gód weorc gód, sie swa open swa degle, swæðer hit
15 sie. Ðonne se mon nó his ægenne gielp mid ne secð, ac ðæs uplican
Fæder, ðeah he hit openlice dó, he hit gediegleð mi[d] ðy ðæt he hæfð
ðæs gewitnesse ðe he ðær cweman ðencð ðæt he hit for Gode dyde,
næs for gielpe. Ac se ðonne se hit degellice deð, & ðeah wolde ðæt
he wurde arasod, & siððan forðy hered, ðeah hit ðonne nan mon nyte,
20 swaðeah hit bið beforan monnum gedón, emne swelce hit sie on ealra
ðara gewitnesse gedón ðe he ón his mode wilnode ðæt hit hereden.
Forðæm hit is betere, swa swa we ær cwædon, ðætte ælc mon adryge
of oðerra monna mode ðone wenan be him ælces yfeles, swa swa he
butan synne fyrmest mæge, forðæm, gif he swa ne deð, ðonne scencð
25 he ða scylde mid ðære bisene ælcum ðara ðe him ænges yfles to wenð.
Forðæm hit gebyreð oft, ðonne hwa ne recð hu micles yfeles him mon
to wene, ðeah he self nan yfel ne dó, ðæt he ðeah gesyngað ðurh ða ðe
be him bisniað. Be ðæm cwæð *sanctus* Paulus to his giongrum, ða
ða he sumum liefde to ðicgganne ðætte he nolde ðæt hi ealle ðigden,
30 ðylæs ða úntruman be him bisneden, & ðurh ðæt wurden astyrede
mid ðæra costunga hwelcre ðe hi eft wiðstondan ne meahton; for-
ðæm he cwæð: Lociað nu ðæt ðios eowru leaf ne weorðe oðrum
monnum tó biswice. Ond eft he cwæð be ðæm ilcan: Ðonne forwyrð
ðin broður for ðinum ðingum, for ðone ær Crist geðrowade. Swa
35 ðonne ge gesyngiað wið eowre broðer, & ofsleað hira úntruma[n]
gewit, ðonne gesyngige ge wið God. Ðæt ilce mænde Moyses, ða he

spoke, saying: "Speak not evil to the deaf man." And again, he said: "Trip not up the blind man." He speaks evil to the deaf man, who accuses him who is absent, knowing him to be innocent. And he trips up the blind man, who injures the simple man by doing good secretly, and pretending to do evil.

LX. How many a one is to be exhorted that his good deeds may not become evil deeds.

These then are the modes in which the shepherds of the mind and soul are to teach all men, that they may always have the salve ready which belongs to the wound that they perceive. For while it is very laborious to have to teach each one separately, it is still more difficult to teach them all together, for he must regulate the voice of instruction with such art, that he may find the remedy that belongs to each man, because the diseases of all men are not alike. And he must conform his conduct to his instruction, that he may himself pass safely through the vices of others, as a sharp sword divides the wound in two, and emerges with unturned edge. He must overawe the proud, without thereby frightening too much the humble; and teach the former humility, without increasing too much the fear of the latter; cheer the humble, without omitting to coerce the proud; teach the slow the zeal of good works, without urging on overmuch the zealous; and strive to moderate the exertions of the latter, without making the idle confident, lest they become torpid; restrain the anger of the impatient, without making the soft assentator careless; and yet strive to infuse warmth into him, without inflaming the angry; teach the niggardly liberality, without making the liberal wasteful; and again, teach the generous economy, without teaching the niggardly base avarice; and teach the licentious marriage, without making the continent licentious; and teach the continent continence, without teaching them to despise marriage; and try to soothe and praise the good, without soothing the bad; and praise the greatest good, without despising the least good; and again, praise those who do a little good, without letting them think they do enough.

cwæð : Ne cweðe ge nan við ðæm deafan. & eft he cwæð : Ne screnc
ðu ðone blindan. Se ðonne cwið yfel ðæm deafan, se ðone æfweardan
tælð, gif he hine unscyldigne wat. & se screnc(ð) ðone blindan, ðe
ðone ungesceadwisan mirð mid ðy ðe he his gód degel(l)ice deð,
5 & ðeah licet swelce he yfel do.

LX. Ymbe ðæt, hu mon monige scyndan scyle to ðæm ðætte his
godan dæda ne weorðen to yflum dædum.

Ðis sint nu ða lara [ðe] ðæs modes hierdas & ðære sawle sceolon ealle
men læran ðæt hi ealneg hæbben ða sealfe gearuwe ðe to ðære wunde
10 belimpe ðe hi ðonne gesion. Forðæm hit bið swiðe geswincful ðæt
mon ælcne mon scyle on sundrum læran, hit is ðeah earfoðre ealle
ætsomne to læranne, forðæmðe he sceal gemetgian swa cræftelice his
stemne ðætte he æghwelcum men finde ðone læcedom ðe him to ge-
byrge, forðæmðe ða mettrymnessa ne beoð ealra ma[n]na gelica. &
15 huru ðæt he self do swa swa he oðre lærð, forðon ðæt he mæg(e) self
gán orsorglice betwuxn oðerra monna unðeawas, swa swa scearp sweord
ða wunde tosceat ón tu, & gæð gehalre ecgge forð. Ond ðæt he huru
swa egesige ða ofermodan, ðæt he ða eaðmodan mid ðy to swiðe ne
fære ; ond swa lære ða oðre eaðmetta, swa he ðone ege to swiðe ðæm
20 oðrum ne geiece ; ðæt [he] swa frefre ða eaðmodan, swa ða ofermodan
ne weorðen unmidlode ; ond swa lære ða slawan geornfulnesse gódes
weorces, swa he ða geornfullan to ungemetlice ne geswence ; ond swa
tilige hira geswinc to gemetgianne, swa he ða idlan ne gedo orsorge,
ðæt hi forðy ne aslawien ; ond ðæt he swa stiere ðæm ungeðyldegum
25 irsunga, swa he ðone hnescan ðafettere ón recceleste ne gebrenge ; &
ðeah swa tilige hi tó onælenne, swa hi ða hátheortan ne forbærnen ;
ond swa eac ða uncystgan cysta lære, swa he ða cystgan ón merringe ne
gebringe ; ond swa eft ða rummodan fæsthafolnesse læren, swa hi ða
uncystegan ón yfelre hneawnesse ne gebrengen ; ond swa læren ða
30 wifgálan gesinscipe, swa hi ða forhæbbendan ne gebrengen on unryht-
hæmde ; & swa ða forhæbbendan læren forhæfdnesse, swa hie ne forsion
ðone gesinscipe ; ond swa wilnigen to oleccanne ðæm godum, & hi to
herianne, swa hi huru ne oleccen ðæm yflum ; ond swa herien ðæt
mæste gód, swa hi ðæt læste ne forsion ; ond eft swa herie ða ðe lytel
35 god doð, ðæt hi ne wenen ðæt hi genog don.

LXI. How a man is to be exhorted when suffering under many evil temptations.

It is also a very severe labour for the teacher to have to find in general instruction, when he teaches all the people together, the instruction which they all require; because their vices are very different. And yet it is still more difficult to instruct singly, because many of them have all the vices from which all men are to be interdicted. Often also it happens that some are too immoderately glad because of some good fortune or agitation of the blood, and very soon afterwards, because of some misfortune, too immoderately sad. Therefore the teacher must be careful to restrain the sadness as far as he can, without increasing the immoderate joy; and again, bridle the joy which arises from prosperity, without allowing the sadness which arises from sudden dejection or flow of bad blood to increase too much. For often the sanguine are dispirited because of their immoderate precipitation, when anything they design opposes them, which they cannot so quickly accomplish as they would like. So also, the very sad are often dispirited with immoderate fear, and yet sometimes are impelled by rashness to attempt what they desire. Therefore the teacher must moderate the sudden fear, without allowing too immoderate boldness to grow, and yet repress the boldness of the sanguine, without allowing to grow in them the repression of fear, which arises from the flow of bad blood. What wonder is it if the physicians of the mind keep to this method of instruction, when the physicians of the body have such sagacity in their art? Sometimes excessive disease oppresses the body. Against such a disease a potent remedy would be required, if the sick body could endure it. Therefore the physician must be very careful to administer to the patient a remedy so strong as to expel the disease, and yet so mild that the weak frame may endure it, lest he expel from the body both the disease and life. But he assists the patient very wisely, when he simultaneously expels the disease without injuring the

LXI. Ymbe ðæt hu mon ænne mon scyndan scyle, ðonne he yfle costunga monege ðrowað.

Ðæt bið eac swiðe hefig broc ðæm lareowe ðæt he scyle on gemænre lare, ðær ðær he eall folc ætsomne lærð, ða lare findan ðe hi ealle
5 behofigen; forðæm hira unðeawas bioð swiðe ungelice. & ðeah bið giet earfoðre ælcne on sundrum to læranne, forðæmðe manege bioð ðe hæbbað ða unðeawas ealle ðe mon eallum monnum forbeodan sceolde. Oft eac gebyreð ðætte sume bioð to ungemetlice bliðe for sumum gesælðum, oððe for ðæs blodes styringe, & eft swiðe hræðe for sumum
10 ungesælðum to úngemetlice unbliðe. Forðæm is to giemanne ðæm lareowe ðæt he swa swiðe stiere ðære unrotnesse ðæt he to swiðe ne geiece ða ungemetlican blisse; ond eft swa gemidlige ða blisse ðe of ðære orsorgnesse cymð ðæt sio unrotnes to swiðe ne weaxe ðe of ðære færlican gedrefednesse cymð, oððe of yfles blodes flownesse.
15 Forðæm oft ða oferbliðan weorðað gedrefde for ungemetlicre ónettunga, ðoñne him hwæthwugu wiðstent ðæt hi ne magon swa hrædlice forðbrengan ðæt hi tiohh[i]að swa hi woldon. Swa eac ða swiðe unrotan bioð oft gedrefde mid úngemetlice ege, & ðeah hwilum bioð genedde mid sumre fortruwodnesse ðæt hi onginnað ðæt ðæt hi willað.
20 Swa ðonne sceal se magister gemetgian ðone færlican ege ðæt ðær ðeah ne weaxe to ungemetlico beldo, & swaðeah swa ðrycce ða belde on ðæm oferbliðum ðæt ðær ðeah ne weaxe on him sio ófðrycnes ðæs eges, ðe cymð óf ðæs yflan blodes flownesse. Hwelc wundor [is] ðæt, ðeah ðæs modes læcas behealden ðas lare, ðonne ðæs lichoman læcas hab-
25 bað swelce gesceadwisnesse on hira cræfte? Ac hwilum ðeah ofðrycð ðone lichoman ungemetlicu mettrymnes. Ongean swelce met(t)rymnesse mon beðorfte stronges læcedomes, ðær s[e] mettruma lichoma hine adreogan meahte. Forðæm is ðæm læce swiðe geornlice to giemanne ðæt he swa strangne læcedóm selle ðæm seocan, swa he mæge
30 ða mettrymnesse mid geflieman, & eft swa liðne swa se tydra lichoma mæge astandan, ðylæs heægðer afierre of ðæm lichoman ge ða me(t)trymnesse ge eac ðæt lif. Ac ðonne he deð ðæm siocan swiðe gesceadwisl[i]cne fultum, ðonne he afliemð æt anum cierre ða mettrymnesse.

body. Why cannot then much more the physician of the mind heal the diseases of the vices of many men with the same instruction, when the remedies of the mind are so much more various than those of the body? And yet the physicians of the body often simultaneously save the body and expel the disease.

LXII. That sometimes it is better to leave the light sins alone, lest the graver ones be perpetrated.

Often also it happens that two vices assail the same man, one less, the other greater. Therefore the physician of the mind must first direct his attention to the one which he thinks likely to be the first to bring the man to perdition. Sometimes, however, when the attention is concentrated on the one, the other increases. Therefore the wise physician must first let the lesser one increase, and direct his attention to the greater; until the time comes when he can see to the other, unless he can attend to them both together. He does not accumulate vices thereby, but tends the wounded man whom he has to watch over, till he can completely cure him. Those who cannot relinquish gluttony are often overcome by fornication. Often also it happens, that he who dreads and abstains from both of them, falls into vainglory, because no one can relinquish either of those without the other increasing. Which, then, of the evils ought rather to be attended to, if not the most dangerous? Therefore it is better to let the vainglory increase for a time, until full attention can be given to the fornication. Therefore St. Paul said to his servant, when he saw that he would either continue to do evil, or desire praise for his goodness; he said: "If thou desirest not to have cause to fear thy Lord, do good: then he will praise thee." Yet no man must do the good he does, merely that he may not have cause to fear his Lord; or, again, for the desire of earthly praise. Therefore the noble teacher St. Paul, when he saw that he could not teach his servant both to relinquish evil and not to desire any praise therefor, allowed him the vainglory

swa ðæt he ðeah ðæm lichoman ne dereð. Ac forhwy ne mæg ðonne micle má ðæs modes læce gehælan ða adle ðæra unðeawa monigra monna mid anre lare, ðonne swa micle manigfaldran bioð ðæs modes læcedomas ðonne ðæs lichoman? Ond ðeah ðæs lichoman læcas oft
5 æt anum cierre ægðer doð, ge ðæm lichoma[n] gebeorgað, ge eac ða mettry(m)nesse afliemað.

LXII. Ðætte hwilum ða leohtan scylda bioð beteran to forlætenne, ðylæs ða hefigran weorðen ðurhtogene.

Oft eac gebyreð ðætte twegen unðeawas hreosað on ænne man, oðer
10 læss[a], oðer mara. Forðæm sceal ðæs modes læce ær tilian ðæs ðe he wenð ðæt ðone mon ær mæge gebrengan ón færwyrde. Hwilum ðeah, ðær ðær mon oðres tiolað, ðær weaxð se oðer. Forðæm sceal se gesceadwisa læce lætan ær weaxan ðone læssan, & tilian ðæs maran; oððæt sio tid cume ðæt he ðæs oðres tilian mote, buton he begra
15 ætgæddre getilian mæge. Ne gáderað he nó mid ðy unðeawas, ac tilað ðæs gewundedan werpe ðe he bewitan sceal, oððæt he hine fullice gehælan mæge. Oft weorðað ða oferswiðde mid unryhthæmde ða ðe ne magon forlætan hira gifernesse. Oft eac gebyreð ðæm ðe him ægðer ðissa óndrædað, gif hi hi wið ægðer gehealdað, ðæt hi befeallað
20 on idelgielp, forðæmðe nan mon ne mæg nauðer ðissa swa forlætan ðæt ðæt oðer ne weaxe. Hwæðres ðonne ðara yfela is betere ær to tilianne, buton swæðres swæðer frecenlicre ís? Forðy is betere ðæt mon læte sume hwile weaxan ðæt idelgielp, oððæt mon fullice mæge getilian ðæs unryhthæmdes. Forðæm cwæð sanctus Paulus to his
25 cnihte, ða he ongeat ðæt he wolde oðer twega, oððe ða giet yfel don, oððe mid his gode him wilnian lofes, ða cwæð he: Gif ðu wille ðæt ðu ne ðyrfe ðe óndrædan ðinne Hlaford, do tela: ðonne hereð he ðe. Ne scyle ðeah nan mon for ðæm anum ðingum dón ðæt ðæt he to góde deð, ðæt he ne ðyrfe his hlaford ondrædan, ne eft for ðæm anum
30 ðe he wilnige eorðlices lofes. Forðæm se æðela lareow sanctus Paulus, ða he óngeat ðæt he ægðer ne meahte his cniht gelæran ge ðæt ðæt he yfel forlete, & eac ðæt he forðy nanes lofes ne wilnode, ða liefde he him ðone gielp to sumre hwile, & forbead ðæt yfel. Ða

for a time, and forbade the evil. When he allowed the vainglory, he forbade him the evil, that he might more easily relinquish the one by having in the other what he desired.

LXIII. That weak minds are not to be taught too loftily.

The teacher is to know that he is by no means to impose on any man more than he can bear, lest the rope of his mind be overstretched till it breaks asunder. Therefore lofty doctrine is better concealed from many men, and preached to few. Therefore Truth, that is Christ, spoke of itself, saying: "Who, thinkest thou, is so faithful and prudent a steward, that God will set him over his household, that he may equitably apportion to them the wheat at the due time?" By the measuring of the wheat is signified measured words, lest more of them are poured into the shallow mind than it can hold, so that it overflows. Therefore St. Paul said: "I cannot speak to you as to spiritual, but as to carnal men; since in your faith ye are still children, I must still give you milk to drink, not meat to eat." Therefore Moses hid the excessive brightness of his countenance before the people, when he came from his secret conversation with the Lord, because he did not yet wish to teach them the secrets of the holy law, nor could they yet understand them. Therefore it was also commanded, through Moses, that if any one dug a pit, and neglected to enclose it, and an ox or an ass fell into it, he was to pay for it. So also, if any one comes to the highest wisdom, and then does not conceal the secrets of divine wisdom from the foolish, he is accounted sinful, if he reduces either a pure or an impure man to despair. Therefore the Lord said to the blessed Job: "Who gave the cock wisdom?" That means that all holy teachers, who now teach in the darkness of this world, bear a resemblance to cocks, who crow in dark nights. The teacher cries like a cock at night, when he says: "Now it is time for us to awake from

he him geðafode ðone gielp, ða forbead he him ðæt yfel, for ðæm ðæt he ðy ieð meahte ðæt oðer forlætan ðe he ón ðæm oðrum hæfde ðæt hine lyste.

LXIII. Ðætte ða untruman mód mon ne scyle ellenga to healice læran.

Þæm lareowe is to wietanne ðæt he huru nanum men mare ne beode ðonne he acuman mæge, ðylæs se ráp his modes weorðe to swiðe aðened, oð he forberste. Forðæm sio hea lar is betere manegum monnum to helanne, & feawum to secgganne. Be ðæm cwæð sio Soðfæstnes ðurh hi selfe, ðæt is Crist, he cwæð: Hwa wenstu ðæt sie to ðæm getreow & [to] ðæm wis brytnere ðæt hine God gesette ofer his hired, to ðæm ðæt he him to tide gemetlice gedæle ðone hwæte? Ðurh ða gemetgunge ðæs hwætes is getacnod gemetlico word, ðylæs hira mon má geote on ðæt úndiope mod ðonne hit behabban mæge, ðæt hit ðonne oferflowe. Be ðæm cwæð sanctus Paulus: Ic ne mæg nó to eow sprecan swa swa to gæstlicum, ac swa swa to flæsclicum; forðæm ge sint giet cilderu ón eowrum geleafan, ðy ic sceal sellan eow giet mioloc drincan, nalles flæsc etan. Forðæm wæs eac ðætte Moyses behelede ða ofermætan bierhto his ondwlitan beforan ðæm folce, ða he com from ðære dieglan spræce Dryhtnes, forðæmðe he ða giet nolde hi læran ða diegelnesse ðære halgan ǽ, ne hi ða giet ne meahton hi ongietan. Forðæm wæs eac beboden ðurh Moyses, gif hwa adulfe pytt, & ðonne forgiemeleasode ðæt he hine betynde, & ðær ðonne befeolle ón oððe oxa oððe esol, ðæt he hine scolde forgieldan. Swa eac swa hwa swa becymð to ðæm hiehstan wisdome, & ðonne ne forhilð ða diogolnesse ðæs godcundan wisdomes ðæm dysegum, he bið scyldig geteald, gif he gebrengð auðer oððe clænne oððe únclænne ón ormodnesse. Be ðæm cwæð Dryhten to ðæm eadgan Iobe: Hwa sealde kokke wisdom? Ðæt getacnað ðætte æghwelc ðæra halgena lareowa ðe nu lærað on ðære ðisternesse ðisses middangeardes habbað onlicnesse ðæm kokkum, ðe on ðistrum niehtum crawað. Ðonne græt se lareow swa swa kok ón niht, ðonne he cwið: Nu us is tima ðæt we onwæcnen of slæpe. Ond eft, ðonne

sleep." And again, when he says: "Awake, ye righteous, and sin no more." The habit of the cock is, that he sings much louder before than after dawn. But when day approaches, he sings more finely and delicately. So every wise teacher must preach open and clear doctrine to the dark minds, and not yet proclaim any secret and deep doctrine. But when he sees the dark minds of foolish men approaching somewhat to the light of truth, he must display to them more secret and deeper doctrine out of the holy books.

LXIV. Of the teacher's works and words.

It is now necessary that among other remarks we revert, out of love, to what we spoke of above. That is, that every teacher is to teach more with his works than his words. Why, the cock, whom we spoke of above, before he begins to crow, lifts his wings and arouses himself, that he may be wide awake with the zeal of good works, lest he arouse others with his words, and himself be remiss in good works. Let him shake himself till he is awake, and then stir up others to the zeal of good works; let him flap himself with the wings of his thoughts. That is, he is first to investigate with the vigilance of his contemplation, what there is unprofitable in himself, and rebuke himself severely in his thoughts, and then with his instruction regenerate the life of others. First he must punish in himself his own evils, and repent of them, and then point out and punish those of others. First they must display in their own works all that they intend afterwards to teach with their words, so that the works may call before the words.

LXV. When any one has fulfilled all this, how he must bethink himself, and understand himself, lest either his life or his teaching elate him too much.

Often also the teachers are excited by secret joy, when they see that they teach fitly and properly. But it is then very necessary for him quickly to wound himself with the fear of becoming

he cwið: Onwæcnað, ge ryhtwisan, & ne syngiað má. Ðæs cocces
ðeaw is ðæt he micle hludor singð ón uhtan ðonne ón dægred. Ac
ðonne hit nealæcð dæge, ðonne singð he smælor & smicror. Swa
sceal ælc gesceadwis lareow ópene lare & swutole ðæm ðiestrum
5 modum bodian, & nane wuht ðære dieglan & ðære diopan lare ðonne
giet cyðan. Ac siððan he gesion ðætte ða ðiestra[n] mod ðæra dyse-
gena monna auht nealæcen ðæm leohte ðære soðfæstnesse, ðonne
sculon hi him eowian diogolran & diopran lara of halgum bocum.

LXIV. Be ðæm weorcum ðæs lareowes & be his wordum.

10 Hit is nu ðearf ðæt we for lufum eft cierren betwuxn oðrum
spræcum to ðæm ðe we ær spræcon. Ðæt is ðætte ælc lareow swiðor
lære mid his weorcum ðonne mid his wordum. Hwæt, se kok ðe
we ær ymb spræcon, ærðæmðe he crawan wille, hefð úp his fiðru,
& wecð hine selfne, ðæt he wacie ón ðære geornfulnesse godra weorca,
15 ðylæs he oðre awecce mid his wordum, & himself aslawige godra
weorca. Ac hudenige ærest hine selfne, oð he wacige, & ahrisige
siððan oðre [to] geornfulnesse godra weorca; ðaccige hine selfne
mid ðæm fiðrum his geðohta. Ðæt is ðæt he behealde ðurh ða
wæccan his smeaunga ærest hwæt on him selfum unnyttes sie, &
20 ðreage ærest hine selfne ðearlwislice on his geðohte, & siððan mid
his lare geedniwige oðerra monna lif. Ærest he sceal wrecan on him
selfum his agnu yfelu & ða hreowsian, & siððan oðerra monna cyðan
& wrecan. Ærest hi sculon eowian ón hiora agnum weorcum eall
ðæt hi eft læran willað mid hiora wordum, swa ðætte ða weorc clipien
25 ær, ær ða word.

LXV. Ðonne hwa ðis eall gefylled hæbbe, hu he ðonne sceal hine selfne geðencan & ongietan, ðylæs hine auðer, oððe his lif oððe his lár to úpahebbe.

Oft eac ða lareowas weorðað ónstyrede mid diegelre blisse, ðonne
30 hi ongietað ðæt hi gemetlice & medomlice lærað. Ac him is ðonne
micel ðearf ðæt he hine hrædlice selfne gewundige mid ðy ege ðæt

elated at his eloquence; lest, while he cures the wounds of others, he himself be elated with pride through neglect of his salvation; lest he forsake himself while he attends to his friends, and himself fall, while he strives to raise others. Because often virtue and excellence prove the destruction of their possessor, when from recklessness he presumes too much on the virtues he has, and does not care to increase them; then they prove his destruction, because virtues always contend against vices. But the mind often flatters itself, and with the flattery relinquishes the fear of its own reflections. Then the mind rests confidently in presumption. Then the cunning waylayer comes to the torpid mind, and recounts to it all its former good deeds, and makes him believe that he flourishes in virtues beyond all other men, until he becomes puffed up and elated in his mind. And then, in the eyes of the righteous Judge, the recollection of his virtues and excellence becomes a very deep pit, into which he falls very heavily, because he falls before the God who is the teacher of humility, when he exalts himself in his own eyes because of his virtues. Therefore it was said through the prophet Ezekiel; he said: "Descend from whore thou thinkest thou art most beautiful." As if he had openly said: "Because of the beauty of thy virtues thou wert elated, and thence thou shalt be degraded." Again, the same prophet spoke a parable about Jerusalem, and blamed the mind which was proud of its virtues, saying: "The Lord saith to this city: Thou wert perfect in my beauty, and wert proud thereof, and committed fornication of thine own accord." The mind is elated through presuming on its virtues, when it boasts of its merits, and rejoices confidently in itself. But through presumption it is led on with pride to committing fornication. First, the accursed spirit teaches it vainglory externally, until it penetrates by pride, and then seduces it with many vices. We must consider the words he spoke to the citizens: "Ye committed fornication of your own accord." That is, as soon as the mind despises God, it seeks its own vainglory, and collects for its own praise all the good that was granted it for God's praise; it desires thereby to extend its own praise, and strives to appear to all men as distinguished and

he him ondræde, ðylæs he weorðe upahæfen for his wordum ; ðætte
ðær ðær he oðer(ra) monna wunda lacnað, he self ne weorðe aðunden
on úpahæfennesse for ðære giemeleste his hælo ; ðæt he hine selfne
ne forlæte, ðær he oðerra freonda tilige, & him self ne afealle, ðær
5 ðær he oðre tiolað toræranne. Forðæm oft ða cræftas & ða mægenu
weorðað te færwyrde ðæm ðe hi hæfð, ðonne hi for hira giemeleste hie
fortruwiað on ðæm cræftum ðe hi hæbbað, & hi nyllað iecan : ðonne
weorðað hi him to færwyrde, forðæm simle ða cræftas winnað wið
ðæm unðeawum. Ac ðæt mod oft olecð him selfum, & ðonne for
10 ðære oleccunga forlæt ðone ege his selfes ymbeðances. Ðonne gerest
ðæt mod hit orsorglice on ðære fortruwunga. Ðonne cymð se lytega
sætere to ðæm slawan móde, & ateleð him eall ðæt he ær to gode
gedyde, & geræcð him ðonne to geleafsuman ðæt he sie se gesælgosta
on eallum cræftum ofer ealle oðre men, oððæt he wyrð aðunden &
15 upahæfen on his mode. Ond ðonne beforan ðæs ryhtwisan [Deman]
eagum him wyrð ðæt gemynd ðæra mægena & ðæra cræfta to swiðe
diopum seaðe, & he ðær ðonne swiðe hefiglice on gefielð, forðæmðe
he afelð beforan ðæm Gode ðe eaðmodnesse lareow is, ðonne he hine
upahefeð beforan him selfum for his cræftum. Be ðæm wæs gecweden
20 ðurh Ezechiel ðone witgan, he cwæð : Astig eft ofdune ðonan ðe ðu
wenst ðæt ðu wlitegost sie. Swelce he openlice cwæde : For ðæm
wlite ðinra cræfta ðu wurde úpahæfen, & ðonan ðu wyrst geniððrad.
Eft se ilca witga sæde bispell bi Hierusalem, & tælde ðæt mod ðe for
his cræftum ofermodgede, ða he cwæð : Dryhten cwið to ðisse byrg :
25 Ðu wære fulfremed on minum wlite, & ða fortruwdes ðu ðe for ðæm,
& forlæge ðe ðines ægnes ðonces. Ðonne við ðæt mod úpahæfen for
ðære fortruwunga his cræfta, ðonne hit for hiora geearnunga gilpð, &
orsorglice fægnað ón him selfum. Ac ðurh ða fortruwednesse hit
wyrð getogen to ðon ðæt hit wyrð forlegen ón ofermettum. Ærest
30 se awiergda gæst hit lærð utane ðone gielp, oððæt he ingæð ðurh ða
ofermetta, & hit siððan gebregð ón manegum unðeawe. Be ðæm
worde is to ðenceanne ðe he cwæð to ðæm burgwarum : Ge eow
forlægon eowres ægnes ðonces. Ðæt is ðætte ðæt mod sona swa hit
God forsihð, swa secð hit his agenne gielp, & gæderað him ðonne
35 selfum to lofe eall ðæt gód ðæt him forgiefen wæs to Godes lofe ;
wilnað mid ðy to gebrædenne his ægen lof, & higað wið ðæs ðæt

wonderful as possible. He commits fornication of his own will, who binds himself to the devil, and forsakes the Lord from the desire of human praise. Therefore David said in the seventy-seventh Psalm: "The Lord suffered their virtue and excellence to be made captive, and their beauty to be in the hands of their enemies." Their virtue is made captive, and their beauty is led into the hands of their enemies, when the old enemy has power over the deceived mind because of its pride, when it exalts itself on the strength of good works. The cunning enemy tempts every man with the pride of good works, and even tempts the minds of the elect, although he cannot fully deceive them. For when any mind is elated, it is forsaken by God; and as soon as it is forsaken by God, it is afflicted by the fear of the devil. Therefore David said again in the twenty-ninth Psalm: "I thought in my pride and abundance, when I was full both of wealth and good works, that there would be no end of it." But when he saw he was inflated with the pride of his good works, he proclaimed very soon after what he afterwards suffered, saying: "Lord, thou turnedst thy countenance from me, and I was afflicted." As if he had openly said: "I thought I was strong in many virtues, but I very soon saw, after thou hadst forsaken me, how weak I was." And again, he said in the hundred and eighteenth Psalm: "I swore, as I had determined, to hold thy judgments and righteousness, Lord; revive me according to thy words, Lord." But he very quickly perceived, when he experienced affliction, that it was not in his own power to hold what he had promised and sworn. And then he soon had recourse to prayer, and sought help therein, saying: "I am humiliated on all sides and in everything, Lord." So the divine dispensation, before bestowing on a man virtue and excellence, often shows him his infirmity, and reminds him of his want of power, lest he be elated because of his virtues. Therefore also it was said to the prophet Ezekiel that he was the son of man, before the heavenly things were shown to him. As if God had openly admonished him, and said to him: "Be not too elated in thy mind because of the things thou seest, but consider cautiously

he wolde hu he eallum monnum wcorðfullicost & wunderlicost ðuhte.
Se bið forlegen ón his agnum willan se ðe hine selfne diofle befæst, &
Dryhten forlæt for mennisces lofes wilnunga. Be ðæm cwæð Dauid
on ðæm siofan & hundsiofantiogoðan psalme, he cwæð: Dryhten
5 geðafode ðæt hiora mægen & hiora cræft wære gehæft, & hiora wlite
wære on hira feonda honda. Gehæft bið hiora cræft, & hira wlite ón
hiora feonda hond gelæd, ðonne se ealda feond ónwald hæfð ðæs
beswicenan modes for ðære upahæfennesse, ðonne hit hit úpa fð for
godum weorcum. Se lytega fiond wile fondian ælces monnes mid
10 ðære úpahæfennesse for godum weorcum, ge furðum ðara acorenra
monna mód he wile costian, ðeah he hit fullice beswican ne mæge.
Forðæm ælc mod swa hit bið upahæfen swa bið hit forlæten from
Gode, & sona swa hit bið forlæten from Gode, swa bið hit gedrefed
mid diofles ege. Be ðæm cwæð Dauid eft ón ðæm nigon & twentio-
15 goðan psalme, he cwæð: Ic wende on minum wlencum & ón minum
forwanan, ða ic wæs full ægðer ge welona ge godra weorca, ðæt ðæs
næfre ne wurde nan ende. Ac siððan he óngeat ðæt he wæs aðunden
ón úpahæfennesse for his godan weorcum, ða gecyðde he swiðe hræðe
æfter ðæm hwæt he siððan dreag, ða he cwæð: Dryhten, ðu ahwyrfdes
20 ðinne ondwlitan from me, ða wearð ic gedrefed. Swelce he openli(ce)
cwæde: Ic wénde ðæt ic wære swiðe strong on manegum cræftum, ac
ic óngeat swiðe hraðe, siððan ðu me forlete, hu untrum ic wæs. & eft
he cwæð on ðæm eahta & hundælleftiogoðan psalme, he cwæð: Ic
swor swa swa ic getiohhod hæfde ðæt ic wolde gehealdan ðine domas
25 & ðine ryhtwisnesse, Dryhten. Ac he óngeat swiðe hraðe, ða he ge-
mette ða gedrefednesse, ðæt hit næs ón his agnum onwalde ðæt he
meahte gehealdan ðæt ðæt he ær gehet & swor. & ða wende he hine
sona to his gebede, & sohte him ðær fultum to, & cwæð: Ic eom
gehened æghwonane & on æghwam, Dryhten; ac gecwuca me æfter
30 ðinum wordum, Dryhten. Swa oft sio godcunde gemetgung, ærðæmðe
hio ðæm men selle cræftas & mægen, hio him geeowað his untrym-
nesse, & his unmehta hine gemy(n)dgað, ðylæs he hine úpahebbe for
his cræftum. Forðæm eac wæs gecweden to Ezechiele ðæm witgan
ðæt he wære monnes sunu, ærðæmðe him wæren geeowad ða hefon-
35 lican ðing. Swelce hine God openlice manode, & him to cwæde: Ne
beo ðu to upahæfen ón ðinum mode for ðæm ðingum ðe ðu gesihst,

what thou art; and though thou traverse the highest, do not forget that thou art man, but consider very carefully in thyself the bridle of thine infirmity, although thou art raised above thy condition. Therefore it is very necessary for us to direct the eye of our mind to the contemplation of our infirmity. When virtues and excellence most fully flatter us, it is very necessary for us to bow down humbly with our mind, and salutarily reflect on the good we have neglected, not on that which we have done; that our mind may be so much the firmer and stronger in virtues in the sight of God, from the humility wherewith we wound it, when we remember our heedlessness. Therefore Almighty God often lets the minds of his elect sin in some small things, although they are perfect in many, that they may fear, and be dispirited because of their imperfection, although they shine brightly in some admirable virtues; that they may not exalt themselves too much on the strength of the great things, while they cannot amend the little; lest they presume to be proud of the noblest works, whilst they cannot subdue the most insignificant evils.

See now, thou good man John, how fair and beautiful a character I have depicted, ugly painter as I am. In it I have shown what a pastor ought to be. I was compelled by thy blame to lead many men to the shore of perfection in the ship of my mind, while I myself am still tossed by the waves of my sins. But I pray thee to reach me a plank of thy prayers in the shipwreck of this present life, that I may sit on it till I come to land; and raise me with the hand of thy merits, for the burden of my own sins has oppressed me.

These are now the waters, which the God of Hosts promised as a solace to us earthdwellers. He said that he wished in the world ever-living waters to flow from the hearts of those who believed in him well under the sky. There is little doubt that the source of the waters is in the kingdom of heaven; that is, the Holy Ghost. Whence

ac geðenc wærlice hwæt ðu eart; & ðeah ðu ðæt hehste ðurhfare, ne forgiet ðu ðeah ðæt ðu man eart, ac geðenc ðone bridel ðinre mettrymnesse swiðe geornlice on ðe selfum, ðeah ðu sie úp ofer ðine mæð ahæfen. Forðæm is micel ðearf ðæt we ures modes eagan gecerren
5 to ðære sceawunga urre untrymnesse. Ðonne us fullicost oleccað ða cræftas & ða mægenu, ðonne is us micel ðearf ðæt we eaðmodlice ófdune anluten mid urum mode, & halwendlice geðencen ða gód ðe we forgiemeleasodon, næs ða we dydon; ðætte ure mod ðy fæstre & ðy strengre beforan Gode sie on ðæm cræftum for ðære eaðmodnesse
10 ðe we hit mid gewundiað, ðonne we gemunað ure giemeleste. Forðæm óft se ælmiehtiga God fo(r)lét ðæt mod his gecorenra gesyngian on sumum lytlum ðingum, ðeah hi on manegum sien fullfremede, ðæt hi him óndræden, & murkien for hira unfullfremednesse, ðeah hi beor(h)te scinen on sumum wunderlicun cræftum; ðæt hi hi for ðæm
15 miclum ðingum ne mægen to úpahebban, ða hwile ðe hi ne magon gebetan ðæt lytle; ðylæs hi dyrren ofermodgian for ðæm æðelestum weorcum, ða hwile ðe hi ne magon oferswiðan ða yteme[s]tan yfelu.

Loca nu, ðu goda wer Iohannes, hu fægerne & hu wlitigne monnan ic hæbbe atæfred, swa unwlitig writere swa swa ic eom. Ðær ic hæbbe
20 getæht hwelc hierde bion sceal. To ðæm ic wæs gened mid ðinre tælnesse, ðæt ic nu hæbbe manege men gelæd to ðæm stæðe fullfremednesse ón ðæm scipe mines modes, & nu giet hwearfige me self ón ðæm yðum minra scylda. Ac ic ðe bidde ðæt ðu me on ðæm scipgebroce ðisses andweardan lifes sum bred geræce ðinra gebeda,
25 ðæt ic mæge ón sittan oð ic to londe cume, & arær me mid ðære honda ðinre geearnunga, forðæmðe me hæf(ð) gehefegad sio byrðen minra agenra scylda.

Ðis is nu se wæterscipe, ðe us wereda God to frofre gehet foldbuendum. He cwæð ðæt he wolde ðæt on worulde forð of ðæm
30 innoðum a libbendu wætru fleowen, ðe wel ón hine gelifden under lyfte. Is hit lytel tweo ðæt ðæs wæterscipes welsprynge is on hefonrice; ðæt is Halig Gæst. Ðonan hine hlodan halge & gecorene,

saints and the elect drew it, after those who obeyed God had directed it through holy books on this earth through the minds of men variously. Some dam it in within their minds, the stream of wisdom, hold it with their lips, so that it flows not out to no purpose. But the well remains in the man's breast, by the grace of the Lord, deep and still. Some let it flow away over the tract of land in rills. That is not a wise thing, if so pure water is dispersed in murmuring, shallow streams over the fields, till it becomes a marsh. But draw water now to drink, since the Lord has granted that Gregory should direct to your doors the Lord's stream. Let him now fill his vessel, who has brought hither a watertight pitcher. Let him come back soon. If any man here has brought to this spring a leaky pitcher, let him repair it carefully, lest he spill the clearest of waters, or lose the drink of life.

siððan hine gierdon ða ðe Gode herdon ðurh halga(n) bec hider on eorðan geond manna mod missenlice. Sume hine weriað on gewit-locan, wisdomes stream, welerum gehæftað, ðæt he on unnyt ut ne tofloweð. Ac se wæl wunað ón weres breostum ðurh Dryhtnes giefe
5 diop & stille. Sume hine lætað ofer landscare rið um torinnan. Nis ðæt rædlic ðing, gif swa hlutor wæter hlud & undiop tofloweð æfter feldum, oð hit to fenne werð. Ac hladað iow nu drincan, nu iow Dryhten geaf ðæt iow Gregorius gegiered hafað to durum iowrum Dryhtnes welle. Fylle nu his fætels, se ðe fæstne hider kylle brohte.
10 Cume eft hræðe, gif her ðegna hwelc ðyrelne kylle brohte to ðys burnan, bete hine georne, ðylæs he forsceade scirost wætra, oððe him lifes drync forloren weorðe.

NOTES.

Page 2. Junius has written the following remarks on the flyleaf of his MS.: 'Cottonianus codex Pastoralis Magni Gregorii inscribitur TIBERIUS B. ii. Ejusdem verò codicis frontispicio antiquâ manu adscripta sunt hæc verba, Plegmunde arcebisc*epe* is agifen þis (*sic*) boc .. & Swiðulfe bisc*epe* .. & Wærferðe bisc*epe* .. At codicis Hattoniani frontispicio antiquâ manu adscriptum est literis capitalibus ÐEOS BOC SCEAL TO WIOGORA CEASTRE. Ac tale habet idem codex Hattonianus hujus Prœmii initium, Ælfred kyning hateð gretan Wærferð biscep his wordum, &c. Præsens interim hoc Pastorale opus ex mutilo codice Cottoniano descripseram, atque ex Hattoniano jam suppleveram, cùm oportunè incidi in alium Cottonianæ bibliothecæ perantiquum codicem inscriptum OTHO. B. ii, quumque pretium operæ videretur etiam cum hoc tertio codice conferre quæ transcripseram, variantes quoque alterius codicis lectiones addidi Pastoralis opusculi oræ, ubi Hatt. & Alt. denotant codicem Hattonianum et alterum hunc Cottonianum, cujus tale initium, Ælfred cyning hateð gretan Hehstan bisceop his wordum,' &c.

2. (*heading*). *nemnað*, MS.

3. The Hatton text of Alfred's preface is full of erasures, alterations and interpolations. I have in all cases, where possible, restored the original reading. Wherever ðætte occurs, the *te* has been erased, portions of the erased letters being in some cases still visible: I have, therefore, in all cases where ðæt is followed by a distinct erasure, added the *te* in brackets. In like manner the *e* of *swæ* has been erased, though in some cases still partially visible; I have therefore restored the erased letter. In several words, *hyrsumedon* (3.6), *hy nu* (3.12), *hy næron* (5.12), *yldran* (5.14), *hy hit* (5.24), an eleventh century *y*—easily recognizable by its uprightness and the point above it—has been written over an erasure. I have not hesitated to remove these *y*'s, which are quite incompatible with the archaic character of Alfred's preface, although my emendations are not absolutely certain,

as the original letters are not visible. The adjective termination *æ* has also been tampered with in several cases by erasing one of the letters, *gefyldæ*, (5.10), *oðræ cristnæ* (7.5), *sumæ* (7.6) being made into *gefylde*, &c. There are besides a variety of interpolations, some apparently quite modern, which are not worth noticing. It will in future be understood that all alterations, additions, &c. that I notice are contemporary with the MS. itself, unless the contrary is stated, or doubt expressed. It is, of course, impossible to fix the date of simple erasures.

3.2. This change of person from the dignified *hateð* to the more familiar *hate* seems to have been frequent in prefaces and dedications. Compare Elfric's preface to his translation of the Heptateuch: Ælfric munuc gret Æðelwærd ealdormann eadmodlice. Ðu bæde me leof ðæt ic sceolde ðe awendan of Ledene on Englisc ða boc Genesis.

3.4. Observe 'Angel-*cynn*,' not 'Eng-*lond*,' the idea of the race predominating over that of the land which they only partially possessed.

3.5. *on ðam dagum*. The genuineness of this addition is a little doubtful: the handwriting looks old, but is different from that of the rest of the MS. I have thought it safest to retain it.

3.6. *ærendwrecum*. A curious modification of the normal *ærendracum* (39.3). The *w* is paralleled by that of the Middle E. *whole, whore* for *hole, hore*, still preserved orthographically. In *wreccan* (awaken) for *weccan* (193.21) a similar abnormal *wr* arises from the addition of *r* to an original *w*. The vowel change seems to point to some confusion with the word *wrecca* (exile).

3.8. *gerymdon*. The *ge* is written small and crowded.

5.7. *feawe*. The second *e* erased, and an *a* written over.

5.13. *cwæden*. The *e* made into an *o*; seemingly a later change.

5.20. *eallæ*. The *æ* over erasure; the original form was probably *ealla*, as in C.

6.21. *Asserie*, MS. v. l.

7.1. *Creacas*. The first *c* and first *a* erased, and *g* and *c* written over, making the word *Greccas*. It need hardly be remarked that *Creacas* is the genuine old form, modified by the lautverschiebung; compare the forms *creacum* in the Traveller's Song, *crecas, crecise* in Alfred's translation of the Metres of Boethius.

7.4. *ealla*. In the MS. *eall*, ending with an erasure: I have supplied the erased letter.

7.8. *ge don*. The change from *we* to *ge* and back again, harsh as it may seem, is preferable to the plausible reading *gedon*, in one word. *Don* seems to take the prefix *ge* only in the participial preterite and in certain cases where causation or result is expressed, as in *geðeð ðæt he bið*—(93.2).

9.1. *æstel.* The word only occurs here and in Elfric's glossary, where it translates *stylus*. It is no doubt a derivative of a substantive *æst* (German *ast*), which does not, however, appear anywhere in the documents that have been preserved. My translation is purely conjectural. The following account of the word given in Lye's dictionary is probably, like the rest of his information, taken without acknowledgment from Junius's MS. dictionary, although it cannot be proved in this case, as the earlier sheets of Junius's MS are wanting. It gives a satisfactory explanation, but I do not know what authority there is for it. 'Æstel. Indicatorum, index, quemadmodum in privatæ alicujus bibliothecæ libris lacera olim chartula vel tenui festuca locum intermissæ lectionis designabunt, ita grandioribus ac publico destinatis voluminibus magnificentiæ ergo affigebant indiculum summa sui parte auro purpuraque contextum ac deinceps diremptum in complures bysseas tænias quibus initia resumendæ lectionis aptissime denotabantur. Insignia sunt Ælfredi regis verba in proemio præmisso magni Gregorii Pastoralibus a se translatis,' &c.

9.8. This curious doggrel is, as well as the similar piece at the end, probably Alfred's own composition. It is only distinguished from prose by its regular alliteration and use of poetic words and phrases, such as 'iegbuend,' 'Dryhtnes cempa,' 'rodra weard,' &c. Metrically it is little more than dislocated prose, although some lines are worse than others. The freedom and looseness of all O. E. versification makes it peculiarly liable to degenerate into mere prose, which is also the case with much of our modern blank verse. I have in the text printed the piece as prose. A high authority in all metrical matters, Mr. Skeat, has kindly taken it in hand, and split it up into regular lines. This is his scheme :

   Þis *æ*rendgewrit *A*gustinus
   ofer *s*ealtne *s*æ *s*uðan brohte
   *i*egbuendum, swa hit *æ*r fore
   *a*dihtode *D*ryhtnes cempa
5 *R*ome papa. *R*yhtspell monig
   *G*regorius *g*leawmod *g*indwod
   ðurh *s*efan *s*nyttro *s*earoðonca hord.

Forþæm he *m*onncynnes mæst gestriende
rodra *W*earde,   *R*om*w*ara betest,
10 *m*onna *m*odwelegost   mærðum gefrægost.
Siðþan min on *E*nglisc Ælfred cyning
awende *w*orda gehwelc, & me his *w*riterum
*s*ende *s*uð & norð; heht him *s*welcra ma
*b*rengan bi þære *b*isene þæt he his *b*iscepum
15 *s*endan meahte, forþæm hi his *s*ume þorfton
þa þe *L*ædensprǽce lǽste cuþon.

Observe the rhymes in l. 6 and the double alliteration in 9, both probably intentional.

9.19. Two letters erased after *hie*. The original reading must have been the same as that of C. It seems that the headings of the separate chapters were copied direct from the table of contents, for the heading of Chapter II. has also the altered reading *scoldon ne*. Compare also the heading of Chapter VIII.

10.17. *se to*, MS., but the heading of the chapter, p. 60, has *þe*.

11.11. *wilnað*, MS., so also in heading of chapter, p. 53.

11.13. Chapter IX. This passage is obscurely and clumsily translated; the Latin has 'quod mens præesse volentium plerumque sibi ficta bonorum operum promissione blanditur.'

13.6. þ*ær* for þ*ære*. Compare þ*ær*[*e*] (421.8) and *dryhten ur* in the Vespasian Psalms.

13.11. *geornlice*. The *eorn* over erasure.

13.17. *ymb* þ*a* over erasure.

19.18. *somrædenne*. The *om* over erasure; the tail of a *y* is still visible.

20.22. *embe*. This *e* for *y* occurs sporadically in many of the older MSS. It seems to be most frequent in the Glosses to Solomon's Proverbs (Cott. Vesp. D. xvi.): *gelden* (aureus), *wertum* (olera), *letig* (callidus), &c. Compare *unnetlices*, 77.12.

21.10. *lasð*. This word must not be confounded with the superlative of *læt*, which is *latost*; it is a substantive (Gothic *laists*, O. H. G. *leist*), which in O. E. only appears in the sense of 'track,' 'footstep.' It must however have had other meanings: the Modern E. 'last' (German *leisten*) = the mould of the foot, points to one. It is, I believe, generally taken for granted that in our modern phrase 'at last,' the 'last' is the superlative of 'late'; it seems however more probable that it is derived from this O. E. *on last*, and consequently that the 'last' has nothing to do with 'late.'

23.3. *untruman.* The *an* over erasure; there seem also to be some traces of erasure after the preceding ðá.

23.15. *underfenge.* The present *underfonge* would make better sense: a man can hardly be said to fear doing what he has already done. The tense was probably suggested by the Latin 'adeptum se esse pertimescat.'

23.21. *feorðe.* The neuter, corresponding with 'on feower' above, seems more idiomatic than the *feorða* (*dæl* understood) of C., although both MSS. agree in *ðridda*: C. ii. alone has the neuter in both cases.

23.22. *geðæf.* My translation of this word is purely conjectural. Is it connected with geðáfian? Mr. Skeat suggests 'be their help': that is, be their amender or corrector. Mr. Lumby compares Boethius 38.2 'Ic eom geþafa þ þ is soþ' = 'I am convinced that it is true,' and translates 'be convinced of them.' This is satisfactory, as far as the meaning is concerned, but the form of the word is quite anomalous, unless we assume that the root vowels *geðæf, geðafa,* &c. are short; otherwise *geðáf* or *geðæfe* would be the only possible forms. There can, however, be no doubt as to the genuineness of the word: I find now that Junius cites '*geðæf* and eaðhylde' (contentus) from the Reg. Ben.

25.8. *ðeah ðe hi næfre—næren, wilniað ðeah—.* This omission of the pronoun in subordinate sentences is very common in the Pastoral, especially in explanatory clauses: 'ond nu fundiað swelce wreccan ond teoð to, woldon underfon'—(51.22); compare 'to þam Lucius Bretene kyning sende stafas: bæd þæt he wære Cristen gedon.' (Chronicle, Earle 8.15). There are several examples of the omission in other cases as well; compare 85.14, 111.21, 149.8 (omission of *hit*), 181.24 (of *ge*). Some of these examples however are of doubtful authority, as the omission may be only a scribal error; the same remark applies also to those few cases of omission of the pronoun in a principal clause.

25.12. *cræft.* The text has *arcem*, which was misread as *artem*.

25.20. *onginnen* here has the sense of 'undertake,' and is almost periphrastic. Compare 67.3 'angiennað secgan.' In both passages there is no corresponding word in the Latin.

26.12. *hio* omitted in MS.

27.3. *æwfæstam.* Originally -*um*; the *u* made into an *a*.

27.8. Observe the metaphorical use of *eald*, (Latin *primas cathedras*); compare 'ieldesð ofer ða halgan cirican' (115.16), where the original has 'summum.'

27.21. Neither the sense of 'for ðam dome his geðylde' nor the connection with the original 'per judicium reprobationis' is very clear: my translation is conjectural.

27.22. unde ad se quibusdam et post miracula venientibus dicit (Christus). Alfred has evidently referred the 'wundru' to the 'unlærde' instead of Christ himself.

27.23. *cuið* is the correct reading: the Latin has '*dicit*.'

27.23. *hwæt* might also be translated 'who,' as Old E. does not seem to observe the modern distinction between *what* and *who* very strictly. Compare Beow. 237, 'hwæt sindon ge searohæbbendra ?' (*who are ye—* ?).

29.2. The 'sanctus' of H. seems incorrect: the Latin has simply 'Paulo attestante.'

29.8. *be ðæm—cuæð*. There is some difficulty about the exact sense of *be* in this very frequent collocation, as it generally translates some causative particle such as *hinc* (as in the present case), *inde*, *unde*. In one passage (131.11) *be ðæm* translates *hinc* without any *cwæð*, so that the translation 'of which,' which I have generally adopted, is quite impossible. The fact, however, that in another passage (433.8) *hinc* is translated by 'ymbe ðæt (is gecweden)' seems to justify my rendering.

30.20. The 'sæs grund' of C. ii. approaches nearest to the Latin 'profundum maris.'

33.15. *becierde*. There is no corresponding word in the Latin. Perhaps 'evaded' would be a better translation: compare 'sume ða yða he becerð mid ðy scipe' (433.7), where the Latin has 'per obliquum findit.'

33.17. Here *bet* is used in a purely quantitival sense. Compare 'gode hwile þone here gefliemde' (Chronicle, 66.8) and 'god dæl þæs folces' (Chronicle, 102.7).

35.9. The 'longe,' omitted by C. i., is required by the Latin 'longi.'

36.5. *earda*, MS. v. l.

36.17. *forlet*, MS.

37.7. *pleah*. This is a hitherto unrecorded strong verb, of which the infinitive occurs p. 229.20, 'nyle his selfes plion.' There is no word that exactly corresponds in the Latin, but the context leaves no doubt of the meaning, which is confirmed by the substantives *pleoh* (393.9) and *pliht*. This word was overlooked or misunderstood by Junius in the present passage, but the infinitive was given correctly from 229.20. Later dictionary makers have assumed that the verb is weak, and have given it an unverified preterite *pleode*.

37.9. ðær is used in the sense of *if*, as in 455.27.

39.3. *ærenddracan*, MS., quasi 'errand-dragons.'

41.11. *mægene*. This word has been partly worn away, and inked over by a later hand; the *e* may therefore be an error.

41.17. *forebyrde*. No corresponding Latin word. The word does not appear in the dictionaries. Junius has however *unforebyrdig*= 'impatiens,' from Scint. 11. Perhaps the word ought to be translated 'continence,' after the analogy of the O. H. G. *furipurt*='continentia,' *unfuripurtig*=infirmus (Graff).

44.7. *ryht*, MS.

45.17. ðara, MS.

48.11. *afeoll*, MS. The Latin 'emanavit' points to 'aweoll' as the true reading.

49.14. *earfeðlican* is the correct reading; the Latin has 'per activam vitam.'

50.15. *selfe*, MS. v. l.

51.20. *biwene*, MS., seems to be a mere scribal error for the *bisene* of C.

51.22. *fandiað*, MS. *fundiað* is no doubt the correct reading: the Latin has 'anhelat.'

51.24. *gestondan* seems preferable to the simple *standan* of C.; the *ge* has an intensitive force—keep their footing.

52.3. Here also the *ge* has an intensitive force, and its omission is probably an error, for C. reads *gegripað* in the table of contents (10.11).

53.7. *biscephade*, MS. The dropping of the *s* may possibly be something more than a mere scribal error: compare 140.20, 'his agne gilpes.'

53.14. *ge* omitted in MS. after *sua*.

53.18. The corresponding word in the original seems to be 'præerat,' but the connection between the English and Latin is very vague. The reading *gehened* (='humiliated') of C. i. is certainly wrong. If the text is not corrupt, the only way is to consider *gehiered* as the participle of *hēran* (to hear) in the sense of 'being estimated,' as in a common Greek and Latin idiom.

55.5. *smeaunge*, MS., with *a* written above the second *e*.

57.6. *ðyncð*. The second *ð* may be late.

57.9. *beom*, MS.

57.9. *keled*, MS. A very curious form, if the *ke* stands for the prefix *ge*. The Latin has 'ducitur.' Both MSS. show an abnormal vowel, *e* for *ǣ*.

59.2. *getruwað*. The Latin has 'etiam peritus se nauta confundit.' Alfred seems to have read 'confidit' for 'confundit.'

59.10. *æt*, see note on 247.21.

59.20. *Fariseos* in both MSS., C. ii. also has the same ending, and it occurs again in the same word, 363.6; the genitive plural *Phariseo* also appears, 361.25. Several examples of the masculine plural nominative and accusative ending *os* for *as*, as in Old Saxon, occur also in the Glosses to the Proverbs (*magos*), and the plural *hygewœlmos* in Cædmon (l. 980, Grein) has called forth a large amount of critical ingenuity.

61.6. *bisscephade*, MS. Comp. *horssum* in the Martyrology fragment.

61.10. *licuma* for *lichoma* is a common form in the Pastoral; the loss of the medial *h* is a familiar phenomenon, and the further change of *licoma* into *licuma* seems to be suggested by the verb *cuman* and the substantive *cuma*.

61.22. *onglene*. The Latin has *poposcerit*. The reading of C. seems the most intelligible, if we take the *onginnan* in the sense of 'undertake,' 'strive for.'

62.9. *lifes* omitted in C. v. l.

63.1. In *urne hwelcne* for *ure hwelcne* the analogy of the *hwelcne* has changed the genitive plural *ure* into a possessive agreeing with *hwelcne* as if it were a substantive; compare *ures nanes* (211.14) for *ure nanes*, and *urra selfra* (220.5) for *ure selfra*, which occurs two lines below.

65.5. *healan*. The dictionaries only give the adjective *healede*. The nominative is uncertain; the analogy of the O. H. G. *hola* would make it *heale*.

65.23. *suel*, MS.

67.12. *fot.a*, MS.

67.16. *heorten*, MS., with *a* written above the second *e*.

68.24. Clause omitted in C. i. v. l.

69.3. *drygde*, Latin 'atterunter.'

71.6. *uta* { *flihð* / *slihð* }, MSS., Latin 'trahitur.'

71.26. *oðerra* is required by the Latin 'aliarum.'

73.1. *ðæt (mod)* is required by the Latin 'auimum.'

73.4. All three MSS. agree in reading *he* for *ne*; the Latin has 'turpitudinem non exercet.'

73.5. *singalam*, MS., with *u* written above the second *a*.

73.9. *asigð, astigð*, MSS., Latin 'labitur.'

75.13. *ða ðe ðær agyltað*. A clear example of the relative use of *ðær* as in the M. H. G. 'alle die dâ sint,' 'allez daz der lebet.' In Danish *der* (=Icelandic *þar*) is used by itself as an indeclinable relative. Other examples in the Pastoral will be found under 117.16, 425.22.

77.12. *unnetlices*. See note to 20.22.

79.7. $\begin{Bmatrix} god \\ inne \end{Bmatrix}$ *cundan*, MSS., Latin 'interni.'

81.3. *se*, MS. It is possible that there may have been an occasional phonetic confusion between *sio* and *se*, as there certainly was between *hie* and *he* (Introd. p. 26); compare *sio æspryng* (49.12).

82.24. *iecinta*, MS.

83.23. *derodine* (*cocco* in the original) seems only to occur here. It is, as Mr. Skeat suggests, probably the Latin *teredinem* (nominative *teredo*).

85.2. *ymest* is probably a contraction of *yfemest*; compare 135.24, where C. has *yfemestum* and H. *ymestun*.

87.4. *heo doð*. These words have been inked over by a later hand, the letters having been partially rubbed away. The original reading may have been *he doo*.

87.5. *ecean*. The original has 'interni,' which seems to have been read as 'eterni.'

87.17. *beboden* omitted in H.

88.12. *læran* omitted in C. i.: there is no word to correspond in the Latin.

90.20. *ðer*, MS. v. l. C. ii. has also *ðer*.

91.6. *hie gereccað ðis andwearde lif fleonde* can hardly be called idiomatic English; the Latin has 'fugitiva esse præsentia indicant.'

91.7. *godcundde*, MS.

91.20. Here we have a clear instance of the use of *ðes* for *se*, which is not unfrequent in O. E. The Latin has in this case simply 'tuba.' Compare Finnesburg 7, 'nu scineð ðes mona waðol under wolcnum.' 409.33, 'ðios sæ,' where the Latin has 'mare' alone, is probably also an example of the idiom, although in this, as in many other cases, the context would allow the translation 'this.'

91.21. ðа her seems to be purely relative ; compare 75.13, above.

95.4. æppel is, as Mr. Cockayne observes (Shrine, p. 25), one of those words which change their gender in the plural. The plural æpplas occurs, however, p. 69.1, but in the sense of pupil of the eye. It is possible that the forms may vary with the different senses of the word. It may be remarked that 'reade apla' is an overliteral rendering of 'mala punica,' which means 'pomegranates.'

97.17. ofersmeaung. This word only occurs here. Junius in his MS. dictionary defines it thus, 'superabundans discussio et rei alicujus pertractatio plus justo curiosa;' which Lye copies straight off, only interpolating 'vel deliberatio' after 'discussio.'

99.2. ðurh seems to be omitted in both MSS. before ða ; the original has 'per speculationis altitudinem.'

99.7. ðær omitted in H.

99.7. arimde, a mistranslation of the original's 'rimatur.'

99.14. cwæð, cwið, MSS., no corresponding word in Latin.

101.16. heafdum, of a single head; compare Cynewulf's Dream of the Rood, l. 63 (I quote as far as possible from the Ruthwell Cross, which Grein ignores), 'alegdun hiæ hinæ limwœrignæ, gistoddun him æt licæs heafdum' and the similar usage with breost (137.8, 419.29), in one case of a man, in the other of a dog, where Modern E. would require the singular, the idea of duality being only kept up in speaking of the more conspicuous female breast. It is probable that the same process of generalization took place with the word 'head,' which must originally have signified some distinct part of the head, probably one of the temples; the plural (or perhaps originally the dual) would then come to mean the whole head, and when the original partitive sense of the word had been lost sight of, the singular would be used from evident reasons of convenience.

103.18. upastigen. The n is changed into a ð, but apparently by a late hand.

105.5. totodon ut, Latin 'eminet.' This word seems only to occur here. Compare Icelandic tota (beak, finger ends of a glove), and the O. H. G. zota, zata, (Modern G. zotte) and uparzatit, which glosses 'supereminet.' The lines of P. Plowmans Crede, 'his ton toteden out, as he the londe treddede' (l. 425), are exactly parallel.

105.8. ðyrstendum over an erased ðyrscendum, which is still

partially legible. This is a deliberate and very ingenious alteration of the scribe's, who evidently was not acquainted with the Eastern custom of threshing with oxen.

107.11. *ryhtwisnes*, MS.; compare 133.15, 65.20.

107.11. *næn[eg]um*, the *eg* may be late.

107.18. I am unable to explain the word *Iob* and its connection with the rest of the text.

109.7. *eorðan*, the *e* altered from an original *i*.

111.12. *scu[e]lc*, MS.

111.23. *forsieh*, MS.

113.10. The second *ðæt* is added at the end of the line, and may be late.

114.3. *tælwierðe*, MS. v.l., Latin 'quod adjuvat.'

115.3. *stælwierðe*, see Mr. Earle's note on this word in his edition of the Chronicle, p. 320.

117.25. I cannot explain the *æfter* here; the Latin has simply 'divino judicio.'

118.7. *eowan*, MS. v.l.

119.8. Only one *suelcne* in C. i.

121.2. *speon*, MS.

121.15. This *hine* can hardly be right; are we to read *hi ne*?

121.16. *ryhte, ryht*, MSS., Latin 'jure.'

121.17. *licet, licette*, MSS., the Latin has presents throughout.

123.9. *ðæm* omitted in MS.

123.16. *wræde*, MS.

125.13. *monianne*, MS., Latin 'miscenda.'

125.14. *gemonnge*, MS.

126.14. *gehæfð*, MS.

127.17. *scoldon*. This preterite for the present *sculon* of C., which occurs again, 131.18.19, can hardly be correct; it may originate in some such reading as *scolon*, which C. ii. shows in one passage (74.3), or *sceolon*.

127.20. *habbað*, MS., Latin 'desunt.'

128.4. These points are Junius's.

129.9. *folc*, see note on 361.25.

131.1. The *scy* may be late.

131.14. *ðyslicum*, MS. v.l., Latin 'stulto labore.'

135.1. *suelc*, MS.

135.11. The second *hira* may be read *hi na*, as in C. i.

135.16. The reading *æfter strætum*, without any article, seems most idiomatic; compare 'boden æfter burgum' (Elene, 972), 'bed æfter burum' (Beow. 140), &c.

135.18. *wiliniað*, MS.

136.5. *ðisse w.* omitted in C. v. l.: the Latin has 'præsentis vitæ.'

136.19. *eorum*, MS.

137.6. *gif he næfð ða are ðe he on beon mæge.* This sentence is utterly unintelligible to me. The original has 'si hunc (doctrinæ sermonem) apud ejus animum manus misericordiæ non commendat.'

137.16. The seemingly incorrect *eom* of C. i. is omitted in H.; there is no 'sum' in the Latin.

137.23. *self*, MS.

140.20. *agne*, MS. v. l.

141.3. *geornfullice.* With this use of an adverb instead of an adjective with the verb substantive, compare M. H. G. 'mir ist leide,' 'daz ir vil werlîchen sît,' &c. and the Modern E. 'I am well.'

141.7. *gesciðed*, MS.

143.2. *dierne, diernes*, MSS.

145.12. *ðeah* omitted in C. i. v. l.

149.6. *agieta.* Compare *forgitend*, 'obliterans,' quoted by Junius from Gl. Cott. and 'þær læg secg mænig garum ageted' (Brunanb. 18). The force of the word lies in the prefix, as is proved by the O. H. G. *argezan*, 'abolere, postponere, oblivisci,' compared with *bigezan*, 'adipisci.' The root is *gha(n)d*, seen in the Latin *pre-hendo*; hence the word *agita* means 'thrower-away,' which is also the original signification of *forgitan* in its various applications.

149.12. *rempende.* This word only occurs here; it is evidently connected with the O. H. G. *rimphan* and the Modern G. *rümpfen*, although the connection of the meanings is not very obvious, the German words being only used in the sense of the corresponding English *rumple*. Mr. Skeat compares the E. *rampant, rampageous, romp*, and the Italian *rampa*, 'claw,' *rampare*, 'to claw,' which seem to preserve the original meaning of the root.

152.22. *anscunigendra*, MS. v. l., cannot be the correct reading.

153.22. *hearga*, MS.; the word is generally masculine.

154.24. *getacnað*, MS. v. l.

155.10. *utanne*, MS.

155.17. *scnicendan*, MS. Compare *scmegan* (Vesp. Ps. cxviii. 192) and the Icelandic *sclakkagile* for *slakkagile* in the Reykholtsmáldagi.

Gíslason, in his 'Frumparti Islenskrar Túngi í Fornöld,' has collected several instances of *sc* for *s*, but considers the *c* as a purely orthographic variety of *s*, which view he supports by such spellings as *haraldc, landc* for *haralds, lands*. Gíslason supposes that this *c* is the Greek sigma, and that the usage arose from the habit of writing the name Jesus in Greek letters. This is probably correct as far as it goes, but there seems no reason for extending it to all the cases, especially those where the *s* is already written in the usual manner. Compare also the forms *iacincta* (83.24) and *Corinctheum* (211.1) for *iacinta* and *Corintheum*.

158.19. *scyldrum*, MS.; but no v.l. given: there is no corresponding passage in the Latin.

163.12. *ceastre*, a mistranslation of 'castra,' which is freely, but more correctly rendered by *gefylcio* above (161.6); *fyrdwic* would be the literal translation of 'castra.'

163.17. ðurhðyrelað, MS.

167.1. ungewealðes ofslieð, MS.

167.7. arfæsðdes, MS.

168.16. *manoda*, MS. v. l.

171.11. *anbestungne*, MS.; see Introduction, pp. xxxii, xxxviii.

172.19. oðre, MS. v.l.

173.20. The archaic *gerad* has been ingeniously made into *gegaderode* by some late hand. The word occurs again in a very similar passage (363.15), 'sume yfele menn swa gerade beoð ðæt hie ne magon godum monnum derian.' Compare an analogous alteration in the Parker MS. of the Chronicle (18.15), where the *gefor* of the original is made into *(ge)forþferde*. Mr. Earle has in his edition carefully indicated all such late manipulation; most editors incorporate them into their text without comment.

175.9. *son, song*, MS.

179.3. *ealnu weg*, MS., pointing to an original *ealna weg*, the *a* being labialized by the following *w*.

180.14. This *gingran* may be plural; see Introduction, p. xxxvii.

189.6. The 'non solum' of the original points to the omission of some negative particle.

189.21. *biesene—ðæt*. Here ðæt appears as a relative pronoun after a feminine substantive. Compare 9.15, 'heht him swelcra ma brengan bi ðære bisene, ðæt he his biscepum sendan meahte,' where ðæt stands for a plural relative. The same tendency to extend the use of the neuter singular over other genders and the plural is shown in 121.18, 'ðeawas & ðeodscipe to læranne; & ða he ðæt hæfde—,' where *ðæt* refers to two masculine substantives.

191.18. *gewyrhtu*, MS.

192.25. *slapan*, MS. v. l.

193.21. *wreccan*, compare *ærendwrecum* (3.6).

195.3. *ða*, MS.

196.23. *ðeawas*, MS. v. l.; see Introduction, p. xxv.

197.21. *bestæl hine* — a genuinely Alfredian word; compare Chronicle (78.12), 'and hie þa under þam hie nihtes bestælon þære fierde se gehorsoda here into Escancestre.'

198.17. *forcorfedne*, MS.; C. ii. has *forceorfedne*.

201.4. *to him Arone*. This is a solitary instance of the common Icelandic idiom of placing a proper name in opposition to the pronoun of the third person in the plural (which, of course, stands for the dual); thus, 'þeir Kari' is equivalent to 'hann ok Kari,' 'þeim Sigmundi' to 'honom ok Sigmundi.' This usage has hitherto only been found in O. E. with the duals *wit* and *git*; 'wit Scilling'='I and Scilling' is the standard example. Junius's MS. reads 'him & Arone,' but it is not impossible that the & is an interpolation of Junius himself.

203.7. *sarwlsan*, the *r* is indistinct.

204.10. *swerum*, MS. v. l. This word probably stands for *swœrum*; the original has 'solis exemplis,' which agrees with neither C. nor H.

207.18. The connection of this and the following lines with the original is very vague: the Latin has, 'Gavisus sum in Domino vehementer, quoniam tandem aliquando refloruistis pro me sentire sicut et sentiebatis; occupati enim eratis, ut et illorum culpas,' &c.

211.1. *Corinctheum*, compare *iacincta*, 83.24, and the Icelandic *mincsta*, *mincstu*, for *minnsta* and *minnstu* (Gíslason, Frumparti, p. 85).

213.4. *ðesalonicensa* in one word is no doubt the true reading: the omission of the relative in such sentences of naming is common in O. E. (see March, A. S. Grammar, p. 180), as also in M.H.G., 'sîn pflæge ein künec hiez Anfortas,' 'erbûwens lands hiez Ascalûn,' both examples from Wolfram's Parzivâl.

213.22. Erasure before *ðrycte*, *e* still legible.

215.19. *his*, MS.

215.23. Only one *for* ðæm in C. i. v. l.

217.7. *foresewen*, MS.

217.24. *beorht*, MS.

219.13. Leaf cut out of MS.

220.5. *urra selfra*, compare 63.1.

220.10. *ieldcað*, MS.; C. ii. has *ildcað*.

225.13. Three words omitted in H.

227.8. *sorig*, MS.

229.4. *ðæm* (v. l.), *ðæs*, MSS. Both readings are admissible, but that of H. is the more forcible, if we take the *ðæs* in the sense of *adeo*, as in Cynewulf's 'Seafarer' (l. 39, Grein), 'forðon nis ðæs modwlanc mon ofer eorðan—ðæt he a his sæfore sorge næbbe.'

229.20. *plion*, see 37.7.

230.17. *ge* . . . ., MS.

233.11. *licittan*, MS.

235.22. *unsceadfulnesse*, MS.

240.7. *se holh*, MS., but no v. l.

246.5. *manian*, MS.

247.21. *æt cuman*. This is one out of many instances which seem to show that the Gothic distinction between *gaggan du* and *kwiman at* (Grimm, Gr. iv. 776) once existed in O.E. Compare 59.19 and 132.2 (where one MS. has *æt*, the other *on*).

255.23. *witteah*, MS.; see Introduction, p. xxxii.

257.25. The Latin has 'scriptum.'

260.2. *stenge*, MS. v. l. The Latin has 'virtutem.'

261.16. *ðyrstte*, MS.

263.9. *ðæt*, MS.

265.25. *mon, ðu*, MSS. The Latin has 'contuderis.'

267.20. *seol[u]fre*. Here, as at 269.4 and 368.6.20, the *u* of the derivative syllable is archaically preserved, as in Gothic *silubr*.

269.22. *eft*, the *e* is indistinct; perhaps it would be safer to read *oft*, as in C.

271.8. *gespræcan*, MS.

271.19. *orsorgtran*, MS.

273.22. *gehweled*, Latin 'putredo quæ interius fervet.' The word seems to occur in this place only.

275.23. *gehalé*, it is quite uncertain whether the accent belongs to the *a* or the *e*.

276.25. *to ieðre*, MS. v. l.

277.6. *haefð*, the *a* and *e* written separately. This is an isolated instance of the archaism in the Pastoral.

486   NOTES.

277.14. ðætte ne, MS.

277.15. &, MS. This *ond* for *on* seems to be caused by the confusion between *n* and *nd*, treated of in the Introduction. This confusion was so strongly developed in the Old Anglian dialect as to make any other explanation of the *and* for *on* or *an* in such passages as 'hæfdon gleam and dream *and* heora ordfruman' (Cædm. 13) superfluous. It is, of course, uncertain in all cases whether the *and* belonged to the original text, or was introduced by the Southern copyist; perhaps the latter supposition is most probable: after having to change *scepen*, &c. into *scippend* several times, the scribe would mechanically substitute *and* for *an* without always regarding the sense of the passage.

279.8. *ymbs[p]ricd*, MS.

285.1. *hefug*. This *u* is probably due to assimilation, the original form being *hefigu*, then *hefugu*, and finally *hefug*; compare *micul*, feminine singular (405.21) and the regular Icelandic feminine singular and neuter plural *gömul* for *gamalu*. Such assimilations are rare in O. E., while in O. H. G. they are developed to an often monotonous extent, *scōnara* for *scōnora*, *spīhiri* for *spīhari*, *hungorogon* for *hungaragon* (Heyne, Laut- und Flexionslehre, p. 30).

285.12. *bedecige*. This word, which occurs only here, was overlooked by Junius when he indexed the Pastoral, because his MS. wrote it in two words, *bede cige* (perhaps Junius himself divided it so), and he assumed *bede* to be a substantive answering to the German *bitte*, and *cige* the verb 'to call.' I do not doubt, however, that we have in *bedecian* a simple derivative of *biddan*, which is itself used to express the idea of 'begging' a few lines above, where the words of Solomon are first quoted. Such a derivate exists in the Gothic *bidagwa*, 'beggar.' A weak verb *bidagwōn* would answer to an O. E. *bedegian*, and this with the common change of *g* into *c* (*sucan* for *sugan*, &c.) gives *bedecian*. This *bedegian* is no doubt the original of our 'beg,' whose etymology has always been a subject of dispute; the syllable *deg* was probably contracted into *gg* before the softening of *g* took place—possibly during the eleventh century—the stages being *bedegian*, *beggian, beggen, beg*.

287.5. *forpærað*, a hápax legómenon. The Latin has 'meritum pervertunt.'

289.12. *hierre*, MS.

291.13. *sēs*, MS. Perhaps the contraction ought to be expanded *sanctes*, with the English inflection, but the genitive *Paulus*, which follows immediately after, makes the form *sanctus* more probable. Latin names are declined very irregularly in O.E.; observe the datives *Timotheo*, *Tite*, below, and the accusatives *Timotheus*, *Titum*. The other MS. has the more native forms *sancte Paules*, of which the former calls for some remark. It is the direct descendant of the Latin genitive *sanctī*, which was introduced into English by the missionaries with shortened *i*, *sanctĭ*, at a period when English still retained inflexional and derivative *i* (*anhendi*, *geri*, *gifect*, &c. in the glossary of Epinal), and this *i* was, like all other unaccented *i*'s, afterwards weakened to *e*. In the Martyrology fragment the same form *sancte* represents the feminine singular *sanctæ*, and in 443.18, below, it is the English dative singular.

293.4. *ortgeard*. This word, which is the Gothic *aurti-gards*, appears also with consonantal assimilation in the form *orcgeard* (381.14). From this *orcgeard* the English *orchard* is derived, with some modification of meaning, *ortgeard* being applied to any enclosure for cultivating plants or trees, except corn-fields, while *orchard* is restricted to the signification of the O.E. *æppeltun* (381.16). In the passage of the Song of Solomon (381.14.16) 'hortis' is translated by *ortgeard* and *æppeltun* indifferently, showing that the ideas of 'plant-enclosure' and 'fruit-tree-enclosure' were convertible, if not identical. It is very improbable that our ancestors, living as they did in the midst of wild trees and flowers, had any conception of a Roman 'hortus'; their gardens were merely enclosures for growing herbs and fruit-trees. The characteristic of a garden as distinguished from a corn-field was that it was enclosed with a wall or hedge; hence in German and Danish the idea of garden is expressed simply by words signifying 'enclosure,' Germ. *garten* and Danish *have*, in which the *v* stands for an older *g* (compare *lov*=Icel. *lög*), consequently *have*=Engl. *hedge*. In the Dutch *tuin* (=E. *town*) the idea of enclosure is also kept up.

293.9. *ungelice*, MS., with an *a* written over the second *e*.

293.13. *hio*, the *o* over an erased *e*, still partially legible.

293.19. *grete*, second *e* over erasure.

293.19. *griellan*, Latin 'insequuntur.' This word seems to be a hápax legómenon. It is evidently connected with M.H.G. *grelle*, 'spike,' 'fork,' and Mod. G. *groll*. Mr. Skeat compares the Mod. E. *grylle*, 'sharp' (Halliwell), and adds the following interesting illustration:—'In Trinity Coll. Library, Camb. are a lot of bookcases given by a Mr. *Grylls*. Above the name is conspicuous the crest—a *hedgehog*—obviously because of his *prickles*.'

295.4. *eac* omitted in MS.

295.6. *Nabab*, MS., the second *b* made into *l* by erasure.

295.7. *lið gescired*, Latin 'digesto vino.'

295.10. *him* omitted in MS.

295.15. *Æfnere.* Observe how the foreign *Abner* is naturalized: *a* becomes *æ*, *b* becomes *f*, as in *næfre* for *næbre*, and a final *e* is added to make the word look like a derivate in *-ere*, Gothic *-areis*.

295.21. There is no other example of such a word as *oferbugan*. It is probable that the original had *to ferbuganne*, out of which the scribe made *to oferb.* by dittography. Compare C. ii.'s reading of *ofersiwenlic* for the *forsewenlic* of the two other MSS. (208.11).

297.1. *kycglum*, Latin 'verborum jacula,' is the German *kugel*; it seems only to occur here.

297.8. *pynge*, another hápax legómenon; it is, of course, the Latin *pungō*.

297.11. *suelc*, MS.; compare 135.1.

298.1. *manian*, MS.; compare 246.5.

299.16. *wyrðmynðu*, MS.

299.19. *Essaim*, MS.

300.11. *& upahæfen*, MS., no v.l.

300.20. Here begins what Junius calls a 'fœda lacuna,' extending to 310.2.

301.25. *onderfóð*, MS.

302.8. *ðurh* over erased *for*.

303.10. *straciad*, MS.

303.11. *hanða*, MS., stroke of *ð* erased.

304.9. *ob, hie, wolðe*, MS.

305.1. *hine ne*, MS.

305.13. *ne* over erasure.

305.14. *t]ruwien*, the *en* over erasure; *ðonne hi n*—over erasure.

306.15. Some word seems to be omitted between *ðara* and *monna*, probably *dysigra*, answering to the Latin 'stultorum.'

307.15. *orgellic*, Latin 'qua conscientia dedignatur homo.'

309.1. *wrænnesse*, MS., the *se* erased.

309.6. *Ladzarus*, MS.

309.8. *dæg*, MS.

309.10. *tunga*, *n* added above the line, which may be contemporary.

309.11. *ðære* is probably dativus commodi, referring to *tungan*.

309.15. *anga*, Latin 'aculei'; compare Gloss. Ep. 43, 'aquilium' *anga* and a passage from one of Cynewulf's riddles (24.4, Grein), 'me of bosme fareð ætren onga' (said of the 'boga').

310.4. *gewitene*, MS. v.l. ; Latin 'gulæ deditos.'

310.16. *cwæðe*, MS. v.l.

311.6. *ða burg æt Hierusalem*. This use of *æt* is a genuine Teutonic idiom: compare the M. H. G. 'diu burc was ze Santen genant' (Nib. 20.4) and the Icelandic 'kaupstaðr mikill, er hét í Lundi' (Eigla).

311.15. *ungeðylðe*, MS.

312.7. *forlæten*, MS., but no v.l.

312.17. *ofðor*, MS. v.l.; compare *gehæfð* (126.14) and the analogous *sð* for *st* (Appendix I).

313.2. *eoweð*, MS.; compare infinitive *eowan* (118.7).

314.7. *ungeðafenlice*, MS.

315.10. *micellre*, MS. ; compare *gestillde* (183.25).

318.9. *etendam*, MS., no v.l.

319.13. *wilniad*, MS.

320.19. *sceal don*, MS., no v.l.

322.12. *dale*, MS. v.l.

323.10. *rummodnessa*, plural: compare the O.H.G. and M. H. G. use of abstract substantives in the plural, *mit êron, mit sælden, ze hulden* (Grimm, Gr. iv. 288). The *a* may however be a singular inflection, as in C. ii. 194.1, *for his suuongornessa*, and in feminines in *-unga*.

323.13. *lofes, lifes*, MSS., Latin 'laudem.'

323.20. *ðinne, ðine*, MSS., Latin 'fratres tuos.'

324.12. *genyhtsunnesse*, MS., no v.l.

326.4. *unrihtwisum*, MS. v.l.

327.16. Here *pening* is used in the plural to signify money generally, as is still the case in Swedish and Danish—'have penge (Swedish hafva penningar) hos sig.' Compare 391.27.

330.4. *hwiðer*, MS.

331.3. *ðon*, MS.

331.5. *á, ac*, MSS., Latin 'semper.'

333.5. *ie icenn*, MS. Are we to read *ieicenn* in one word, and assume a weakening of *ge* into *ie*? The Modern E. *i-* for *ge-* is found in the Cottonian MS. of Dial. Greg., a MS. of the tenth century.

335.13. *te*, MS. with an *o* written over the *e*.
336.11. *ofersceadoð*, MS.
336.13. *sceade*, MS., no v.l.
339.12. *Iohannes*, the *e* altered from an *i*.
340.4. *unsælð*, MS., no v.l.
341.4. *unslæwð*, the *slæwð* over an erasure.
343.8. *bring*, MS.
343.24. *fœten*, MS.
345.3. *coom*, MS.
345.20. *cunnan*, MS.
347.5. *tympano*, MS.; compare *Phariseo* (361.25).
347.20. *geearnoð*, MS.

349.17. *ðæt*, compare 189.21. Note also the use of *for*, as in the Danish 'for meget,' 'altfor stor,' to express excess, instead of *to*, E. *too*. As far as I know, this is a solitary instance.

350.21. *ðeawas*, MS. v.l.

351.2. Here *habbað* with the participial preterite does not express any idea of time, but = 'keep (hold of).'

351.8. *lifes* omitted in MS.
351.13. *ðurhwiniendan*, MS.
351.15. *ðonn*, MS.
351.25. *eccean*, MS.

353.1. Compare 359.24, 'ne eft ðæm deofle nan cræft (ne bið) leoftælra ðonne hie mon slite.'

353.14. *ðæt eleuis*, MS.
357.3. *monode*, MS.
361.13. *gemodsumeran*, MS.

361.20. *hlecað*, Latin 'glomerantur.' I do not know the origin of this word, or if it occurs elsewhere.

361.25. The use of *folc* in this passage is an interesting tradition of the earliest stage of society in which every small body of men was a 'nation,' and as the men of a tribe constituted its army, the ideas of 'nation,' 'crowd,' and 'army' were convertible. Thus in an earlier passage (129.8) *folc* and *here* are both used to signify army, 'se here bið eal idel, ðonne he on oðer folc winnan sceal, gif se heretoga dwolað'; compare also 227.24. In the derivate *gefylce* (161.6) the idea of 'army' is always predominant, as in the Icelandic *fylki* and *fylkir* (general). *Here* itself originally implied nothing more than a crowd, as appears in numerous passages of the Heliand, where *heri* and *folc* are used in parallelism, 'bigan thia heri Iudeono, that folc fragoian,' and in the Chronicle 'se here' is always understood of the savage, marauding host of the Danes, as opposed to the native 'fierd.'

363.2. *broðor*, MS., with an *u* written over the second *o*. This sentence is not altogether intelligible, and is certainly a mistranslation; the Latin has 'viri fratres, ego Pharisæus sum,' &c.

363.3. *Fariscisc*, MS.

363.5. *antsacodon*, MS.; see Introduction, p. xxxi.

363.6. *Farisseos*, MS.

365.7. *maniene*, MS.

365.8. C. ii. has the ingenious reading 'ðone *ealdan* drinc.'

365.10. *ðæt* omitted in MS. before *isen*.

366.14. *bearneacan*, MS.

367.3. *sindon*, MS.

367.19. *hlige*, Latin 'doctrinæ opinionem sibi faciunt'; this hápax legómenon is evidently of the same root as the substantive *hlisa* (fame).

368.11. *oele*, see Introduction, p. xxviii. This spelling with *oe*, pointing to an original *ōli*, is important, as bearing on the question of the derivation word, for it seems, like the O. H. G. *olei* (Mod. *öl*), to show that the Latin *oleum* is its original. It is, however, remarkable that the Vespasian Psalter, which regularly expresses the ō-uml. with *oe*, always writes *ele*, which cannot be derived from the Latin *oleum*, but must, like the Gothic *alēw*, have been an indigenous word. I confess myself unable to solve the difficulty.

375.9. *herestræt* simply means a road for the *multitude*, without any reference to armies; compare note to 361.25, above. The same remark applies also to the word *herberge* in German.

375.22. *úngemetlicere*, MS.

380.8. *drynce*, MS.; compare *halwyndan* (364.9, 425.17).

381.2. *gemanigfalðod*, MS.

385.31. *feorwe*, the *w* over erasure. As it stands the word can only be the dative of *feorh* (life), Gothic *fairhwau*, but I cannot extract any sense from it. The original has 'aliquando adolescentia juventus vocatur.' I have, however, just received an explanation from Mr. Skeat, which is no doubt correct. 'The word meant is *midfeorh* = middle life, midst of life: and then the scribe, having written *mid*, thinks it to be a prep. and turns *feorh* into *feorwe*.'

387.13. *gehydnes*. This word only occurs here, and is explained by Junius as 'deversorium.' The Latin words answering to the whole sentence are 'subsidia itineris'; *gehydnes* and *getæsu* are probably synonyms, like ðegnas ond ðeowas = 'servi' (15.6) : *gehydnes* can hardly therefore have the concrete sense of 'inn,' which would be quite out of place. I believe *gehydnes* stands for *gehygdnes*, and comes from the root of *hyge, hyht*, &c., which often developes the meaning 'pleasure,' 'comfort,' out of that of 'hope': *gehydnes* is therefore practically identical in meaning with *getæsu*, and signifies 'comfort.' The lexicographical history of this word, and of innumerable others, proves that the material of our dictionaries is stolen, directly or indirectly, from Junius, without acknowledgment or revision.

391.7. *geandsworað*, MS.

391.29. *tó te*, MS.

393.4. ðeng, MS. The same form occurs in the Charter.

393.26. *ægðer oðrum*. Observe throughout this chapter the use of the neuter to include a masculine and feminine subject. This common Teutonic idiom is not strongly marked in O.E., because of the want of inflection. In Icelandic it is rigorously observed up to the present day; thus, in the poem of the Fisherman and the Flounder all pronouns and adjectives referring to the man and the fish together are in the neuter—'*þau stríddu hvort við annars mátt*,' because the flounder (flyðra) is feminine.

393.30. *hiofen*, apparently a hitherto unrecorded strong verb. Compare Gothic and O.H.G. *hiufan*.

397.4. *ne ne*, MS.

399.15. *medemestan*, the first *e* originally an *i*.

401.21. ðære, MS.; compare C. ii. 176.21.

405.1. *dela*, Latin 'mammæ pubertatis.' This word was overlooked by Junius: he probably confounded it with *dǣla*, although *æ* is never written *e* in the Pastoral, except perhaps in one or two doubtful cases. It does not occur elsewhere, and, of course, does not appear in Lye or any later work. It is the O.H.G. *tila, tili* feminine, 'uber,' 'papilla,' which postulate an O.E. nominative *delu*, and belongs to the same root as *milcdeondra*, 'lactantium' (Vespasian Psalms, 8.2).

405.4. *wæstmas ðara dela* again translates 'mammæ pubertatis.'

405.19. *gesynngiað*, MS.

405.21. *micul*, MS., see note on 285.1.

407.34. *gehealðað*, MS.

409.9. ðæt, compare ðritiges (385.15).

409.33. ðæ, MS.

411.4. *ongietad*, MS.

411.27. *carbunculis*, MS., *u* written over the *i*.

413.24. *be ðem* inked over by a late hand; I have changed *ðem* to *ðæm*.

415.6. *wuton*, MS., with archaic retention of the original *w*.

419.2. *heortaa*, MS.

419.27. *sylian*, which only occurs here, is, together with *sol*, of the same root as the Latin *sordes*. Compare O. H. G. *kisolotiu*, 'lota in volutabro,' a gloss on this very passage.

419.33. *fœtað*, an obscure word, evidently connected with German *vazzen, vaz*, O. E. *fœt*, &c. The nearest in form is the Icelandic *fœta*, used in such phrases as 'eiga um vandræða at fæta' (grapple with), 'trautt megu menn um hann fæta' (manage him). For other examples see the Oxford Dictionary, s. v. The whole group of words belongs to the root *pad*, used in a transitive sense.

421.5. *hefigran*, see Introduction, p. xxxvii.

421.10. *eftga*, imperative of *eftgian*, of which the subjunctive *eftgige* occurs in the next line. Junius has incorrectly given the infinitive as *eftgan*, which Bosworth writes *eftgán*, evidently regarding the word as composed of *eft* and the verb *gan*; Ettmüller, accordingly, refers under *eft* to *eftgangan*, without however giving anything under *gangan*. This is a common trick of his; he refers in the same way under *onga* to *anga*, and omits *anga* altogether.

423.4. *ðorhtioð*, compare *ðorhwuniað* (Vespasian Psalms, 5.6) and *þorgifect, þorh* in the Epinal Glossary.

423.5. *wisdom*, the first three letters are surmounted by points, showing that they were to be erased.

423.15. *funde* = 'devised,' compare Chronicle, 104.3, 'and se cyng hæfde funden þæt him (the pirates) mon sæt wið—þat hie ne dorston þæt land nawer gesecan on þa healfe.'

427.33. *gemanigfalðod*, MS. *Sodomware*, MS., with *a* written above the *e*.

429.3. *e* erased after the first *c* of *foreðonclice*.

431.2. *ælce dæg*, MS.; compare 309.8 and the regular *todæg*.

431.16. *wundedod*, MS., with *n* (late?) written over the last *d*.

431.25. *wacað* seems to have been originally *wæcað*, the *e* having been erased.

435.21. *setelum*, MS.

435.22. *geleornað*, Latin 'ex deliberatione perpetrari.' *leornian* and *læran* had originally a much wider meaning than they have in the modern language, and were often employed without any reference to learning or teaching. Thus, *lærdon* translates 'predicaverunt' in an earlier passage (429.28), 'hi lærdon hira synna swa swa Sodome dydon, & hi hi nanwuht ne hælon.' The sense of *geleornian* in the present passage is borne out by a passage of Beowulf (2336, Grein), where *leornian* occurs in the signification of 'desiring,' 'him ðæs guðcyning, Wedera þeoden wræce leornode.' Compare also the O. H. G. 'ih lirnen, uuieo reht tu bist,' where *lirnen* has the sense of 'meditate,' which is nearly that of our present *geleornað*.

437.13. *gegaddrode*, MS.

437.14. *sicerað*, of the same root as *sīhan*, apparently only in this passage.

437.15. *hlece*, a hápax legómenon; the *h* is probably an irregular addition, as in *his* for *is*, &c., as the Icelandic verb *leka, lak* (to dribble), and the adjective *lekr*, show no initial *h*.

437.20. *gelīsian*, Latin 'paulatim decidit,' occurs only here. It belongs to the same root as *lǣran, leornian*, and *lāst*.

439.33. *welstincenda*, Latin 'benevolentia.' The change of meaning of the verb *stincan* and its derivatives, which, in German and Dutch as well as English, has made it a word of exclusively disagreeable associations, makes it difficult for us to appreciate the fact that it was originally applied to any odour, good or bad, the exact sense being determined by the context. Compare Phœnix, 585 (Grein), 'fægre gefrætwed fugle gelicast in eadwelum æðelum stencum,' and Riddle, 41.23, 'ic eom on stence strengre ðonne recels,' and the M. H. G. 'daz opfer stanch suoze' (Müller, W. B. s. v.).

441.27. *wiðtremð*, only here, from the same root as *trem* (step) in Beow. 2525 (Grein), 'nelle ic beorges weard oferfleon fotes trem.'

441.28. *onhupað*, another hápax legómenon; compare Icelandic *hopa undan* (retreat).

443.1. *unnyt*, MS.

443.5. *afandon*, MS.; compare 431.16.

443.11. *walde*, a solitary example of a common Old Anglian form, as in Cynewulf's Dream of the Rood (Ruthwell text), 'þa he walde an galgu gistiga.'

443.25. *geonre*—the Gothic *jains*, German *jener*, hitherto unknown in O. E. It is the Scotch *yon*, whose *o* is explained by the O. E. diphthong *eo*.

445.13. *gelent.* See Mr. Earle's note on this word in his edition of the Chronicle, p. 309.

445.19. *Iohannis*, MS.; compare 339.12.

447.18. *wealg*, Latin 'tepidus.' This word was overlooked by Junius, who probably confounded it with the *wealg* of *anwealg* (entire), with which it has no connection, *anwealg* being from the same root as *wealwian*, Latin *volvo*, Icelandic *sívalr*, while the present *wealg* is the Icelandic *volgr*, one of the commonest words in the living language, which in Old Icelandic would appear as *válgr*=still older *valgr*. Its proper meaning is 'lukewarm,' in which sense it is frequently applied to milk fresh from the cow, but all over Iceland it is said of any hot liquid, such as coffee.

449.9. *beforum*, MS.

449.24. *teladon*, MS., another form of *tilodon*.

455.27. *ðær*='if,' compare 37.9.

457.15. *ætgœddre*, MS.

457.16. *werpe*, MS. This can hardly be anything else but an error for *weres*, *s* and *p* being nearly of the same shape, yet C. ii. has *weorpe*.

457.16. *bewitan*, MS.

459.17. *cilderu*, MS.

459.32. *græt*, Latin 'cantat,' is not from *grǣtan* (weep), but *grǣdan*; compare Riddle, 25.3, 'hwilum (ic) græde swa gos.'

461.16. *hudenige*, Latin 'excutiant,' occurs only here. I am unable to suggest any derivation, unless the word be of the same root as the Latin *quatio*, which the lautverschiebung would certainly allow. Mr. Skeat compares the Scotch *houd*, 'to shake.'

463.6. *te* indistinct, may be *to*.

463.13. The first half of this line has been partly worn away in the MS., and then inked over by a later hand.

463.22. *geniððrad*, MS.

465.32. *unmehta* inked over by a later hand.

APPENDIX I.

THE OLD-ENGLISH Ð.

THE following remarks are an enlargement of a paper read by me before the Philological Society in 1869. As that paper may not be accessible to all who possess this work, and as many of the views advanced in it have since received additional confirmation and illustration, no apology can be needed for introducing here a brief summary of the arguments bearing on the important question of the origin and pronunciation of the thorn-letters and the allied consonants of the labial and guttural series.

To avoid ambiguity I shall, in treating of *sounds*, as distinguished from their *symbols*, use Mr. Ellis's palæotype, enclosing, as he has done, palæotypic letters and words in parentheses. In palæotype : (th) as in '*th*in,' (dh) as in '*th*at,' (kh) as Romaic χ, (gh) as Romaic γ, (H) as in '*h*as,' (dH) as in Sanskrit 'dhanu' (true aspirate) ; the other consonants as in English.

In the oldest Teutonic language, Gothic, the thorn is uniformly represented by one simple character, taken from the old Runic alphabet. This fact, taken in connection with the remarkable accuracy of Ulfilas's alphabet, makes it probable that the sound was also simple and uniform : either (th) or (dh). A strong argument in favour of the latter pronunciation is afforded by the frequent and, in many cases, apparently arbitrary change between this þ and *d* in the middle and at the end of words. When we find *bauþ* and *baud* constantly varying, it is difficult to believe that the voiced *d* would at once change to a voiceless þ, or *vice versâ*.

In Old High German we find the Gothic thorn generally represented by a *d*, which has continued in use up to the present day. In some of the oldest documents which verge towards Low German the combination *dh* is written for *d* in all positions, initial, medial and final. Finally, in the majority of the Old English MSS. the letter ð, an evident modification of *d*, is used in all positions. We thus arrive at the result that the thorn was originally uniformly vocal (dh). A serious objection may, however, be brought against the original voiced pronunciation, grounded on the connection of the Teutonic languages with the Old Aryan languages in general, where the thorn is represented by a (t). It cannot be denied that the direct conversion of a voiceless stopped consonant into a vocal unstopped is phonetically improbable, or even impossible; but there is an intermediate stage possible, which removes all difficulties. In Modern Danish and Icelandic all medial and final *d*'s, when uncompounded with other consonants, are pronounced (dh), whatever their origin may be, and the same change has taken place in English, though only to a partial extent, as shown in such words as *father, hwither, thither*, (O. E. *fæder, hwider, þider*). To this may be added that in Modern Greek the letter delta is pronounced (dh) in *all* positions, initial as well as medial and final, so that the sound of (d) is almost unknown in that language. I think these facts are strong enough to justify the assumption of an earlier stage of the Teutonic languages in which the Old Aryan (t) was changed into (d), whence the later (dh) arose from imperfect stopping, as in Modern Greek:

Old Aryan	t	d	dH
Oldest Teutonic	d	t	dH
Oldest Low German	dh	t	d
Oldest High German	d	tH	d, t

The *d* therefore, in those Gothic words which fluctuate between *d* and þ, is to be considered as the original sound. The same *d* appears in many words, in O. E. as well as Gothic, *invariably*, instead of the normal þ or ð:

In *dd*, arising generally out of original *dj*, as in *þridda* for *þridja*.

In the so-called grammatical change in strong verbs, as *weorðan, wurdon*.

Lastly, in many isolated words, such as *fæder, modor*, contrasting with *broðor*.

This is not the place to enter into a minute enquiry as to the causes of this remarkable variation; it seems certain that, although some rules can be laid down, many of the cases do not follow any definite principle, as is plainly seen in the last three words quoted.

These irregularities only occur in the middle and at the end of words. It seems therefore probable that the change began initially, and was afterwards carried out less perfectly medially and finally.

The later modifications of original (dh) all reduce themselves to :
1] change from voice to breath, (dh) becoming (th) ;
2] conversion of (dh) or (th) into a stop, giving (d) or (t).

Before proceeding to more minute details, it will be advisable to add a few remarks on the phonetic character of the changes.

The oldest changes of (t) into (d) and (d) into (t) must have occurred simultaneously, otherwise the original (t) and (d) would have merged into one sound, either (t) or (d), without the possibility of an after restoration of the original distinction. The phenomenon is in fact, a case of simple confusion or interchange, as familiarly exemplified in the vulgar *hair* for *air* and *'are* for *hare*, when heard, as is not unfrequently the case, from the same mouth. It is important to observe that such changes are quite independent of general phonetic laws, and, as in the present case, as often directly opposed to them : for, if the change from (t) to (d) be a weakening, the other from (d) to (t) must be a strengthening, and therefore opposed to the general tendency of sounds; and *vice versâ*.

The other changes are of the ordinary phonetic character : they result from relaxation of articulative energy, modified by assimilative tendencies. Of all articulations the 'stopped' consonants require the greatest exertion : the slightest relaxation of the formative action allows the breath to escape, producing various articulations, which may be conveniently included under the common term 'unstopped.' Such was certainly the origin of the Romaic (dh), and probably of the Teutonic thorn also. The later change of (dh) to (th) is from voice to breath, and as such will no doubt be pronounced by all philologists contrary to the general law of progressive weakening. It is true that (th) has a sharper and harder *sound* than (dh), and that the distinction of 'hard' and 'soft' is so far correct, but if we examine the *formation* of the sounds, the case is exactly reversed. The action of the tongue is identical in both sounds, but in the formation of (dh), besides the position of the tongue which forms the (th), there is the additional exertion of bringing the vocal chords together, which of course diminishes the force of the breath in the mouth. It is evident, therefore, that diminished acoustic effect is quite compatible with increased energy of organic formation.

This law is, however, liable to considerable modification by assimilation, or the tendency to save trouble by continuing a given formative position unchanged, or with as little change as possible. Assimilation, although due to the same relaxative tendencies as the special phonetic laws, yet, like the tendency to interchange, often runs counter to them. Thus, the change of (kJ) to (kk) in O. E. *wrecca* for *wrakja*, if considered as a change from *j* to *k*, would seem contrary to all analogy, while, from an assimilative point of view, it is perfectly natural.

It is this assimilative influence which explains the retention of (dh) or its substitute (d) medially, whilst devocalization is allowed to take place in the unprotected initial and final positions.

In most of the Scandinavian languages, in Dutch and in German, the thorn appears as a stopped consonant. At first sight we are tempted to assume retention of an older pronunciation, at least in the case of Dutch and German, where the *d* appears in the earliest documents, but the non-occurrence of an analogous *b* for the actual *v* or *f* makes it almost certain that the *d* in Dutch and German, like the corresponding stop of the Scandinavian languages, has arisen from an earlier (dh).

This change from unstopped to stopped is highly anomalous, and can only be paralleled by the Italian and Old French change of Latin *j* into a stopped consonant, and the similar phenomenon in Old Greek, which are equally opposed to the general tendency of phonetic changes.

We now come to Old English, where we find the original (dh) expressed by three symbols : þ, *th* and ð. All the oldest MSS. use one of these signs, generally confining themselves to that one, and when they vary, seeming to do so entirely at random. The later (post-Alfredic) MSS. use both þ and ð, often rather loosely, but generally with a certain regularity. This points to the conclusion that the two pronunciations which we are accustomed to associate with þ and ð (chiefly from the Modern Icelandic rules so prominently brought forward by Rask) were of later origin; that all the three symbols originally denoted the same sound, that is to say (dh).

The first books known in England were Latin books. The first books written in England, whether Latin or English, were written exclusively with Latin letters. The sound (dh) not being provided with any distinct symbol in the Latin alphabet, the approximate digraph *th* was adopted, which certainly then indicated in Latin some breath sound, probably (th). It was probably the feeling of the inaccuracy and clumsiness of using such a combination to express a voiced and simple consonant that led to its rejection. Two courses were now open: to adopt the old Runic letter, in the same way as the *wen* was made to supersede the clumsy and ambiguous *uu*, or invent a new sign, to dispense with the necessity of introducing a Runic letter. As we see, both courses were adopted : some chose one letter, some the other ; all were unanimous in rejecting the *th*. Afterwards, when the two sounds (dh) and (th) had become fixed and recognized, the two letters were utilized to express the distinction. It is easy to see why this system was not carried out very strictly in practice : orthography is but a means to an end, and the requirements of intelligibility often fall far short of those of an accurate phonetic notation. Nevertheless, the history of the thorn in O. E. shows a high standard of perfection both in the appreciation and symbolization of sounds, contrasting favourably with the barbarous eccentricities of our present orthography—as shown not least of all in the present subject of investigation.

The Runic inscriptions, of course, use the þ exclusively. The question therefore arises, what is the origin of this þ? I think there can be little doubt that Mr. Vigfússon's theory is correct : he considers the þ to be the Latin D with the stem prolonged both ways. He further thinks that the Runic sign for *d* was made by joining two of these D's back to back. This, if correct, shows that when the alphabet was first introduced among the Germanic tribes, the (dh) was still in its original stage of (d), the sign being preserved after the sound had changed, just as the modern Greeks keep their δ = (dh) unchanged Double D = (d) suggests the theory that the original aspirate had at that time by assimilation been changed to (dd)—a long or 'held (d), which would afterwards be reduced to simple (d).

Aryan	d	t	dH
Oldest Teutonic	t	d (D)	dd (DD)
Later Teutonic	t	dh (þ)	d (DD)

All the MSS. of Alfred's time belong to the older class. They show that in his time the sound (th) was not recognized, and, therefore, that the constant use of ð in the two Pastoral MSS. is a genuine indication of the pronunciation. Other MSS. of Alfred's period employ the þ with equal exclusiveness. A good example is the Parker MS. of the Chronicle, certainly one of the most archaic MSS. that can, with any certainty, be attributed to Alfred's reign. The Lauderdale Orosius, which is probably rather later than the Pastoral MSS., shows both þ and ð, but the þ's greatly predominate. It must also be noted that isolated þ's occur in the Pastoral MSS. and ð's in the Parker Chronicle, showing that the scribes were acquainted with both þ and ð.

The more accurate of the later MSS. generally write þ initially and ð medially. Exceptions to this general rule arise from peculiarities of the MS. word-division, which frequently differs from that of our printed texts. Thus, if the word 'broðor' comes at the end of a line, so that there is only room for the first three letters, the 'ðor' which begins the next line is written with a þ. The same is the case when a word in the middle of a line is, from motives of calligraphical elegance or convenience, divided into two groups of letters, 'bro ðor' again becoming 'bro þor.' If, on the contrary, two words are written in one group, so that the initial þ of the second becomes orthograpically medial, the þ is changed into ð: 'for þam þe' becomes 'forðamðe,' 'wið þone' becomes 'wiððone,' &c. This is the explanation of the frequent writing of pronominal thorn-words with ð, which in an earlier paper I erroneously considered an argument in favour of my theory. It was not till I had carefully examined the Bodleian MS. of Elfric's Homilies that I discovered the real MS. usage. The assumption of a (dh) sound of these pronominal words in O. E. must, therefore, rest on other grounds. It need scarcely be remarked that such niceties as writing 'spricþ' for 'spricð' are as much beyond the capacity of the old scribes as they seem to be of modern critical editors, who do not stop to consider whether their 'normalized' spricð, þirscð (-skdh), &c. are phonetically possible or not. It is evident that the scribes mechanically followed an orthographic tradition without exercising any independent judgment of their own: the systematic utilization of the two letters begun by some Þóroddr of the period was found of little practical importance for purely literary purposes, and therefore, like the use of accents, degenerated into an unmeaning piece of calligraphy.

We can now safely assume three stages in the history of the thorn in English:

Early Old English	*initial* dh,	*medial* dh,	*final* dh
Late Old English	„ th (dh)	„ dh	„ dh
Middle and Modern English	„ th (dh)	„ dh	„ th

The mystery of the pronunciation of *the, thou,* &c. is now solved: these words are simply archaisms, remnants of an older stage of pronunciation preserved unchanged by the frequency of their occurrence[1].

[1] Compare the Swedish and Danish *du, den,* &c., contrasting with the regular *ting, tænke,* and pointing to an earlier (dh), lost in the Icelandic (thuu) and Feroic (tuu).

It need hardly be remarked that the results of the above investigation apply equally to the corresponding back (guttural) and lip consonants. We can, however, only trace the history of the f in O. E. by the analogy of the thorn. There can be no doubt that the f was originally vocal in all cases, like the Welsh f, as is shown by the German spelling—preserved up to the present day—of *uolc, uogal*, &c., and the pronunciation of Modern Dutch.

It is probable that the earliest sound of the f was (bh), the purely labial preceding the dento-labial articulation, as in Romaic.

The case of h is somewhat different. The frequent omission of the initial h in the Hatton Pastoral, as in *æfde* for *hæfde*, is almost certain evidence that initial h at that period represented the simple expulsion of breath, which, being the weakest of all articulations, is incapable of further degradation, and can only be dropped. If the initial h had the sound of (gh), or even (kh), as has been conjectured, it would no more have been liable to be dropped than (s), (r), or any other consonant. It is evident, therefore, that formative weakening has proceeded farther with this series than with the other two. The explanation must be sought in an important phonetic law: *general weakening tendencies attack the strongest articulations first.* Accordingly, we find that while original (d) and (b) have only passed through one stage of weakening, original initial (g) has passed through no less than three: (gh), (kh) and (H), in the last reaching the extreme of phonetic decrepitude. Medial and final h seem to have remained parallel with the point and lip series, although it is not improbable, according to the law just stated, that final (gh) may soon have become (kh). Note, however, the spelling *bogh* for *boh* or *bog* (Past. 81.19).

The cases in which d, b and g represent original Aryan t, p and k may be divided into two classes: the first including those cases treated of above, in which the abnormality is invariable, and extends through the whole language; the second, those which appear only as archaisms in the older MSS. In the very oldest MSS. the words which have d, b and g instead of the later ð, f and h are so numerous, that we are almost forced to the conclusion that at a period not much earlier than the beginning of the eighth century, the sounds represented by ð, f and h did not occur anywhere but initially. Thus, in the fragment of Cædmon we find *gidanc, heben* for the Alfredic *geðonc, hefon*, in the Epinal glossary *sud* for *suð*, *loda* alternating with *lotha*, and *gibaen* for *gifen*. The cases of g for h are so common in the MSS. of the

Pastoral that earlier examples are not necessary: such forms as *slog* for *sloh* belong to the most marked characteristics of Alfred's period. There are also a few examples of *b* for *f*, as *ob* for *of* (304.9), *bewœbed* for *bewœfed* (82.8). It is remarkable that no corresponding examples of *d* for ð occur in the Pastoral. An interesting example of the change of *b* into *f* is afforded by one of Cynewulf's riddles, where the word BOGA written backwards appears in the shape of AGOF. The Northumbrian original had correctly AGOB; the scribe, misled by the frequent necessity of altering the Northumbrian preposition *ob* into *of*, treated the second syllable of the unintelligible word in the same way.

Distinct traces of the final *d* for ð occur in the verbal termination -*t* for -ð, which is not unfrequent in the Pastoral; thus, ðyncet for ðynceð (25.9), *dot* for *doð* (61.15). This ðyncet is nothing but ðynced, the original of ðynceð, with the final *d* devocalized, as in *sint* for *sind*. These forms, which are almost universal in some of the oldest MSS. and are probably the originals of the otherwise inexplicable contractions *fint* (=*findet*) for *findeð*, *itt* for *iteð*, &c., are generally rejected as 'errors of the scribe.'

The *f* and *h* in the combination *ft* and *ht* must be carefully distinguished from the other *f*'s and *h*'s treated of above. They were formed directly from the original Aryan (p) and (k), the following (t) protecting them from the changes which the other (p)'s and (k)'s underwent. The original *pt* and *ct* are still preserved in some of the oldest documents, thus the Epinal glossary has *scaept* for *sceaft*, *nect* for *niht*, the fragment of Cædmon *dryctin* for *dryhten*[1]. The assimilative influence of the *t* precludes the possibility of an original vocal pronunciation: the change must have been direct from (pt) to (pht) and (ft), from (kt) to (kht).

Analogous to this *f* and *h* is a very remarkable ð, which seems to be peculiar to the Old West-Saxon dialect, and appears only in a few MSS. It is in its origin quite distinct from the ordinary ð, and resembles the above-mentioned *f* and *h* in being uniformly voiceless. It is a modification of a *t*, but only in the combination *st*; thus, *tældesð*, *ciddesð* for *tældest, ciddest, gæsð* for *gast*. The change is evidently due to the assimilative influence of the preceding *s*, and might almost be termed consonantal umlaut, the (th) being exactly intermediate to

---

[1] Schleicher's assumption of these -*ft*'s and -*ht*'s being 'urdeutsch' forms, is therefore erroneous. In Icelandic the original *pt* is still preserved orthographically, but is pronounced (ft).

the (t) and the (s), a relation which is distinctly shown in Mr. Bell's speech symbols. The occurrence of this *sð* is, as remarked above, limited. It is extremely frequent in H. and very rare in C. and C. ii. Examples in C. are *læsðe* (8.16) and *æwfæstosðe* (26.4), in C. ii. *unðrisðan* (212.3) and *ytemesðan* (244.20). Isolated examples occur in later MSS. of Alfred's works, and the Dialogues of Gregory show several, while in the Chronicle, Charter, and Martyrology, there is not a single one.

Traces of a similar assimilation of *f* and *t* appear in *gehæfð* (126.14) and *ofðor* (312.17) for *gehæft* and *ofðor*.

APPENDIX II.

Readings of C. II.[1]

Page 26.2 Þisre, 10 gimænne; 28.6 geðæncenne, 9 aðistroðe, 14 lareowas beran; 30.3 druncen, 5 læreð, 7 hit ne, 11 ændeb., hit nan, 16 geðæncean, 16 þæ he, 20 demm, 21 geændod, 22 geændod; 32.1 geændode, 2 ðieder, 3 ðone he, 18 gidseden; 34.1 ondræden, 7 geþæncean, 18 ðoncas; 36.4 heardan, 5 earde, 7 pleah, 8 forsænde, 11 si bisgung, 13 si[o] monifalde, 23 hwider, geþæncan; 38.2 gesy[n]gað, 3 ælðeodgan, 11 se þæt, 12 ure geðonc, 18 to wuldre, 19 ræðe; 40.5 dyrre, 11 mæge .. & cræfta, 16 ælængum, on ælcre, 23 ðænceað; 42.1 ðy hie, 4 lufas ðu; 44.9 scoiað, feet, 11 gieman, 24 wolden, þænceað; 46.2 geearnunga & d., 4 fæ . . . . ; 48.2 swiðe *omitted*, 5 widsoc, 8 isaias, sændan 9 isaias, sende, 10 muðæ, 14 isaias, 21 h[e]arm; 50.14 dydæ 18 ladðeowdom; 52.1 oþærra, 10 and '*om*., 14 ge *om*., 20 ða, nan, 22 endebyrðlice, biscepdon; 54.6 herenesse, 9 mid ðæm *om*.; 11 toworpan, 12 þænceð, 17 hæð, 19 ðæncþ; 56.4 þæt, 9 al.., 12 þænce, 20 bion ðonne, 21 þæncean; 58.2 gonoh, 11 & gee., 20 Fariseos; 60.8 middangerdes, 13 rihtwisnesse, 15 & h., 17 b. ð. w.; 64.2 æni, 9 ræcð, 11 unrihtwisan, 17 steppað ryhte; 66.9 sio foruda hond, 12 se forudfota, 14 upplican; 68.16 ablænd; 70.3 he hæfð, blinð, 4 and *om*., 7 færeð, utasciet, 10 utane, 11 giocðan, 15 se hæfð, 16 and *om*. *before* gif, 19 clæweða; 72.4 se bið h. he, 6 næfre mæg, 11 aflowen, 18 scylda; 74.2 drogtian; 76.10 noslu*m*, 18 stepð, 20 unoblinnendlice, 22 suiðe is *þæt*; 78.1 hie, seolfum, 4 soðfestnesse, 5 þa domas beran, 8 mænnisce, 9 gemænge, forðon he; 80.3 heord se, 4 ðætte sio heord *added*, 7 emnnmicel, 8 stæfn, 19 bóg; 82.1 ægnu, 6 ege godes, 24 iacinta; 84.6 tacnað þætte ðæs, 11 geþænce, 14 kynelice; 86.14 wan; 88.15 hydeð e[o]w; 90.2 e[o]wre witgan, 3 hie eow, 7 stæfn, 10 gehatað, 12 cæig, 15 halwynde, 19 & cwæð *om*., 20 ðer b.; 92.12 beh. m. b.; 94.2 stæfne, 11 si[o] anlicnes, 16 fore-

---

[1] The line-numbers refer (except in the case of the first five lines of a page) to the position of the word in H.

ðæncan, 22 geþæncean, 24 se þr.; 96.2 suaþer, 3 acende, 5 flownesse, 14 cucum; 98.7 þe[a]h; 100.6 swelce, 8 licitte, 20 uferra[n]; 102.5 hali[g]dom, 7 yb hwæt, 9 erce, 14 ðonne geferscipe; 104.1 þæt ðe, 9 weor, 20 he eac, 24 ðincþ; 106.11 nanum, 18 ic geo, 19 earnunga; 108.14 mægister, 23 wildorlice; 110.2 þæt te; 112.25 wenst[þ]u; 114.1 wlæncea, 19 geearnonode; 118.15 sien geðrycced, 17 þonne ne mæge; 126.14 gehæft, 17 sceolon, 22 w. bið; 128.15 ablænt; 130.3 h. æ. s., 13 ælðeodig, 18 sceolon, 19 sceolon; 144.7 ðæncaþ, 8 geðæncað, 11 & hiora monna nan him, 11 se ðonne ðe, 19 eadmodlice, 21 sylfe, 25 gemetgiæn; 146.2 mæg, 3 seolflice, 12 þætte, 14 scæl he scæl, 15 no þa, 16 deagelnesse; 148.13 mænn, 15 swarmodnesse; 150.8 þætte, 13 scæl; 156.23 yuel; 158.2 untrumnesse, forðem, 4 deaðlican, 5 hnecnesse, 6 sc. æ. m. g., 19 hæbben, 20 yuell, 22 hlareowdomes; 160.12 lecgead, 16 ouplican, 21 atiebred, 22 sæcgð, 23 unðeowas, æghwylc, 24 setigende, swa swe; 162.5 ym, 6 ym, 7 gesægð, 8 ea. æ. ð. m., 12 arað, 13 ryhlican, foresæcgð, 16 berinde, 17 ðan scearpan ramman, 19 forstænt, 23 & for, sie wielm; 164.1 mægenn, 2 lareowas, swiðer, gegræmie, 3 uphaæfen, 5 gescænded, 11 stragne, ðylæs, 12 & hire monna, 14 ðæs sacerdos, 15 hwæthwug, 16 ðrearlice, 17 hiremænn, 18 unmetgod, 19 agyltandon; 166.2 anra, 8 ræðnesse, 9 nyde scyle, 10 stiðlice, 11 ofslehð, 14 feaunga, ðreaunga, 16 medðearf, 17 he on, 20 anre, 21 ðæah, 23 gemægde; 168.4 deeð, 6 ðonne, 7 toworpan, 11 ieðegende, 12 ðætte, 13 h. &. ð., 17 dauit, 19 bibead drihten, 20 sceal beberan, earce, 21 hahoh, 22 earcan, his, 24 ringas, earcan; 170.3 fiowar, feower hyrnun, 4 ðæm feower hyrnar is, 6 wæg, 11 annbestungne, eorce, 12 ðætte, 14 ... re laran gelædde, 15 lareawas, 16 mænn, 19 midðearf, 21 cweden, 24 hieremænn; 172.1 sæcende, 2 eowan, 9 ðæ ge, 13 mænn, 14 si h., 16 se wæs haten oðrum naman gecweden nanzanzehus, 21 gestillan; 174.3 lareowas; 175.5 cwæðe, 7 aðænede, 9 song, 11 monugum, 13 gunge, 16 hlafordes, 23, yuel; 176.2 eadmodan, 21 ðære bænde; 178.10 yuel, 12 æthiewdan, 16 leohlicor, 21 gio[n]gan, 22 giogan; 180.2 ðreatu, swa swa, 10 gescænded, 14 gingran, 15 ðæncenn, 18 sæcgeað, biodað, 20 uphahæfenan, 21 haten, 23 xrist; 182.1 gelefean ac fioð, 3 hirmða, 4 uphahafen, gelpe, 8 eorm, eadgi, 9 eormne, 11 uphahæfen o..., 12 scæl, 14 geðreotod, gescænded, 15 geðreatigen, 17 forwlæncean; 184.2 wæt, dauit, 3 botan (u *over the* o), 4 wodðraga, 9 scæll, sceall, mænn, 10 demann, 17 cynige, 22 hathæorhtnesse, 24 ondæt-

APPENDIX II.   507

nesse; 186.7 cuml, 15 ða ðæræfter; 188.5 midðearf, 13 wisan *added*, 16 gefnæt, ofergesettan, 21 ðæt him; 190.1 beorn, 2 ingeðonca, 8 opoon, 13 mænn, 14 hæm., 17 weorðe gedemde, 18 geworhta, 20 giemenn, 23 giemenn; 192.15 dede, 18 hirn nu, 21 ane; 194.1 suuongornessa, 12 wurð, 17 mid, geornfulnessa, 18 sen, heofonlican, geewde, 19 hy, ymbset, 20 sen (*often again*), 21 hy (*often*), 24 sy, forðem; 196.6 nede, 8 ðem (*often*), 13 ðe he, 14 his on ne wende, 18 hio, ofslogan, 19 sternlice, 21 ti him, mæntles, 23 ðeawas, 25 underfoð yfle; 198.1 hiore, 8 ne mægen, 11 deahlice, mæntele, 12 hiore, 13 eglige, 17 forceorfedne, 22 he on; 200.8 wisan *added*, 10 edmodnes, 13 ðeawum, 16 ðæt ta, 17 efengemæcgan, 18 gescæfte. ðæm ðeowum is to cyðanne þæt he wite ðæt he nís freoh wið his hlaford; 202.1 ðænceað, 5 lotwrændas, 7 samwisan, 19 lotwrændcum, 20 lotwrændcum, 23 ða geceget; 204.1 gescænde, 2 gehwerfde, gehwerfde, 6 æþele, 14 foregængena, 16 forðsiið, 17 lotwrændas, 19 & on, 22 mycelre; 206.1 sæcge, 3 tælen f., 4 myngyge, 6 scænt, 7 spece, 11 forgyetst, 12 mines w., 18 cwæde, dryhtne, 19 wite ær, 20 næron ge, ðeh (*often*), dedon, 22 gemeliste; 206.2 wisan *added*, 5 oðre wisan, 9 ðæncað, 11 ofersiwenlic, 17 sæcgan, hio (*often*); 210.3 upahefene (*often*), 12 eowor, eowor, 17 sæcgeað, 18 nearwnessa, 19 geheran (an *for* en *often*), 21 me[n]dgiað, 22 sæcgað; 212.1 gedon us, 3 unðrisðan, 4 ongæt, folc ðosoloniscensa, 5 ongæt, 6 ændunge, 8 he herde, 9 unfæstræde, sæcgan, 11 oferðungun, 16 from eowrum, 18 ærendgewriht, asænd, 22 geðrycte, 23 ændes; 214.2 leohtmodnessa, 5 wisan *added*, 7 lipen, 12 ascrændcte, 19 unwrændce; 216.2 & *omitted*, 5 hwylum, 7 seo forsewan, 14 sæcge, 15 soðæs sæcge, 22 tostændcte, 24 broht; 218.2 wiðærweardnessa, 5 tostændcan, 14 græmeð, 15 geheran; 220.2 ðare, 4 gescæfte, 5 ura selfra walden, 7 ura selfra, 8 geheran, 10 ildcað, 14 helt, biit, 15 gegræmed, 16 gereowe, 17 domæs, 20 yflæs ingeðoncæs, 25 sæcgenne; 222.2 weort, 3 hwirð forhwyrfed, 9 geclifs, 13 geclipls, 13 ingeðoncæs, 17 for ða, 21 andfængost, 22 forbærnð, 23 ealdon; 224.1 mæht, mæaht, 2 ahnum, 6 ðonne cið, 13 þone y. w. *added*, 22 gewænt, 23 sægð, 24 lytaga; 226.1 forgelde, 4 hafoð, 6 wænt, 8 sarig, 11 ingeðoht, 15 wænt, ongæn (*often*), 17 ehtað, 23 ðæncð; 228.8 lotwrændcum, ón *added*, 9 fortræde, 19 ondwerdan, &werdan, 20 ofercumende; 230.1 welgedonna, 2 suman dæla, 3 be ðem dæle, 4 sæcgenne, 10 sæcganne, 11 ðændcan, 12 oðera (*often*), 17 gefean, 19 geselða; 232.5 gewrið, 6 stepð, 7 muðæs tunga, 14 geðændcan, 17 sæcganne, 18 besæncte, 23 lærranne, 24 fræcednesse, 25 efest; 234.2 he næfre on, 3 æfstgade, 8 weorð, 10 sæcganne; 236.8 sæcgan, 10 sæcgendum, 13 sæcganne, 15 sæcgen, 21 næddre; 238.4 twigfalde, 7 ofðreadde, 8 geswinga, ændeleasa, 11 gesæcganne, 15 ðrycð, 18 gere(mias), 19 unnytton, 20 cwæðe; 240.3 ablænd, 6 gecweðen, 7 þæt ðer, his holh, 8 twigfealdnessæ, 16 illes, 23 lotwræncum; 242.7 & sio &c. *added*, 14 gecweðen; 244.1 geðancað, 6 cæstre, 9 ðara soðfæstnessa, 20 ytemesðan; 246.10 unrihtlicor, 22 geðeht; 248.1 liehan, lose, 8 ðonne *added*, 15 gastes, adrifenne, 18 ænglas, 20 forspannanne, 22 fræmdum; 250.2 hæfð *omitted*, 3 hæfð *added*, 5 fræmme, 24 ungetasum, 25 ængel; 252.2 ne gegemeleasu ðu, 11 gecweðen, 17 billes sweg, 24 geðæncen; 254.6 geændod, 9 wið ðem ðe, 11 gastlicu, 25 mænnisce; 256.4 læt, 5 læt, 8 ængel, 9 stænt, 15 eadmodnesse, 18 stæmne; 258.8 nome, 23 ður; 260.3 onobblinn. geðæncen, 6 leorslegas, 7 honda se ilca ðe, 8 halwyndan, 9 treowleasana, 15 oferdræncð; 262.3 wisan *added*; 264.7 geændian, 23 geðæncen; 266.1 meahtu, 6 gewænd, 9 forstænt, 10 ne ealles, 17 teone, 18 cwæðe, 20 wurðon; 268.11 awriton, 15 ure unðeawe, 22 oft; 270.2 hearde, aðamans, 20 utanne, 21 ahefene, feolesprecan; 272.4 ðæncanne, 5 geðæncen, 7 for, wordon, 8 gewriton, 15 fundon, 18 ðone, 23 utforlæton; 274.12 nyttre, 17 ðæncanne, 22 mid *added*, 276.14 ðætte no bið, 15 & to, 18 nanæs, 19 awriton, 23 operne hiora (*there was a gap here in the MS. before it was burnt*—desunt hic multa *is written in the margin; nothing is preserved up to the end of ch. xliii*); 318.20 ðæt; 320.1 læten, 3 mæn, ðurhwuniað; 322.12 gedale, 20 ðinne br.; 324.3 hæbbe; 326.4 unrihtwisan, 7 þæm *added*; 328.6 to him *added*; 352.24 iesaphat; 354.2 fultumades, 3 gemengdes, 4 geearnodes, 5 adydes, 7 monna *omitted*; 364.8 geðæncen, 9 ealdan drinc, 16 lihton, 19 aðundon; 366.8 galathes, 9 þæt te, eacniende.

CORRECTIONS.

TEXT.

ð *has been printed instead of* d *or vice-versâ in the following words:* geðyldegan 14.15, doð 31.12, ðyrfe 82.15, heafod 101.22, wiðerweardan 112.4, forslæwde 285.4, noðer 399.34, cyðde 409.19, donne 445.7.

Insert & *before* hine h. 39.8, bið *after* wona 127.22, & *after* recceres 142.6.

Read sumne 7.5, hrycg 28.14, þe *for* þa 28.18, clypian 88.11, swege 92.11, ðearlwisan 104.10, recð 112.22, softe resð 143.21, Saules 185.1, & hu 260.5, geunclænsað 316.15, ðæt *for* ðæs 348.2, geryman 367.4, 431.17 me.

After selfne *insert* & hine selfne bét. Swa is ðearf ðæt se lareow, ærest awecce hine selfne,.

The form bieldo (289.1) *for* unb. *should have been mentioned in the notes.*

TRANSLATION.

22.8 benignantly *for* profitably. 24.8 who are very similar to me. 30.12 and then do ill. 36.2 formerly par- so many evils done against him. 41.6 benignant *for* beneficent. 43.5, 44.10 unshod. 99.5 *insert* from humanity *after* heaven. 108.1 nor rejoice so much in having authority over others as in being most useful to them. 128.6 then they stumble. 129.8 lest the sudden day of judgment quickly come on you. 132.8 the same employments. 138.5 *omit* not. 150.7 it is also to be known that it is sometimes good. 210.4 Paul's. 216.8 *insert* secretly *after* action. 224.12 hypocrisy *for* impatience. 284.6 plough for cold. 392.13 devils *for* idols. 398.13 Zoar of the midmost life (?). 416.8 will console him again.